CU00689950

DE L'IMPRIMERIE DE P. DIDOT L'AINÉ,

CHEVALIER DE L'ORDRE ROYAL DE SAINT-MICHEL,

IMPRIMEUR DU ROI.

Roehn del.                                   Sisco Sculp.

# S. FRANÇOIS DE SALES,

### Evêque et Prince de Genève,

*Fondateur de l'Ordre de la Visitation.*

A Paris, chez J. J. Blaise Libraire, Quai des Augustins N.°61.

# INTRODUCTION

## A

# LA VIE DÉVOTE

PAR

## SAINT FRANÇOIS DE SALES

ÉVÊQUE ET PRINCE DE GENÈVE.

ORNÉE DE SON PORTRAIT.

# A PARIS

J. J. BLAISE, LIBRAIRE DE S. A. S. MADAME
LA DUCHESSE D'ORLÉANS DOUAIRIÈRE,
RUE FEROU, N° 24, PRÈS S.-SULPICE, A LA BIBLE D'OR.
M D CCC XXI.

# AVIS AU LECTEUR.

Puisque nous honorons les reliques des Saincts, à combien plus forte raison devons-nous estimer les bons enseignemens qu'ils nous ont laissez; estant les veritables reliques de leurs esprits : les pieuses lectures, dont nous entretenons nostre esprit, se convertissent en sa propre nature, ainsi que l'aliment au corps : c'est ce qui me donne lieu d'avertir que l'excellente doctrine de ce livre, ayant fait plusieurs conversions admirables, il est tres-necessaire de le lire comme il faut, afin de faire une suffisante reflexion sur chaque chapitre, pour ne pas perdre une occasion si avantageuse au bon-heur de nostre advancement vers Dieu. Pour cet effect il est tres-à-propos de n'en lire qu'un chapitre par jour, sçavoir deux fois le matin, et autant le soir, pour en profiter autant qu'il nous sera possible; evitant de nous charger d'une trop grande quantité de si bonnes choses, afin qu'elles soient plus agreables et plus faciles à digerer. Apres l'avoir leu de cette sorte, ne nous persuadons pas sçavoir bien tout ce qu'il contient, puis que les plus capables y trouvent tousjours de nouvelles beautez, dont ils ne s'estoient pas apperceu, tesmoin ce que nostre sainct pere le Pape Alexandre VII en a escrit à son neveu, lors qu'il estoit Internonce en Flandre. Il faut estre aussi capable que les meilleurs auteurs, pour le comprendre aussi parfaictement qu'eux, et soyons persuadez que nous ne le sçaurons jamais bien, que nous ne le pratiquions aussi parfaictement que son autheur : tout pecheur est tousjours en quelque façon ignorant : si nous connoissions parfaictement l'excellence de la Vie devote, il nous seroit autant difficile de ne la pratiquer pas, que nous y serions esclairez : c'est pourquoy il ne faut passer aucune année sans la relire de la sorte, et nous demeurerons d'accord, tost ou tard, qu'il n'est rien de plus doux au mondé, qu'une devotion bien reiglée, ainsi qu'il l'enseigne ; si nous suivons bien ses conseils, il changera les amertumes de nostre vie en douceurs inexprimables, d'autant qu'elle est remplie de grandes consolations divines.

# SENTIMENT

## D'ALEXANDRE VII SUR CET OUVRAGE,

### ET LES AUTRES ESCRITS

#### DE S. FRANÇOIS DE SALES.

---

Mon cher neveu, c'est avec regret que j'ay souffert vostre absence, et nostre separation : mais il nous faut rejoindre par le commerce des lettres, et pour le commencer par un subjet digne de vous et de moy, je ne sçaurois, ce me semble, mieux faire que de vous continuer le discours que je vous faisois sur le point de vostre depart. Je vous conjure donc encore une fois, de faire vos delices et plus cheres etudes des œuvres de M. de Sales, d'estre son lecteur assidu, son fils obeïssant, et son imitateur fidele. C'est à sa Philotée, qui est la meilleure guide qu'on puisse prendre pour se conduire dans le chemin de la vertu, à qui je dois depuis vingt ans, apres Dieu, la correction de mes mœurs, et s'il y a quelque chose en moy exempt de vice, je luy en ay obligation. Je l'ay leuë une infinité de fois, et je ne sçaurois passer de la relire, elle ne perd jamais pour moy la grace de la nouveauté, et toutes les fois qu'elle repasse sous mes yeux, il me semble qu'elle me dit tousjours quelque chose de plus que ce qu'elle m'avoit dit auparavant. Si vous m'en

croyez, ce livre sera le miroir de vostre vie, et là regle
sur qui vous prendrez la mesure de toutes vos actions,
et de toutes vos pensées. Il ne vous oblige pas à l'austerité, et à la solitude d'un hermite; il ne vous per-
suade pas d'entreprendre un genre de vie extraordinaire, son dessein est de vous mener au but de la
perfection chrestienne, et de vous instruire dans la
solide pieté, par une voye douce et facile, qui s'ac-
commode admirablement à toutes les differentes conditions des hommes, quelque basses ou relevées
qu'elles puissent estre. Si la vertu, disoit un ancien,
pouvoit nous estre representée avec des couleurs assez
vives, et des traits dignes de son merite, elle attireroit
tous les mortels à son amour, avec une ardeur et une
passion extreme. Il me semble, certes, que le grand
François de Sales, a reüssi parfaitement dans ce dessein: en effet, il nous l'a representée au vif avec tout
l'eclat de sa majesté, et tous les attraits de ses beautez
et de ses graces. Mais ce qui est plus digne de loüange,
et le plus agreable en cet excellent escrivain, c'est que
se proposant Nostre-Seigneur pour son modele, il a
commencé à bien faire auparavant que de bien dire;
et que son premier soin a esté d'executer luy-mesme
ce qu'il devoit enseigner aux autres. De sorte qu'on
peut dire avec raison, que ceux qui estudient ses livres, estudient encore sa vie, et que ses preceptes et
ses avis sont d'autant plus faciles à practiquer, qu'ils
sont prevenus et autorisez de son exemple. Cet homme
né dans une famille noble et riche, eslevé dans la vertu
et les belles lettres, de la maniere dont on a accous-

tumé d'instruire les enfans de bonne maison, a paru
dans la cour des roys, et les palais des princes, dans
les maisons des particuliers, dans les compagnies de
ses amis, dans les affaires du monde, dans les exercices de devotion : bref, dans tous les emplois de sa
charge episcopale, avec une conduite et une saincteté
merveilleuse ; tellement que nous avons bien subjet de
nous couvrir de rougeur et de honte, et de condamner nostre lascheté, nous, à qui le pretexte, ou de la
coustume du monde, ou de l'occupation des grandes
affaires, ou de la condition de nostre naissance, sert
d'excuse ordinaire pour nous dispenser de vivre dans
les regles exactes de la pieté chrestienne. Or ce que je
dis de la Philotée, je le dis encore du Theotime : je
veux dire, de ce livre tout d'or de l'amour divin : bref,
de tous les autres ouvrages de ce grand homme, je
vous avoüe, que les lisant souvent, et de nuict, je me
suis fait comme une idée en moy-mesme, et un recueil
de ses plus beaux sentimens, et des points principaux
de sa doctrine, que je rumine puis apres à mon loisir,
que je gouste et que je fais passer, pour ainsi dire,
dans mon estomach, afin de le transformer en mon
sang et en ma substance. Voilà mon sentiment touchant ce sainct homme, mon cher neveu, dont je vous
fais part, vous exhortant de tout mon cœur, à le suivre : car en verité, si vous le prenez pour le censeur et
le guide de vostre vie, si vous practiquez en sa personne ce que Seneque mesme nous enseigne, qu'il
nous faut choisir l'exemple de quelque homme illustre, qui serve de patron à nostre conduite, et en pre-

sence de qui nous nous imaginions d'estre, et d'agir en toutes occasions, ny je n'auray subjet de me repentir du conseil que je vous donne, ny vous de l'avoir mis en execution. Je finis, mon cher neveu, en vous disant avec Horace :

Adieu, vivez content, et si vous sçavez quelque chose de meilleur que ces avis, je vous prie de m'en faire part en toute sincerité, sinon, servez-vous comme moy de ceux-cy, et faites-en vostre profit.

A Cologne, le 1er jour d'avril 1642.

# ORAISON DEDICATOIRE.

———

O DOUX Jesus, mon Seigneur, mon Sauveur, et mon Dieu, me voicy prosterné devant vostre Majesté, voüant et consacrant cet escrit à vostre gloire : animéz les paroles qui y sont de vostre benediction : à ce que les ames, pour lesquelles je l'ay fait, en puissent recevoir les inspirations sacrées que je leur desire, et particulierement celle d'implorer sur moy vostre immense misericorde, afin que monstrant aux autres le chemin de la devotion en ce monde, je ne sois pas reprouvé et confondu eternellement en l'autre : ains qu'avec eux je chante à jamais pour cantique de triomphe, le mot que de tout mon cœur je prononce en tesmoignage de fidelité parmy les hazards de cette vie mortelle ; vive Jesus, vive Jesus : ouy, seigneur Jesus, vivez et regnez en nos cœurs ès siecles des siecles. Ainsi soit-il.

# PREFACE.

Mon cher lecteur, je te prie de lire cette preface pour ta satisfaction et la mienne.

La bouquetiere Glycera sçavoit si proprement diversifier la disposition et le meslange des fleurs, qu'avec les mesmes fleurs, elle faisoit une grande varieté de bouquets; de sorte que le peintre Pausias demeura court, voulant contrefaire à l'envy cette diversité d'ouvrage : car il ne sceut changer sa peinture en tant de façons comme Glycera faisoit ses bouquets : ainsi le Sainct-Esprit dispose et arrange avec tant de varieté les enseignemens de devotion qu'il donne par les langues et les plumes de ses serviteurs, que la doctrine estant tousjours une mesme, les discours neantmoins qui s'en font, sont bien differens selon les diverses façons desquelles ils sont composez. Je ne puis certes, ny veux, ny dois escrire en cette introduction, que ce qui a desja esté publié par nos predecesseurs sur ce subjet. Ce sont les mesmes fleurs que je te presente, mon lecteur : mais le bouquet que j'en ay fait, sera different des leurs, à raison de la diversité de l'ageancement dont il est façonné.

Ceux qui ont traicté de la devotion, ont presque tous regardé l'instruction des personnes fort retirées du commerce du monde, ou au moins ont enseigné une sorte de devotion qui conduit à cette entiere retraicte. Mon intention est d'instruire ceux qui vivent ès villes, ès mesnages, à la cour, et qui par leur condition sont obligez de faire une vie commune, quant à l'exterieur, lesquels bien souvent sous le pretexte d'une pretenduë impossibilité, ne veulent seulement pas penser à l'entreprise de la vie devote, leur estant advis, que comme aucun animal n'ose gouster de la graine de l'herbe nommée *Palma Christi*, aussi nul homme ne doit pretendre à la palme de pieté chrestienne, tandis qu'il vit emmy la presse des affaires temporelles. Et je leur monstre, que comme les meres-perles vivent emmy la mer, sans prendre aucune goutte d'eau marine, et que vers les isles chelidoines il y a des fontaines d'eau bien douce au milieu de la mer, et que les pyraustes volent dedans les flammes sans brusler leurs aisles : ainsi peut une ame vigoureuse et constante vivre au monde, sans recevoir aucune humeur mondaine, trouver des sources d'une douce pieté au milieu des ondes ameres de ce siecle, et voler entre les flammes des convoitises terrestres, sans brusler les aisles des sacrez desirs de la vie devote. Il est vray que cela est mal aisé, et c'est pourquoy je desirerois que plusieurs y employassent leur soin, avec plus d'ardeur qu'on n'a pas fait jusques à present : comme tout foible que je suis, je m'essaye par cet escrit de contribuer quelques secours à ceux qui d'un cœur genereux feront cette digne entreprise.

Mais ce n'a toutesfois pas esté par mon election, ou inclination que cette introduction sorte en public : une ame vrayement pleine d'honneur et de vertu, ayant il y a quelque temps, receu de Dieu la grace de vouloir aspirer à la vie devote, desira ma particuliere assistance pour ce regard : et moy qui luy avois plusieurs

sortes de devoirs, et qui avois long-temps remarqué
en elle beaucoup de disposition pour ce dessein, je
me rendis fort soigneux de la bien instruire ; et l'ayant
conduite par tous les exercices convenables à son desir
et sa condition, je luy en laissay des memoires par escrit, afin qu'elle y eust recours à son besoin. Elle depuis les communiqua à un grand docte, et devot religieux, lequel estimant que plusieurs en pourroient
tirer du profit, m'exhorta fort de les faire publier : ce
qui luy fut aysé de me persuader, parce que son amitié avoit beaucoup de pouvoir sur ma volonté, et son
jugement une grande authorité sur le mien.

Or afin que le tout fut plus utile et agreable, je l'ay
reveu, et y ay mis quelque sorte d'entresuite, adjoustant plusieurs advis et enseignemens propres à mon
intention : mais tout cela je l'ay fait sans nulle sorte
presque de loisir. C'est pourquoy tu ne verras rien icy
d'exact : ains seulement un amas d'advertissemens de
bonne foy, que j'explique par des paroles claires et in-
telligibles, au moins ay-je desiré de le faire. Et quant
au reste des ornemens du langage, je n'y ay pas seulement voulu penser, comme ayant assez d'autres choses
à faire.

J'adresse mes paroles à Philotée, parce que voulant
reduire à l'utilité commune de plusieurs ames, ce que
j'avois premierement escrit pour une seule, je l'appelle du nom commun à toutes celles qui veulent estre
devotes : car Philotée veut dire amatrice ou amoureuse
de Dieu.

Regardant donc en tout cecy une ame qui par le
desir de la devotion aspire à l'amour de Dieu, j'ay fait
cette introduction de cinq parties : en la premiere des-

quelles je m'essaye par quelques remonstrances et exercices, de convertir le simple desir de Philotée en une entiere resolution, qu'elle fait à la parfin, apres sa confession generale, par une solide protestation, suivie de la tres-saincte communion, en laquelle se donnant à son Sauveur, et le recevant, elle entre heureusement en son sainct amour. Cela fait, pour la conduire plus avant, je luy monstre deux grands moyens de s'unir de plus en plus à sa divine Majesté; l'usage des sacremens, par lesquels ce bon Dieu vient à nous, et la saincte oraison, par laquelle il nous tire à soy. Et en cecy j'employe la seconde partie. En la troisiesme je luy fais voir comme elle se doit exercer en plusieurs vertus plus propres à son advancement, ne m'amusant pas sinon à certains advis particuliers, qu'elle n'eust pas sceu aisement prendre ailleurs, ny d'elle-mesme. En la quatriesme, je luy fais descouvrir quelques embusches de ses ennemis, et luy monstre comme elle s'en doit demeler et passer outre. Et finalement en la cinquiesme partie, je la fais un peu retirer à part soy, pour se rafraischir, reprendre haleine, et reparer ses forces, afin qu'elle puisse par apres plus heureusement gaigner pays, et s'advancer en la vie devote.

Cet age est fort bigearre, et je prevois bien que plusieurs diront qu'il n'appartient qu'aux religieux et gens de devotion, de faire des conduites si particulieres à la pieté, qu'elles requierent plus de loisir que n'en peut avoir un evesque chargé d'un diocese si pesant comme est le mien, que cela distrait trop l'entendement qui doit estre employé à choses importantes.

Mais moy, mon cher lecteur, je te dis avec le grand

S. Denis, qu'il appartient principalement aux evesques de perfectionner les ames : d'autant que leur ordre est le supreme entre les hommes, comme celuy des seraphins entre les anges : si què leur loisir nè peut estre mieux destiné qu'à cela. Les anciens evesques et peres de l'Eglise, estoient pour le moins autant affectionnez à leurs charges que nous, et ne laissoient pourtant pas d'avoir soin de la conduite particuliere de plusieurs ames qui recouroient à leur assistance, comme il appert par leurs epistres ; imitant en cela les apostres, qui emmy la moisson generale de l'univers, recueilloient neantmoins certains espics plus remarquables, avec une speciale et particuliere affection. Qui ne sçait que Timothée, Tite, Philemon, Onesime, Ste Thecle, Appia, estoient les chers enfans du grand S. Paul, comme S. Marc, et Ste Petronille de S. Pierre? Ste Petronille, dis-je, laquelle, comme preuvent doctement Baronius et Galonius, ne fut pas fille charnelle, mais seulement spirituelle de S. Pierre. Et S. Jean n'escrit-il pas une de ses epistres canoniques à la devote dame Electa?

C'est une peine, je le confesse, de conduire les ames en particulier, mais une peine qui soulage, pareille à celle des moissonneurs et vendangeurs, qui ne sont jamais plus contens que d'estre fort embesongnez et chargez. C'est un travail qui delasse et avive le cœur par la suavité qui en revient à ceux qui l'entreprennent, comme fait le cinamome, ceux qui le portent parmy l'Arabie heureuse. On dit que la tygresse ayant retrouvé l'un de ses petits, que le chasseur luy laisse sur le chemin pour l'amuser, tandis qu'il emporte le reste de la littée, elle s'en charge, pour gros qu'il soit; et pour cela n'en est point plus pesante, ains plus legere à la course qu'elle fait pour le sauver dans sa tasniere; l'amour naturel l'allegeant par ce fardeau. Combien plus un cœur paternel prendra-t'il volontiers en charge une ame qu'il aura rencontrée au desir de la saincte perfection, la portant en son sein, comme une mere fait son petit enfant, sans se ressentir de ce faix bien aimé.

Mais il faut sans doute que ce soit un cœur paternel: et c'est pourquoy les apostres et hommes apostoliques appellent leurs disciples, non seulement leurs enfans, mais encore plus tendrement leurs petits enfans.

Au demeurant, mon cher lecteur, il est vray que j'escris de la vie devote sans estre devot, mais non pas certes sans desir de le devenir : et c'est encore cette affection qui me donne courage à t'en instruire. Car comme disoit un grand homme de lettres; la bonne façon d'apprendre, c'est d'estudier, la meilleure, c'est d'escouter; et la tres-bonne, c'est d'enseigner. Il advient souvent, dit S. Augustin, escrivant à sa devote Florentine, « que l'office de distribuer, sert de merite « pour recevoir, et l'office d'enseigner, de fondement « pour apprendre. »

Alexandre fit peindre la belle Compaspé, qui luy estoit si chere, par la main de l'unique Apelles. Apelles, forcé de considerer longuement Compaspé, à mesure qu'il en exprimoit les traicts sur le tableau, en imprima l'amour en son cœur, et en devint tellement passionné, qu'Alexandre l'ayant recognu, et en ayant pitié, la luy donna en mariage, se privant pour l'amour de luy de la plus chere amie qu'il eust au monde.

En quoy, dit Pline, il monstra la grandeur de son cœur, autant qu'il eust fait par une bien grande victoire. Or il m'est advis, mon lecteur mon amy, qu'estant evesque, Dieu veut que je peigne sur les cœurs des personnes, non seulement les vertus communes, mais encore sa tres-chere et bien aimée devotion : et moy, je l'entreprends volontiers, tant pour obeïr et faire mon devoir, que pour l'esperance que j'ay qu'en la gravant dans l'esprit des autres, le mien à l'adventure en deviendra sainctement amoureux. Or si jamais sa divine Majesté m'en void vivement espris, elle me la donnera en mariage eternel. La belle et chaste Rebecca, abreuvant les chameaux d'Isaac, fut destinée pour estre son espouse, recevant de sa part des pendans d'oreilles et des bracelets d'or ; ainsi je me promets de l'immense bonté de mon Dieu, que conduisant ses cheres brebis aux eaux salutaires de la devotion, il rendra mon ame son espouse, mettant en mes oreilles les paroles dorées de son sainct amour, et en mes bras la force de les bien exercer, en quoy gist l'essence de la vraye devotion, que je supplie sa Majesté me vouloir octroyer, et à tous les enfans de son Eglise ; Eglise à laquelle je veux à jamais soubmettre mes escrits, mes actions, mes paroles, mes volontez, et mes pensées.

A Annessy, le jour de saincte Magdelaine. 1608.

# INTRODUCTION

## A

# LA VIE DEVOTE.

~~~~~~~~~~~~~~~~~~~~~~~~~~~~~~~~~~~~~~~~~~

## PREMIERE PARTIE,

Contenant les advis et exercices requis pour conduire
l'ame dès son premier desir de la vie devote, jusques à
une entiere resolution de l'embrasser.

————

### CHAPITRE PREMIER.

#### Description de la vraye devotion.

Vous aspirez à la devotion, tres-chere Philotée,
parce qu'estant chrestienne, vous sçavez que c'est
une vertu extremement agreable à la divine Majesté. Mais d'autant que les petites fautes que l'on
commet au commencement de quelque affaire, s'a-
grandissent infiniment au progrez, et sont presque
irreparables à la fin ; il faut avant toutes choses que
vous sçachiez que c'est, que la vertu de devotion :
car d'autant qu'il y en a une vraye, et qu'il y en a
grande quantité de fausses et vaines, si vous ne cognoissez quelle est la vraye, vous pourriez vous
tromper, et vous amuser à suivre quelque devotion
impertinente et superstitieuse.

2.

Arelius peignoit toutes les faces des images qu'il faisoit, à l'air et ressemblance des femmes qu'il aimoit : et chascun peint la devotion selon sa passion et fantaisie. Celui qui est adonné au jeusne, se tiendra pour bien devot, pourveu qu'il jeusne, quoy, que son cœur soit plein de rancune, et n'osant point tremper sa langue dedans le vin, ny mesme dans l'eau par sobrieté, ne se feindra point de la plonger dedans le sang du prochain, par la medisance et calomnie. Un autre s'estimera devot, parce qu'il dit une grande multitude d'oraisons tous les jours, quoy qu'apres cela sa langue se fonde en toutes paroles fascheuses, arrogantes et injurieuses parmy ses domestiques et voisins. L'autre tire fort volontiers l'aumosne de sa bourse, pour la donner aux pauvres : mais il ne peut tirer la douceur de son cœur, pour pardonner à ses ennemis : l'autre pardonnera à ses ennemis : mais tenir raison à ses creanciers, jamais qu'à vive force de justice. Tous ces gens-là sont vulgairement tenus pour devots, et ne sont pourtant nullement. Les gens de Saül cherchoient David en sa maison : Michol ayant mis une statuë dedans un lict, et l'ayant couverte des habillemens de David, leur fit accroire que c'estoit David mesme qui dormoit malade. Ainsi beaucoup de personnes se couvrent de certaines actions exterieures appartenantes à la saincte devotion : et le monde croit que ce soient gens vrayement devots et spirituels : mais en vérité ce ne sont que des statuës et fantosmes de devotion.

La vraye et vivante devotion, ô Philotée, presuppose l'amour de Dieu : ains elle n'est autre chose qu'un vray amour de Dieu; mais non pas toutesfois un amour tel quel : car en tant que l'amour divin embellit nostre ame, il s'appelle grace, nous rendant agreables à sa divine Majesté; en tant qu'il nous donne la force de bien faire, il s'appelle charité : mais quand il est parvenu jusques au degré de perfection, auquel il ne nous fait pas seulement bien faire, mais nous fait operer soigneusement, frequemment et promptement, alors il s'appelle devotion. Les autruches ne volent jamais, les poules volent pesamment, toutesfois bassement et rarement; mais les aigles, les colombes, les arondelles volent souvent, vistement et hautement : ainsi les pecheurs ne volent point en Dieu, ains font toutes leurs courses en la terre, et pour la terre. Les gens de bien, qui n'ont pas encore atteint la devotion, volent en Dieu par leurs bonnes actions, mais rarement, lentement et pesamment; les personnes devotes volent en Dieu frequemment, promptement et hautement. Bref, la devotion n'est autre chose qu'une agilité et vivacité spirituelle, par le moyen de laquelle la charité fait ses actions en nous, ou nous par elle promptement et affectionnément; et comme il appartient à la charité de nous faire generalement et universellement practiquer tous les commandemens de Dieu, il appartient aussi à la devotion de les nous faire faire promptement et diligemment. C'est pourquoy celuy qui n'observe tous les commandemens de Dieu, ne peut estre estimé, ny bon, ny devot, puis que pour estre bon, il faut avoir la charité, et pour estre devot, il faut avoir outre la charité, une grande vivacité et promptitude aux actions charitables.

Et d'autant que la devotion gist en certain degré d'excellente charité, non seulement elle nous rend prompts, actifs, diligens à l'observation de tous les commandemens de Dieu; mais outre cela, elle nous provoque à faire promptement et affectionnément le plus de bonnes œuvres que nous pouvons, encore qu'elles ne soient aucunement commandées, ains seulement conseillées ou inspirées. Car tout ainsi qu'un homme qui est nouvellement guery de quelque maladie, chemine autant qu'il luy est necessaire, mais lentement et pesamment : de mesme le pecheur estant guery de son iniquité, il chemine autant que Dieu luy commande, pesamment neantmoins, et lentement, jusques à tant qu'il aye atteint la devotion, car alors comme un homme bien sain, non seulement il chemine, mais il court et saute en la voye des commandemens de Dieu, et de plus il passe et court dans les sentiers des conseils et inspirations celestes. Enfin la charité et la devotion ne sont non plus differentes l'une de l'autre, que la flamme l'est du feu, d'autant que la charité estant un feu spirituel, quand elle est fort enflammée, elle s'appelle devotion : si que la devotion n'adjouste rien au feu de la charité, sinon la flamme qui rend la charité prompte, active et diligente, non seulement à l'observation des commandemens de Dieu; mais à l'exercice des conseils et inspirations celestes.

## CHAPITRE II.

### Proprieté et excellence de la devotion.

Ceux qui descourageoient les Israelites d'aller en la terre de promission, leur disoient que c'estoit un païs qui devoroit les habitans, c'est à dire, que l'air estoit si malin, qu'on n'y pouvoit vivre longuement, et que reciproquement les habitans estoient des gens si prodigieux, qu'ils mangeoient les autres hommes comme des locustes. Ainsi le monde, ma chere Philotée, diffame tant qu'il peut la saincte devotion, depeignant les personnes devotes avec un visage fascheux, triste et chagrin, et publiant que la devotion donne des humeurs melancholiques et insupportables. Mais comme Josué et Caleb protestoient que non seulement la terre promise estoit bonne et belle, ains aussi que la possession en seroit douce et agreable : de mesme, le Sainct-Esprit par la bouche de tous les Saincts, et Nostre-Seigneur par la sienne mesme, nous asseure que la vie devote est une vie douce, heureuse et aimable.

Le monde voit que les devots jeusnent, prient et souffrent injures, servent les malades, donnent aux pauvres, veillent, contraignent leur colere, suffoquent et estouffent leurs passions, se privent des plaisirs sensuels; et font telles et autres sortes d'actions, lesquelles en elles-mesmes, et de leur propre

substance et qualité, sont aspres et rigoureuses.
Mais le monde ne voit pas la devotion interieure et
cordiale, laquelle rend toutes ces actions agreables,
douces et faciles. Regardez les abeilles sur le thin,
elles y treuvent un suc fort amer; mais en le suçant,
elles le convertissent en miel; parce que telle est
leur proprieté. O mondain! les ames devotes treuvent beaucoup d'amertumes en leurs exercices de
mortification: il est vray, mais en les faisant elles
les convertissent en douceur et suavité; les feux, les
flammes, les roües, les espées sembloient des fleurs
et des parfums aux martyrs, parce qu'ils estoient
devots. Que si la devotion peut donner de la douceur
aux plus cruels tourmens, et à la mort mesme,
qu'est-ce qu'elle fera pour les actions de la vertu?
Le sucre adoucit les fruicts mal meurs, et corrige la
crudité et nuisance de ceux qui sont bien meurs. Or
la devotion est le vray sucre spirituel, qui oste l'a-
mertume aux mortifications, et la nuisance aux
consolations: elle oste le chagrin aux pauvres, et
l'empressement aux riches, la desolation à l'oppressé,
et l'insolence au favorisé, la tristesse aux solitaires,
et la dissolution à celuy qui est en compagnie; elle
sert de feu en hyver, et de rosée en esté; elle sçait
abonder et souffrir pauvreté, elle rend egalement
utile l'honneur et le mespris: elle reçoit le plaisir et
la douleur avec un cœur presque tousjours semblable, et nous remplit d'une suavité merveilleuse.

Contemplez l'eschelle de Jacob (car c'est le vray
portraict de la vie devote) les deux costez entre les-

quels on monte, et auxquels les eschelons se tiennent, représentent l'oraison, qui impetre l'amour de
Dieu ; et les sacremens, qui le confèrent : les eschel-
lons ne sont autre chose, que les divers degrez de
charité, par lesquels l'on va de vertu en vertu, ou
descendant par l'action au secours et support du prochain, ou montant par la contemplation en l'union
amoureuse de Dieu. Or voyez, je vous prie, ceux
qui sont sur l'eschelle, ce sont des hommes qui ont
des cœurs angéliques, ou des anges qui ont des corps
humains. Ils ne sont pas jeunes ; mais ils le semblent estre, parcequ'ils sont plein de vigueur et agilité spirituelle. Ils ont des aisles pour voler, et s'es-
lancent en Dieu par la saincte oraison ; mais ils ont
des pieds aussi pour cheminer avec les hommes par
une saincte et amiable conversation ; leurs visages
sont beaux et gays, d'autant qu'ils reçoivent toutes
choses avec douceur et suavité : leurs jambes, leurs
bras et leurs testes sont tout à descouvert, d'autant
que leurs pensées, leurs affections et leurs actions
n'ont aucun dessein, ny motif que de plaire à Dieu :
le reste de leurs corps est couvert, mais d'une belle
et legere robe, parcequ'ils usent voirement de ce
monde et des choses mondaines ; mais d'une façon
toute pure et sincere, n'en prenant que legerement
ce qui est requis pour leur condition : telles sont les
personnes devotes. Croyez-moi, chere Philotée, la
devotion est la douceur des douceurs, et la reyne
des vertus, c'est la perfection de la charité. Si la charité est un laict, la devotion en est la cresme, si elle

.est une plante, la devotion en est la fleur, si elle est une pierre precieuse, la dévotion en est l'esclat; si elle est un bausme precieux, la dévotion en est l'odeur, et l'odeur de suavité qui conforte les hommes et resjouit les anges.

## CHAPITRE III.

### Que la devotion est convenable à toutes sortes de vocations et professions.

Dieu commanda en la création aux plantes de porter leurs fruicts chascun selon son genre, ainsi commande-t'il aux chrestiens, qui sont les plantes vivantes de son Eglise, qu'ils produisent des fruicts de devotion, un chascun selon sa qualité et vocation. La devotion doit estre differemment exercée par le gentilhomme, par l'artisan, par le valet, par le prince, par la vefve, par la fille, par la mariée : et non seulement cela; mais il faut accommoder la practique de la devotion aux forces, aux affaires, et aux devoirs de chaque particulier. Je vous prie, Philotée, seroit-il à propos que l'evesque voulust estre solitaire comme les Chartreux? Et si les mariez ne vouloient rien amasser non plus que les Capucins, si l'artisan estoit tout le jour à l'Eglise comme le religieux, et le religieux tousjours exposé à toutes sortes de rencontres pour le service du prochain comme l'evesque, cette devotion ne seroit-elle pas ridicule, dereglée et insupportable? Cette faute neantmoins arrive bien souvent, et le monde qui ne discerne pas, ou ne veut pas discerner entre la devotion et l'indiscretion de ceux qui pensent estre devots, murmure et blasme la devotion, laquelle neantmoins ne peut mais de ces desordres.

Non, Philotée, la devotion ne gaste rien quand elle est vraye, ains elle perfectionne tout, et lors qu'elle se rend contraire à la legitime vocation de quelqu'un, elle est sans doute fausse. L'abeille, dit Aristote, tire son miel des fleurs, sans les interesser, les laissant entieres et fraisches comme elle les a trouvées; mais la vraye devotion fait encore mieux, car non seulement elle ne gaste nulle sorte de vocation ny d'affaires, ains au contraire elle les orne et embellit. Toutes sortes de pierreries jettées dedans le miel, en deviennent plus esclatantes, chascune selon sa couleur; et chascun devient plus agreable en sa vocation, la conjoignant à la devotion : le soin de la famille en est rendu paisible, l'amour du mary et de la femme plus sincere, le service du prince plus fidele, et toutes sortes d'occupations plus suaves et amiables.

C'est une erreur, ains une heresie, de vouloir bannir la vie devote de la compagnie des soldats, de la boutique des artisans, de la cour des princes, du menage des gens mariez. Il est vray, Philotée, que la devotion purement contemplative, monastique et religieuse, ne peut estre exercée en ces vacations-là : mais aussi outre ces trois sortes de devotion, il y en a plusieurs autres propres à perfectionner ceux qui vivent ès estats seculiers. Abraham, Isaac et Jacob, David, Job, Tobie, Sara, Rebecca, et Judith en font foy par l'ancien testament; et quant au nouveau, S. Joseph, Lydia, et S. Crespin furent parfaictement devots en leurs boutiques : S^te Anne, S^te Marthe, S^te Monique, Aquila, Priscilla en leurs menages : Cornelius, S. Sebastien, S. Maurice, parmy les armes : Constantin, Helene, S. Louys, le B. Amé, S. Edoüard en leurs saincts throsnes. Il est mesme arrivé que plusieurs ont perdu la perfection en la solitude, qui est neantmoins si desirable pour la perfection, et l'ont conservée parmy la multitude, qui semble si peu favorable à la perfection. Loth, dit S. Gregoire, qui fut si chaste en la ville, se soüilla en la solitude : où que nous soyons, nous pouvons et devons aspirer à la vie parfaicte.

## CHAPITRE IV.

### De la necessité d'un conducteur pour entrer, et faire progrez en la devotion.

Le jeune Tobie commandé d'aller en Ragez; je ne sçay nullement le chemin, dit-il; va donc, replique le pere, et cherche quelque homme qui te conduise. Je vous en dis de mesme, ma Philotée, voulez-vous à bon escient vous acheminer à la devotion? cherchez quelque homme de bien qui vous guide et conduise. C'est icy l'advertissement des advertissemens, quoy que vous cherchiez, dit le devot Avila, vous ne trouverez jamais si asseurement la volonté de Dieu, que par le chemin de ceste humble obeïssance tant recommandée, et practiquée par tous les anciens devots. La bien-heureuse mere

Therese voyant que madame Catherine de Cordouë
faisoit de grandes penitences, desira fort de l'imiter
en cela, contre l'advis de son confesseur qui le luy
deffendoit, auquel elle estoit tentée de ne point
obeïr pour ce regard. Et Dieu lui dit, ma fille, tu
tiens un bon et asseuré chemin, vois-tu la penitence
qu'elle fait? mais moy je fais plus de cas de ton
obeyssance; aussi elle aymoit tant cette vertu, qu'outre l'obeyssance qu'elle devoit à ses superieurs, elle
en voüa une toute particuliere à un excellent homme,
s'obligeant de suivre sa direction et conduite, dont
elle fut infiniment consolée, comme après, et devant elle plusieurs bonnes ames, qui pour se mieux
assujettir à Dieu, ont soubmis leur volonté à celle
de ses serviteurs : ce que S^te Catherine de Sienne
louë infiniment en ses dialogues. La devote princesse S^te Elisabeth se soubmit avec une extreme
obeyssance au docteur M. Conrad. Et voicy l'un des
advis que le grand S. Louys fit à son fils avant que
mourir : Confesse-toi souvent, eslis un confesseur
idoine, qui soit prud'homme, et qui te puisse seurement enseigner à faire les choses qui te seront necessaires.

L'amy fidele, dit l'escriture saincte, est une
forte protection : celuy qui l'a trouvé, a trouvé
un thresor. L'amy fidele est un medicament de
vie, et d'immortalité : ceux qui craignent Dieu le
treuvent. Ces divines paroles regardent principalement l'immortalité, comme vous voyez, pour laquelle il faut sur toutes choses avoir cet amy

fidele, qui guide nos actions par ses advis et conseils, et par ce moyen nous garentir des embuches
et tromperies du malin : il nous sera comme un
thresor de sapience en nos afflictions, tristesses et
cheutes : il nous servira de medicament pour alleger et consoler nos cœurs ès maladies spirituelles :
il nous gardera du mal, et rendra nostre bien meilleur, et quand il nous arrivera quelque infirmité il
empeschera qu'elle ne soit pas à la mort, car il nous
en relevera.

Mais qui trouvera cet amy? le sage respond, ceux
qui craignent Dieu, c'est à dire, les humbles qui desirent fort leur avancement spirituel. Puis qu'il vous
importe tant, Philotée, d'aller avec une bonne guide
en ce sainct voyage de devotion, priez Dieu avec
une grande instance, qu'il vous en fournisse d'une
qui soit selon son cœur : et ne doutez point, car
quand il devroit envoyer un ange du ciel, comme
il fit au jeune Tobie, il vous en donnera une bonne
et fidelle.

Or ce doit tousjours estre un ange pour vous,
c'est à dire, quand vous l'aurez treuvée, ne la considerez pas comme un simple homme, et ne vous
confiez point en icelle, ny en son sçavoir humain,
mais en Dieu, qui vous favorisera, et parlera par
l'entremise de cet homme, mettant dans le cœur et
dans la bouche d'iceluy, ce qui sera requis pour
vostre bon-heur : si que vous le devez escouter
comme un ange qui descend du ciel pour vous y
mener. Traitez avec luy à cœur ouvert en toute sin-

cerité et fidelité, luy manifestant clairement vostre
bien et vostre mal, sans feintise, ny dissimulation :
et par ce moyen vostre bien sera examiné, et plus
asseuré, et vostre mal sera corrigé et remedié ; vous
en serez allegée et fortifiée en vos afflictions, moderée et reglée en vos consolations ; ayez en luy une
extresme confiance meslée d'une sacrée reverence,
en sorte que la reverence ne diminuë point la confiance, et que la confiance n'empesche point la reverence ; confiez-vous en luy avec le respect d'une
fille envers son pere, respectez-le avec la confiance
d'un fils envers sa mere : bref, cette amitié doit estre
forte et douce, toute saincte, toute sacrée, toute
divine, et toute spirituelle.

Et pour cela choisissez-en un entre mille, dit
Avila? et moy je dis entre dix mille, car il s'en trouve
moins que l'on ne sçauroit dire qui soient capables de
cet office : il le faut plein de charité, de science, et de
prudence, si l'une de ces trois parties luy manque,
il y a du danger ; mais je vous dis derechef, deman-
dez-le à Dieu, et l'ayant obtenu, benissez sa divine
Majesté, demeurez ferme, et n'en cherchez point
d'autres, ains allez simplement, humblement et con-
fidemment : car vous ferez un tres-heureux voyage.

## CHAPITRE V.
### Qu'il faut commencer par la purgation de l'ame.

Les fleurs, dit l'espoux sacré, apparoissent en
nostre terre ; le temps d'esmonder et tailler est venu,
Qui sont les fleurs de nos cœurs, ô Philotée, sinon

les bons desirs? Or aussi tost qu'ils paroissent, il faut mettre la main à la serpe pour retrancher de nostre conscience toutes les œuvres mortes et superfluës : la fille estrangere pour espouser l'israëlite, devoit oster la robbe de sa captivité, rongner ses ongles, et raser ses cheveux : et l'ame qui aspire à l'honneur d'estre espouse du fils de Dieu, se doit despoüiller du vieil homme, et se revestir du nouveau quittant le peché : puis rongner et raser toutes sortes d'empeschemens qui destournent de l'amour de Dieu : c'est le commencement de nostre santé, que d'estre purgé de nos humeurs peccantes. S. Paul tout en un moment fut purgé d'une purgation parfaite, comme fut aussi S$^{te}$ Catherine de Gennes, S$^{te}$ Magdelaine, S$^{te}$ Pelagie, et quelques autres ; mais cette sorte de purgation est toute miraculeuse et extraordinaire en la grace comme la resurrection des morts en la nature : si que nous ne devons pas y pretendre. La purgation et guerison ordinaire, soit des corps, soit des esprits, ne se fait que petit à petit, par progrez d'avancement en avancement, avec peine et loisir.

Les anges ont des aisles sur l'eschelle de Jacob, mais ils ne volent pas, ains montent et descendent par ordre, d'eschelon en eschelon. L'ame qui monte du peché à la devotion, est comparée à l'aube, laquelle s'eslevant ne chasse pas les tenebres en un instant ; mais petit à petit : la guerison (dit l'aphorisme) qui se fait tout bellement, est tousjours plus asseurée ; les maladies du cœur, aussi bien que celles du corps, viennent à cheval et en poste ; mais

elles s'en revont à pied et au petit pas. Il faut donc
estre courageuse et patiente, ô Philotée, en cette
entreprise. Helas! quelle pitié est-ce de voir des
ames, lesquelles se voyaht sujettes à plusieurs imperfections apres s'estre exercées quelquesfois en la
devotion, commencent à s'inquieter, se troubler
et decourager, laissant presque emporter leur cœur
à la tentation de tout quitter et retourner en arriere; mais aussi de l'autre costé, n'est-ce pas un extresme danger aux ames, lesquelles par une tentation contraire se font accroire d'estre purgées de
leurs imperfections, le premier jour de leur purgation, se tenant pour parfaictes avant presque d'estre faites, en se mettant au vol sans ailes : ô Philotée!
qu'elles sont en grand peril de rechoir pour s'estre
trop tost ostées d'entre les mains du medecin. Ha!
ne vous levez pas avant que la lumiere soit arrivée,
dit le prophete? Levez-vous apres que vous aurez
esté assis? et luy mesme practiquant cette leçon? et
ayant esté desja lavé et nettoyé, demande de l'estre derechef.

L'exercice de la purgation de l'ame ne se peut ny
doit finir qu'avec nostre vie : ne nous troublons donc
point de nos imperfections : car nostre perfection
consiste à les combattre, et nous ne sçaurions les
combattre sans les voir, ny les vaincre sans les rencontrer, nostre victoire ne gist pas à ne les sentir
point, mais à ne point leur consentir.

Mais ce n'est pas leur consentir, que d'en estre
incommodé, il faut bien que pour l'exercice de nos-

tre humilité, nous soyons quelquefois blessez en
cette bataille spirituelle : neantmoins nous ne sommes jamais vaincus, sinon lors que nous avons perdu, ou la vie, ou le courage. Or les imperfections
et pechez veniels, ne nous sçauroient oster la vie
spirituelle · car elle ne se perd que par le peché
mortel. Il reste doncques seulement qu'elles ne nous
fassent point perdre le courage. Delivre moy, Seigneur, disoit David, de la coüardise et descouragement : c'est une heureuse condition pour nous en
cette guerre, que nous soyons tousjours vainqueurs,
pourveu que nous voulions combatrre.

## CHAPITRE VI.

### La premiere purgation, qui est celle des pechez mortels.

La premiere purgation qu'il faut faire, c'est celle
du peché, le moyen de le faire, c'est le sainct sacrement de penitence : cherchez le plus digne confesseur que vous pourrez, prenez en main quelqu'un
des petits livres qui ont esté faits pour ayder les consciences à se bien confesser, comme Grenade,
Bruno, Arias, Augez : lisez les bien, et remarquez
de poinct en poinct en quoy vous avez offencé, à
prendre depuis que vous eustes l'usage de raison
jusques à l'heure presente. Et si vous vous defiez de
vostre memoire, mettez en escrit ce que vous aurez
remarqué : et ayant ainsi preparé et ramassé les humeurs peccantes de vostre conscience, detestez les,
et les rejettez par une contrition et deplaisir aussi
grand que vostre cœur pourra souffrir, considerant

ces quatre choses : que par le peché vous avez perdu la grace de Dieu, quitté vostre part de paradis, accepté les peines eternelles de l'enfer, et renoncé à l'amour eternel de Dieu. Vous voyez bien, Philotée, que je parle d'une confession generale de toute la vie, laquelle certes, je confesse bien n'estre pas tousjours absolument necessaire, mais je considere bien aussi qu'elle vous sera extremement utile en ce commencement : c'est pourquoy je vous la conseille grandement. Il arrive souvent que les confessions ordinaires de ceux qui vivent d'une vie commune et vulgaire sont plaines de grands deffauts. Car souvent on ne se prepare point, ou fort peu, on n'a point la contrition requise : ains il advient maintesfois que l'on se va confesser avec une volonté tacite de retourner au peché, d'autant qu'on ne veut pas eviter l'occasion du peché, ny prendre les expediens necessaires à l'amendement de la vie : et en tous ces cas icy la confession generale est requise pour asseurer l'ame. Mais outre cela la confession generale nous appelle à la cognoissance de nous-mesmes, nous provoque à une salutaire confusion pour nostre vie passée, nous fait admirer la misericorde de Dieu, qui nous a attendu en patience, elle appaise nos cœurs, delasse nos esprits, excite en nous des bons propos, donne sujet à nostre Pere spirituel de nous faire des advis plus convenables à nostre condition, et nous ouvre le cœur, pour avec confiance nous bien declarer aux confessions suivantes.

Parlant doncques d'un renouvellement general

3.

de nostre cœur, et d'une conversion universelle de
nostre ame à Dieu, par l'entreprise de la vie devote,
j'ay bien raison, ce me semble, Philotée, de vous
conseiller cette confession generale.

## CHAPITRE VII.

### De la seconde purification, qui est celle des affections du péché.

Tous les Israëlites sortirent en effet de la terre
d'Egypte, mais ils n'en sortirent pas tous d'affection :
c'est pourquoi emmy le desert plusieurs d'entr'eux
regrettoient de n'avoir pas les oignons et les chairs
d'Egypte. Ainsi il y a des penitens, qui sortent en
effet du peché, et n'en quittent pourtant pas l'affection, c'est à dire, ils se proposent de ne plus pecher,
mais c'est avec un certain contrecœur, qu'ils ont de
se priver et abstenir des malheureuses delectations
du peché; leur cœur renonce au peché, et s'en es-
loigne; mais il ne laisse pas pour cela de se retourner souventefois de ce costé-là, comme fit la femme
de Loth du costé de Sodome; ils s'abstiennent du
peché, comme les malades des melons, lesquels ils
ne mangent pas, parce que le medecin les menasse
de mort, s'ils en mangent; mais ils s'inquietent de
s'en abstenir, ils en parlent, et marchandent s'il se
pourroit faire, ils les veulent au moins sentir, et
estiment bien-heureux ceux qui en peuvent manger. Car ainsi ces foibles et lasches penitens s'abstiennent pour quelque temps du peché; mais c'est
à regret, ils voudroient bien pouvoir pecher sans
estre damnez; ils parlent avec ressentiment et goust

du peché, et estiment contens ceux qui les font. Un homme resolu de se venger changera de volonté en la confession, mais tost apres on le retrouvera parmy ses amis qui prend plaisir à parler de sa querelle, disant, que si ce n'eust esté la crainte de Dieu, il eust fait cecy et cela, et que la loy divine est cet article, de pardonner est difficile, que pleust à Dieu qu'il fust permis de se venger : Ha ! qui ne voit qu'encore que ce pauvre homme soit hors du peché, il est neantmoins tout embarrassé de l'affection du peché, et qu'estant hors d'Egypte en effet, il y est encore en appetit, desirant les aulx et les oignons qu'il y souloit manger, comme fait cette femme, qui ayant detesté ses mauvaises amours, se plaist neantmoins d'estre muguetée et environnée : Helas ! que telles gens sont en grand peril.

O Philotée ! puis que vous voulez entreprendre la vie devote, il ne vous faut pas seulement quitter le peché; mais il faut tout à fait emonder vostre cœur de toutes les affections qui dependent du peché, car outre le danger qu'il y auroit de faire recheute, ces miserables affections allanguiroient perpetuellement vostre esprit, et l'appesantiroient en telle sorte qu'il ne pourroit pas faire les bonnes œuvres promptement, diligemment et frequemment, en quoy gist neantmoins la vraye essence de la devotion. Les ames, lesquelles sorties de l'estat du peché, ont encore ces affections et allanguissemens, ressemblent à mon advis aux filles qui ont les pasles couleurs, lesquelles ne sont pas malades, mais toutes

leurs actions sont malades, elles mangent sans goust,
dorment sans repos, rient sans joye, et se traisnent
plustost que de cheminer. Car de mesme ces ames
font le bien, avec des lassitudes spirituelles si grandes,
qu'elles ostent toute la grace à leurs bons exercices,
qui sont peu en nombre, et petits en effet.

## CHAPITRE VIII.
### Du moyen de faire cette seconde purgation.

Or le premier motif pour parvenir à cette seconde purgation, c'est la vive et forte apprehension
du grand mal que le peché nous apporte, par le
moyen de laquelle nous entrons en une profonde
et vehemente contrition. Car tout ainsi que la contrition (pouveu qu'elle soit vraye) pour petite qu'elle
soit, et sur tout estant joincte à la vertu des sacremens, nous purge suffisamment du peché : de mesme
quand elle est grande et vehemente, elle nous purge
de toutes les affections qui dependent du peché.
Une haine ou rancune foible et debile, nous fait
avoir à contre-cœur celuy que nous haïssons, et nous
fait fuir sa compagnie ; mais si c'est une haine mortelle et violente, non seulement nous fuyons et ab-
horrons celuy à qui nous la portons, ains nous
avons à degoust : et ne pouvons souffrir la conversation de ses alliez, parens et amis, non pas mesmes
son image, ny chose qui luy appartienne. Ainsi
quand le penitent ne haït le peché que par une legere, quoy que vraye contrition ; il se resout voirement bien de ne plus pecher ; mais quand il haït

d'une contrition puissante et vigoureuse, non seulement il deteste le peché, ains encor toutes les affections, dependances et acheminemens du peché. Il faut doncques, Philotée, agrandir tant qu'il nous sera possible nostre contrition et repentance, afin qu'elle s'estende jusques aux moindres appartenances du peché. Ainsi Magdelaine en sa conversion, perdit tellement le goust des pechez et des plaisirs qu'elle y avoit pris, que jamais plus elle n'y pensa, et David protestoit de non seulement haïr le péché, mais aussi toutes les voyes et sentiers d'iceluy : en ce poinct consiste le rajeunissement de l'ame, que ce mesme prophete compare au renouvellement de l'aigle.

Or pour parvenir à cette apprehension et contrition, il faut que vous vous exerciez soigneusement aux meditations suivantes, lesquelles estant bien practiquées, desracineront de vostre cœur (moyennant la grace de Dieu) le peché et les principales affections du peché; aussi les ay-je dressées tout à fait pour cet usage : vous les ferez l'une après l'autre, selon que je les ay marquées, n'en prenant qu'une pour chasque jour, laquelle vous ferez le matin s'il est possible, qui est le temps le plus propre pour toutes les actions de l'esprit, et la remascherez et la ruminerez le reste de la journée : que si vous n'estes encore pas duite à faire la meditation, voyez ce qui en sera dit en la seconde partie.

# CHAPITRE IX.

### MEDITATION I.

#### De la creation.

## *Preparation.*

1. Mettez-vous en la presence de Dieu.
2. Suppliez-le qu'il vous inspire.

## *Considerations.*

Considerez qu'il n'y a que tant d'ans que vous n'estiez point au monde, et que vostre estre estoit un vray rien : où estions-nous, ô mon ame, en ce temps-là ? le monde avoit déjà tant duré, et de nous il n'en estoit nulle nouvelle.

2. Dieu vous a fait eclore de ce rien, pour vous rendre ce que vous estes sans qu'il eust besoin de vous, ains par sa seule bonté.

3. Considerez l'estre que Dieu vous a donné, car c'est le premier estre du monde visible, capable de vivre eternellement, et de s'unir parfaictement à sa divine Majesté.

## *Affections et resolutions.*

1. Humiliez-vous profondement devant Dieu, disant de cœur avec le psalmiste : O Seigneur, je suis devant vous comme un vray rien, et comment eustes-vous memoire de moy pour me créer ? Helas ! mon ame, tu estois abysmée dans cet ancien neant, et y serois encores de present si Dieu ne t'en eust retirée : et que ferois-tu dedans ce rien ?

2. Rendez graces à Dieu. O mon grand et bon Createur, combien vous suis-je redevable; puis que vous m'estes allé prendre dans mon rien, pour me rendre par vostre misericordé ce que je suis? Qu'est ce que je feray jamais pour dignement benir vostre sainct nom, et remercier vostre immense bonté.

3. Confondez-vous. Mais helas! mon Createur, au lieu de m'unir à vous par amour et service, je me suis renduë toute rebelle par mes desreglées affections, me separant et esloignant de vous pour me joindre au peché, n'honorant non plus vostre bonté, que si vous n'eussiez pas esté mon Createur.

4. Abaissez vous devant Dieu. O mon ame, sçache que le Seigneur est ton Dieu, c'est luy qui t'a fait, et tu ne t'es pas faite toy-mesme: O Dieu! je suis l'ouvrage de vos mains.

Je ne veux donc plus desormais me complaire en moy-mesme, qui de ma part ne suis rien. Dequoy te glorifies-tu: ô poudre et cendre? mais plustost, ô vray neant, dequoy t'exaltes-tu? et pour m'humilier je veux faire telle et telle chose, supporter tels et tels mespris: je veux changer de vie, et suivre desormais mon Createur, et m'honorer de la condition de l'estre qu'il m'a donné, l'employant tout entierement à l'obeissance de sa volonté, par les moyens qui me seront enseignez, et desquels je m'enquerray vers mon Pere spirituel.

### Conclusion.

1. Remerciez Dieu. Benis, ô mon ame, ton Dieu,

et que toutes mes entrailles loüent son sainct nom, car sa bonté m'a tirée de rien, et sa misericorde m'a creé.

2. Offrez. O mon Dieu, je vous offre l'estre que vous m'avez donné avec tout mon cœur, je le vous desdie et consacre.

3. Priez. O Dieu, fortifiez-moy en ces affections et resolutions : ô S^{te} Vierge, recommandez les à la misericorde de vostre Fils, avec tous ceux pour qui je dois prier, etc. *Pater noster. Ave Maria.*

Au sortir de l'oraison, en vous pourmenant un peu, recueillez un petit bouquet de devotion des considerations que vous avez faictes pour l'odorer le long de la journée.

## CHAPITRE X.

### MEDITATION II.

De la fin pour laquelle nous sommes creez.

#### *Preparation.*

1. Mettez-vous devant Dieu.
2. Priez-le qu'il vous inspire.

#### *Considerations.*

Dieu ne vous a pas mise en ce monde, pour aucun besoin qu'il eust de vous, qui luy estes du tout inutile, mais seulement afin d'exercer en vous sa bonté, vous donnant sa grace et sa gloire. Et pour cela il vous a donné l'entendement pour le cognoistre, la memoire pour vous souvenir de luy, la vo-

lonté pour l'aimer, l'imagination pour vous representer ses bien-faits, les yeux pour voir les merveilles
de ses ouvrages, la langue pour le loüer, et ainsi des
autres facultez.

2. Estant creée, et mise en ce monde à cette intention, toutes actions contraires à icelle doivent
estre rejettées, et evitées et celles qui ne servent de
rien à cette fin, doivent estre mesprisées, comme
vaines et superfluës.

3. Considerez le mal-heur du monde qui ne pense
point à cela; mais vit comme s'il croyoit de n'estre
creé que pour bastir des maisons, planter des arbres,
assembler des richesses, et faire des badineries.

*Affections et résolutions.*

1. Confondez-vous, reprochant à vostre ame sa
misere, qui a esté si grande cy-devant, qu'elle n'a
que peu ou point pensé à tout cecy. Helas! ce direz-
vous, que pensois-je, ô mon Dieu, quand je ne pen-
sois point en vous? dequoy me ressouvenois-je quand
je vous oubliois? qu'aymois-je, quand je ne vous
aymois pas? Helas! je me devois repaistre de la verité, et je me remplissois de la vanité, et servois le
monde qui n'est fait que pour me servir.

2. Detestez la vie passée. Je vous renonce, pensées
vaines et cogitations inutiles; je vous abjure, ô sou-
venirs detestables et frivoles: je vous renonce, amitiez infidelles et desloyales, services perdus, et miserables gratifications ingrates, complaisances fascheuses.

3. Convertissez-vous à Dieu. Et vous, ô mon Dieu, mon Sauveur, vous serez doresnavant le seul objet de mes pensées : non, jamais je n'appliqueray mon esprit à des cogitations qui vous soient desagreables. Ma memoire se remplira tous les jours de ma vie, de la grandeur de vostre debonnaireté, si doucement exercée en mon endroit. Vous serez les delices de mon cœur, et la suavité de mes affections.

Ha! donc tels et tels fatras, et amusemens, auxquels je m'appliquois : tels et tels vains exercices, auxquels j'employois mes journées : telles et telles affections, qui engageoient mon cœur, me seront desormais en horreur, et à cette intention j'useray de tels et tels remedes.

### Conclusion.

1. Remerciez Dieu qui vous a faicte pour une fin si excellente. Vous m'avez faicte, ô Seigneur, pour vous, afin que je jouïsse eternellement de l'immensité de vostre gloire? quand sera-ce que j'en seray digne, et quand vous beniray-je selon mon devoir.

2. Offrez. Je vous offre, ô mon cher Createur, toutes ces mesmes affections, et resolutions, avec toute mon ame et mon cœur.

3. Priez : Je vous supplie, ô Dieu, d'avoir agreable mes souhaits, et mes vœux, et de donner vostre saincte benediction à mon ame, à celle fin qu'elle les puisse accomplir par le merite du sang de vostre fils respandu sur la croix, etc.

Faictes le petit boucquet de devotion.

## CHAPITRE XI.

### MEDITATION III.

#### Des benefices de Dieu.

*Preparation.*

1. Mettez-vous en la presence de Dieu.
2. Priez-le qu'il vous inspire.

*Considerations.*

Considerez les graces corporelles que Dieu vous a données, quel corps, quelles commoditez de l'entretenir, quelle santé, quelles consolations loisibles pour iceluy, quels amis, quelles assistances ; mais cela considerez le avec une comparaison de tant d'autres personnes qui valent mieux que vous, lesquelles sont destituées de ces benefices : les uns gastez de corps, de santé, de membres : les autres abandonnez à la mercy des opprobres, et de mespris et des-honneur : les autres accablez de pauvreté ; et Dieu n'a pas voulu que vous fussiez si miserable.

2. Considerez les dons de l'esprit, combien y a-t-il au monde de gens hebetez, enragez, insensez : et pourquoy n'estes-vous pas du nombre ? Dieu vous a favorisée : combien y en a-t'il qui ont esté nourris rustiquement, et en une extreme ignorance ; et la providence divine vous a fait eslever civilement et honorablement.

3. Considerez les graces spirituelles, ô Philotée ? vous estes des enfans de l'Eglise, Dieu vous a enseignée la cognoissance dès vostre jeunesse. Combien

de fois vous a-t'il donné ses sacremens? combien de fois des inspirations, des lumieres interieures, des reprehensions pour vostre amendement? combien de fois vous a-t'il pardonné vos fautes? combien de fois delivrée des occasions de vous perdre où vous estiez exposée! Et ces années passées, n'estoient-ce pas un loisir et commodité de vous avancer au bien de vostre ame? Voyez un peu par le menu, combien Dieu vous a esté doux et gracieux.

### Affections et resolutions.

Admirez la bonté de Dieu. O que mon Dieu est bon en mon endroit! ô qu'il est bon! que vostre cœur, Seigneur, est riche en misericorde, et liberal en debonnaireté! O mon ame, racontons à jamais, combien de graces il nous a fait.

2. Admirez vostre ingratitude. Mais que suis-je, Seigneur, que vous ayez eu memoire de moy? O que mon indignité est grande: Helas! j'ay foulé au pied vos benefices: j'ay des-honoré vos graces, les convertissant en abus et mespris de vostre souveraine bonté; j'ay opposé l'abysme de mon ingratitude à l'abysme de vostre grace et faveur.

3. Excitez-vous à recognoissance. Sus donc, ô mon cœur ne vueille plus estre infidele, ingrat et desloyal à ce grand bien-faicteur. Et comment, mon ame ne sera-t'elle pas mes-huy subjette à Dieu, qui a fait tant de merveilles et de graces en moy, et pour moy?

4. Ha! doncques Philotée, retirez vostre corps de telles et telles voluptez: rendez-le subjet au ser-

vice de Dieu, qui a tant fait pour luy: appliquez vostre ame à le cognoistre, par tels et tels exercices qui sont requis pour cela. Employez soigneusement les moyens qui sont en l'Eglise, pour vous sauver et aimer Dieu; ouy, je frequenteray l'oraison et les sacremens, j'escouteray la saincte parole, je practiqueray les inspirations et conseils.

### Conclusion.

1. Remerciez Dieu de la cognoissance qu'il vous a donnée maintenant de vostre devoir et de tous les bien-faicts cy-devant receus.

2. Offrez luy vostre cœur avec toutes vos resolutions.

3. Priez-le qu'il vous fortifie, pour les practiquer fidelement, par le merite de la mort de son Fils; implorez l'intercession de la Vierge et des Saincts. *Pater noster, etc.*

Faictes le petit bouquet spirituel.

## CHAPITRE XII.

### MEDITATION IV.

#### Des pechez.

### Preparation.

1. Mettez-vous en la presence de Dieu.
2. Suppliez-le qu'il vous inspire.

### Considerations.

Pensez combien il y a que vous commencez à pecher, et voyez combien dès ce premier commencement les pechez se sont multipliez en vostre cœur: comme tous les jours vous les avez accreu contre Dieu, contre vous-mesme, contre le prochain, par œuvre, par parole, par desir et pensées.

2. Considerez vos mauvaises inclinations, et combien vous les avez suivies. Et par ces deux poincts vous verrez que vos coulpes sont en plus grand nombre que les cheveux de vostre teste, voire que le sable de la mer.

3. Considerez à part le peché d'ingratitude envers Dieu, qui est un peché general lequel s'espanche par tous les autres, les rend infiniment plus enormes: voyez doncques combien de benefices, Dieu vous a fait, et que de tous vous avez abusé contre le donateur: singulierement combien d'inspirations mesprisés, combien de bons mouvemens rendus inutiles. Et encore plus que tout, combien de fois avez-vous receu les sacremens, et où en sont les fruicts? que sont devenus ces precieux joyaux, dont vostre cher espoux vous avoit ornée? tout cela a esté couvert sous vos iniquitez, avec quelle preparation les avez vous receus? Pensez à cette ingratitude, que Dieu vous ayant tant couru apres pour vous sauver, vous avez tousjours fuy devant luy pour vous perdre.

### Affections et resolutions.

1. Confondez-vous en vostre misere. O mon Dieu, comme ose-je comparoistre devant vos yeux? Helas! je ne suis qu'un Aposteme du monde, et un esgoust

d'ingratitude et d'iniquité. Est-il possible que j'aye esté si desloyale, que je n'aye laissé pas un seul de mes sens, pas une des puissances de mon ame, que je n'aye gasté, violé et soüillé : et que pas un jour de ma vie ne soit escoulé, auquel je n'aye produit de si mauvais effets ? Est-ce ainsi que je devois contrechanger les benefices de mon Createur, et le sang de mon Redempteur.

2. Demandez pardon, et vous jettez aux pieds du Seigneur, comme un enfant prodigue, comme une Magdeleine, comme une femme qui auroit soüillé le lict de son mariage de toutes sortes d'adultere : O Seigneur, misericorde sur cette pecheresse : Helas ! ô source vive de compassion, ayez pitié de cette miserable.

3. Proposez de vivre mieux. O Seigneur, non jamais plus moyennant vostre grace : non jamais plus je ne m'abandonneray au peché.

Helas ! je ne l'ay que trop aymé, je le deteste et vous embrasse. O Pere de misericorde, je veux vivre et mourir en vous.

4. Pour effacer les pechez passez, je m'en accuseray courageusement, et n'en laisseray pas un que je ne pousse dehors.

5. Je feray tout ce que je pourray pour en desraciner entierement les plantes de mon cœur, particulierement de tels, et de tels qui me sont plus ennuyeux.

6. Et pour ce faire j'embrasseray constamment les moyens qui me seront conseillez : ne me sem-

blant d'avoir jamais assez fait pour reparer de si grandes fautes.

### Conclusion.

1. Remerciez Dieu qui vous a attendu jusques à ceste heure, et vous a donné ces bonnes affections.

2. Faictes luy offrande de vostre cœur pour les effectuer.

3. Priez-le qu'il vous fortifie, etc.

## CHAPITRE XIII.

### MEDITATION V.

#### De la mort.

### Preparation.

1. Mettez-vous en la presence de Dieu.

2. Demandez-luy sa grace.

3. Imaginez-vous d'estre malade en extremité dans le lit de la mort, sans esperance aucune d'en eschapper.

### Consideration.

Considerez l'incertitude du jour de vostre mort : O mon ame, vous sortirez un jour de ce corps. Quand sera-ce, en hyver ou en esté? en la ville ou au village? de jour ou de nuict? sera-ce à l'impourveu, ou avec advertissement? sera-ce de maladie ou d'accident? aurez-vous le loisir de vous confesser, ou non? serez-vous assistée de vostre confesseur et pere spirituel? Helas! de tout cela nous n'en sçavons rien du tout : seulement cela est asseuré, que nous mourrons, et tousjours plustost que nous ne pensons.

2. Considerez qu'alors le monde finira, pour ce qui vous regarde, il n'y en aura plus pour vous : il renversera sens dessus-dessous devant vos yeux : ouy, car alors les plaisirs, les vanitez, les joyes mondaines, les affections vaines, nous apparoistront comme des fantosmes et nuages? Ah! chetive, pour quelles bagatelles et chimeres ay-je offensé mon Dieu? Vous verrez que nous avons quitté Dieu pour neant. Au contraire, la devotion et les bonnes œuvres vous sembleront alors si desirables et douces : et pourquoy n'ay-je suivi ce beau et gratieux chemin? alors les pechez qui sembloient bien petits paroistront gros comme des montagnes, et vostre devotion bien petite.

3. Considerez les grands et langoureux adieux, que vostre ame dira à ce bas monde : elle dira adieu aux richesses, aux vanitez et vaines compagnies, aux plaisirs, aux passe-temps, aux amis et voisins, aux parens, aux enfans, au mary, à la femme, bref à toute creature. Et enfin finale à son corps, qu'elle delaissera pasle, have, deffait, hideux et puant.

4. Considerez les empressemens qu'on aura pour lever ce corps-là, et le cacher en terre, et que cela fait, le monde ne pensera plus gueres à vous, ny n'en sera plus memoire, non plus que vous n'avez gueres pensé aux autres. Dieu luy fasse paix, dira-

t'on, et puis c'est tout : O mort! que tu es inconsidérable! que tu es impiteuse!

5. Considerez qu'au sortir du corps l'ame prend son chemin, ou à droite, ou à gauche. Helas! où ira la vostre? quelle voye tiendra-t'elle? non autre que celle qu'elle aura commencée en ce monde.

### Affections et resolutions.

1. Priez Dieu, et vous jettez entre ses bras. Las! Seigneur, recevez moy en vostre protection pour ce jour effroyable. Rendez moy cette heure heureuse et favorable, et que plustost toutes les autres de ma vie me soient tristes et d'affliction.

2. Mesprisez le monde. Puis que je ne sçay l'heure en laquelle il te faut quitter, ô monde! je ne me veux point attacher à toy : O mes chers amis, mes cheres alliances, permettez moy que je ne vous affectionne plus que par une amitié saincte, laquelle puisse durer eternellement; car pourquoy m'unir à vous, en sorte qu'il faille quitter et rompre la liaison.

Je me veux preparer à cette heure, et prendre le soin requis pour faire ce passage heureusement : je veux assurer l'estat de ma conscience de tout mon pouvoir, et veux mettre ordre à tels et tels manquemens.

### Conclusion.

Remerciez Dieu de ces resolutions qu'il vous a données? offrez les à sa Majesté? suppliez la derechef, qu'elle vous rende vostre mort heureuse : par le merite de celle de son Fils. Implorez l'ayde de la Vierge et des Saincts. *Pater. Ave Maria.*

Faictes un bouquet de myrrhe.

## CHAPITRE XIV.

### MEDITATION VI.

#### Du jugement.

*Preparations.*

1. Mettez-vous devant Dieu.
2. Suppliez-le qu'il vous inspire.

*Considerations.*

Enfin apres le temps que Dieu a marqué pour la durée de ce monde, et apres une quantité de signes et presages horribles, pour lesquels les hommes seicheront d'effroy et de crainte : le feu venant comme un deluge bruslera et reduira en cendre toute la face de la terre, sans qu'aucune des choses que nous voyons sur icelle en soit exempte.

2. Apres ce deluge de flammes et de foudres, tous les hommes ressusciteront de la terre (excepté ceux qui sont desja ressuscitez) et à la voix de l'archange comparoistront en la vallée de Josaphat. Mais helas! avec quelle difference, car les uns y seront en corps glorieux et resplendissans, et les autres en corps hideux et horribles.

3. Considerez la majesté, avec laquelle le souverain juge comparoistra environné de tous les anges

et Saincts, ayant devant soy sa croix plus reluisante que le soleil, enseigne de grace pour les bons et de rigueur pour les mauvais.

4. Ce souverain juge par son commandement redoutable, et qui sera soudain executé, separera les bons des mauvais, mettant les uns à sa droite, les autres à sa gauche; separation eternelle, et apres laquelle jamais plus ces deux bandes ne se trouveront ensemble.

5. La separation faicte, et les livres des consciences ouverts, on verra clairement la malice des mauvais, et le mespris dont ils ont usé contre Dieu, et d'ailleurs la penitence des bons, et les effets de la grace de Dieu, qu'ils ont receuë, et rien ne sera caché. O Dieu, quelle confusion pour les uns, quelle consolation pour les autres.

Considerez la derniere sentence des mauvais. Allez, maudits au feu eternel, qui est preparé au diable et à ses compagnons. Pesez ces paroles si pesantes. Allez, dit-il, c'est un mot d'abandonnement perpetuel que Dieu fait de tels mal-heureux, les bannissant pour jamais de sa face. Il les appelle maudit: O mon ame, quelle malediction, malediction generale qui comprend tous les maux, malediction irrevocable, qui comprend tous les temps, et l'éternité; il adjoute, au feu eternel, regarde, ô mon cœur ceste grande eternité: O eternelle eternité des peines que tu es effroyable.

5. Considerez la sentence contraire des bons! Venez, dit le Juge (ah! c'est le mot agreable de sa-

lut) par lequel Dieu nous tire à soy : et nous reçoit dans le giron de sa bonté. Benit de mon Pere? O chere benediction, qui comprend toute benediction? possedez le royaume qui vous est preparé dès la constitution du monde? O Dieu, quelle grace, car ce royaume n'aura jamais fin.

### Affections et resolutions.

1. Tremble, ô mon ame, à ce souvenir. O Dieu, qui me peut asseurer pour ceste journée, en laquelle les colomnes du ciel trembleront de frayeur.

2. Detestez vos pechez, qui seuls vous peuvent perdre en ceste journée espouventable.

Ah! je me veux juger moy-mesme maintenant, afin que je ne soye pas jugé : je veux examiner ma conscience, et me condamner, m'accuser et me corriger, afin que le Juge ne me condamne en ce jour redoutable : je me confesseray donc, j'accepteray les advis necessaires, etc.

### Conclusion.

Remerçiez Dieu, qui vous a donné moyen de vous assurer pour ce jour-là, et le temps de faire penitence.

Offrez-luy vostre cœur pour la faire. Priez-le qu'il vous fasse la grace de vous en bien acquiter. *Pater noster. Ave Maria.*

Faites un bouquet.

## CHAPITRE XV.

### MEDITATION VII.
#### De l'enfer.

### *Preparation.*

1. Mettez-vous en la presence divine.
2. Humiliez-vous, et demandez son assistance.
3. Imaginez-vous une ville tenebreuse, toute bruslante de souffre et de poix puante, pleine de citoyens qui n'en peuvent sortir.

### *Considerations.*

Les damnez sont dedans l'abisme infernal, comme dedans cette ville infortunée, en laquelle ils souffrent des tourmens indicibles en tous leurs sens, et en tous leurs membres, parce que comme ils ont employé tous leurs sens et leurs membres pour pecher, ainsi souffriront-ils en tous leurs membres, et en tous leurs sens les peines deuës au peché? les yeux, pour leurs faux et mauvais regards, souffriront l'horrible vision des diables et de l'enfer! les oreilles pour avoir pris plaisir aux discours vicieux, n'oyront jamais que pleurs, lamentations et desespoirs, et ainsi des autres.

2. Outre tous ces tourmens, il y en a encore un plus grand, qui est la privation et perte de la gloire de Dieu, laquelle ils sont forclos de jamais voir.

Que si Absalon trouva que la privation de la face amiable de son pere David estoit plus ennuyeuse que son exil? O Dieu quel regret d'estre à jamais privé de voir vostre doux et suave visage.

3. Considerez sur tout l'eternité de vos peines, laquelle seule rend l'enfer insupportable? Helas! si une puce en vostre oreille, si la chaleur d'une petite fievre nous rend une courte nuict si longue, et si ennuyeuse, combien sera espouventable la nuict de l'eternité avec tant de tourmens, de cette eternité naissent le desespoir eternel, les blasphemes et rages infinies.

### *Affections et resolutions.*

Espouventez vostre ame par les paroles de Job? O mon ame, pourrois-tu bien vivre eternellement avec ces ardeurs perdurables, et emmy ce feu dèvorant? veux-tu bien quitter ton Dieu pour jamais?

Confessez que vous l'avez merité mais combien de fois? Or desormais je veux prendre party au chemin contraire? pourquoy descendray-je en cet abysme.

Je feray doncques tel, et tel effort pour eviter le peché, qui seul me peut donner cette mort eternelle.

Remerciez, offrez, priez.

## CHAPITRE XVI.

### MEDITATION VIII.
#### Du paradis.

### *Preparation.*

1. Mettez-vous en la presence de Dieu.
2. Faites l'invocation.

### *Considerations.*

Considerez une belle nuict bien seraine, et pensez combien il fait bon voir le ciel avec cette multitude et varieté d'estoilles : or joignez maintenant cette beauté avec celle d'un beau jour, en sorte que la clarté du soleil n'empeche point la claire veuë des estoilles, ny de la lune : et puis apres dites hardiment que toute cette beauté mise ensemble, n'est rien au prix de l'excellence du grand paradis : ô que ce lieu est desirable et amiable : que cette cité est precieuse!

2. Considerez la noblesse, la beauté, et la multitude des citoyens et habitans de cet heureux pays : ces millions de millions d'anges de cherubins et seraphins, cette trouppe d'apostres, de martyrs, de confesseurs, de vierges, de sainctes dames, la multitude est innumerable. O que cette compagnie est heureuse, le moindre de tous est plus beau à voir que tout le monde? que sera-ce de les voir tous; mais mon Dieu, qu'ils sont heureux, tousjours ils chantent le doux cantique de l'amour eternel : tous-

jours ils joüissent d'une constante allegresse : ils s'entredonnent les uns aux autres des contentemens indicibles, et vivent en la consolation d'une heureuse et indissoluble societé.

3. Considerez enfin quel bien ils ont tous de joüir de Dieu, qui les gratifie pour jamais de son amiable regard, et par iceluy respand dedans leurs cœurs un abysme de delices. Quel bien d'estre à jamais uny à son prince. Ils sont là comme des heureux oyseaux, qui volent et chantent à jamais dedans l'air de la divinité, qui les environne de toutes parts de plaisirs incroyables : là chacun à qui mieux mieux, et sans envie chantent les loüanges du Createur, benit soyez-vous à jamais, ô nostre doux et souverain Createur et Sauveur, qui nous estes si bon, et nous communiquez si liberalement vostre gloire : et reciproquement Dieu benit d'une benediction perpetuelle tous ses Saincts. Benistes soyez-vous à jamais, dit-il, mes cheres creatures, qui m'avez servy, et qui me loüerez eternellement avec si grand amour et courage.

### Affections et resolutions.

1. Admirez et loüez cette patrie celeste? ô que vous estes belle, ma chere Hierusalem, et que bien heureux sont vos habitans.

2. Reprochez à vostre cœur le peu de courage qu'il a eu jusques à present de s'estre tant destourné du chemin de cette glorieuse demeure? Pourquoy me suis-je tant esloignée de mon souverain bon-

heur? Ah! miserable, pour ces plaisirs si desplaisans et legers, j'ay mille et mille fois quitté ces eternelles et infinies delices. Quel esprit avois-je de
mespriser des biens si desirables, pour des desirs
si vains et mesprisables.

3. Aspirez neantmoins avec vehemence à ce sejour tant delicieux? ô puis qu'il vous a plu, mon
bon et souverain Seigneur, redresser mes pas en vos
voyes; non jamais plus je ne retourneray en arriere? Allons ô ma chere ame? allons en ce repos
infiny : cheminons à ceste beniste terre qui nous
est promise, que faisons-nous en ceste Egypte.

Je m'empescheray doncques de telles choses qui
me destournent, ou retardent de ce chemin.

Je feray doncques telles et telles choses qui m'y
peuvent conduire.

Remerciez, offrez, priez.

## CHAPITRE XVII.

### MEDITATION IX.

Par maniere d'election et choix du paradis.

### Preparation.

1. Mettez-vous en la presence de Dieu.
2. Humiliez-vous devant luy, priant qu'il vous inspire.

### Considerations.

Imaginez-vous d'estre en une rase campagne
toute seule avec vostre bon ange, comme estoit le
jeune Tobie allant en Rages, et qu'il vous fait voir

en haut le paradis ouvert, avec les plaisirs representez en la meditation du paradis, que vous avez faicte :
puis du costé d'embas, il vous fait voir l'Enfer ouvert, avec tous les tourmens descrits en la meditation de l'enfer : vous estant colloquée ainsi par imagination, et mise à genoux devant vostre bon ange.

1. Considerez qu'il est tres-vray que vous estes
au milieu du paradis et de l'enfer, et que l'un et
l'autre est ouvert pour vous recevoir, selon le choix
que vous en ferez.

2. Considerez que le choix que l'on fait de l'un ou
de l'autre en ce monde, durera eternellement en
l'autre.

3. Et encore que l'un et l'autre soit ouvert pour
vous recevoir, selon que vous le choisirez ; si est-ce
que Dieu, qui est appareillé de vous donner, ou
l'un par sa justice, ou l'autre par sa misericorde, desire neantmoins d'un desir nompareil, que vous
choisissiez le paradis, et vostre bon ange vous en
presse de tout son pouvoir, vous offrant de la part
de Dieu mille graces, et mille secours pour vous
ayder à la montée.

4. Jesus-Christ du haut du ciel, vous regarde en
sa debonnaireté, et vous invite doucement? viens ô
ma chere ame, au repos eternel entre les bras de ma
bonté, qui t'a preparé les delices immortelles en l'a-
bondance de son amour. Voyez de vos yeux interieurs la S<sup>te</sup> Vierge qui vous convie maternellement.
Courage ma fille, ne vueille pas mespriser les desirs
de mon Fils, ny tant de soupirs que je jette pour

et comme ils ne s'ayment que par de faux sem-
blans. Enfin vous verrez une calamiteuse republique
tyrannisée de ce roy maudit qui vous fera compassion.

2. Du costé droict voyez Jesus-Christ crucifié, qui
avec un amour cordial prie pour ces pauvres endia-
blez, afin qu'ils sortent de cette tyrannie, et qui les
appelle à soy? Voyez une grande trouppe de devots
qui sont autour de luy avec leurs anges? Contemplez la beauté de ce royaume de devotion. Qu'il
fait beau voir cette trouppe de vierges, hommes et
femmes plus blanches que le lys: cette assemblée de
vefves pleines d'une sacrée mortification et humilité
voyez le rang de plusieurs personnes mariées qui vivent si doucement ensemble, avec respect mutuel,
qui ne peut estre sans une grande charité: voyez
comme ces devotes ames marient le soin de leur
maison exterieure, avec le soin de l'interieure, l'a-
mour du mary avec celuy de l'Espoux celeste. Regardez generalement par tout? vous les verrez tous
en une contenance saincte, douce, amiable qu'ils
escoutent Nostre-Seigneur, et tous les voudroient
planter au milieu de leur cœur.

Ils se resjouissent, mais d'une joye gracieuse,
charitable et bien reglée: s'entr'ayment, mais d'un
amour sacré et tres-pur. Ceux qui ont des afflictions
en ce peuple devot, ne se tourmentent pas beaucoup, et n'en perdent point contenance? bref, voyez
les yeux du Sauveur qui les console, et que tous ensemblement aspirent à luy.

3. Vous avez mes-huy quitté Satan, avec sa triste
et mal-heureuse trouppe, par les bonnes affections
que vous avez conceuës? et neantmoins vous n'estes
pas encore arrivée au Roy Jesus, ny joincte à son
heureuse et saincte compagnie de devots? ains vous
avez esté tousjours entre l'un et l'autre.

4. La Vierge saincte avec S. Joseph, S. Louys,
S^te Monique, et cent mille autres qui sont en l'esca-
dron de ceux qui ont vescu emmy le monde, vous
invitent et encouragent.

5. Le Roy crucifié vous appelle par vostre nom
propre? venez, ô ma bien-aymée? venez, afin que
je vous couronne.

### Eslection.

1. O monde! ô trouppe abominable, non jamais
vous ne me verrez sous vostre drapeau. J'ay quitté
pour jamais vos forceneries et vanitez? Roy d'orgueil, ô roy de mal-heur, esprit infernal, je te renonce avec toutes tes vaines pompes, je te deteste
avec toutes tes œuvres.

2. Et me convertissant à vous, mon doux Jesus,
Roy de bon-heur et de gloire eternelle, je vous embrasse de toutes les forces de mon ame? je vous
adore de tout mon cœur? je vous choisis maintenant
et pour jamais pour mon roy, et par mon inviolable
fidelité, je vous fais un hommage irrevocable, je me
soubmets à l'obeissance de vos sainctes loix et ordonnances.

3. O Vierge saincte, ma chere Dame, je vous

choisis pour ma guide, je me rends sous vostre enseigne, je vous offre un particulier respect, et une reverence speciale.

O mon sainct ange, presentez-moy à cette sacrée assemblée, ne m'abandonnez point jusques à ce que j'arrive avec cette heureuse compagnie, avec laquelle je dis et diray à jamais, pour tesmoignage de mon choix, vive Jesus, vive Jesus.

## CHAPITRE XIX.

### Comme il faut faire la confession generale.

Voilà donc, ma chere Philotée, les meditations requises à nostre intention, quand vous les aurez faictes; allez courageusement en esprit d'humilité faire vostre confession generale, mais je vous prie ne vous laissez point troubler par aucune sorte d'apprehension. Le scorpion qui nous a piquez est veneneux en nous piquant; mais estant reduit en huile, c'est un grand medicament contre sa propre piqueure: le peché n'est honteux que quand nous le faisons, mais estant converty en confession et penitence, il est honorable et salutaire. La contrition et confession sont si belles et de si bonne odeur, qu'elles effacent la laideur, et dissipent la puanteur du peché. Simon le lepreux disoit que Magdeleine estoit pecheresse, mais Nostre-Seigneur dit que non, et ne parle plus sinon des parfums qu'elle respandit, et de la grandeur de sa charité. Si nous sommes bien humbles, Philotée, nostre peché nous desplaira infiniment, parce que Dieu en est offencé;

mais l'accusation de nostre peché nous sera douce
et agreable, parce que Dieu en est honoré; ce nous
est une sorte d'allegement de bien dire au medecin
le mal qui nous tourmente. Quand vous serez arrivée devant vostre pere spirituel, imaginez-vous d'estre en la montagne de Calvaire, sous les pieds de
Jesus-Christ crucifié, duquel le sang precieux distille de toutes parts pour vous laver de vos iniquitez.
Car bien que ce ne soit pas le propre sang du Sauveur, c'est neantmoins le merite de son sang respandu qui arrouse abondamment les penitens autour des confessionnaux. Ouvrez donc bien vostre
cœur pour en faire sortir les pechez par la confession,
car à mesure qu'ils en sortiront, le precieux merite
de la passion divine y entrera pour le remplir de benediction.

Mais dites bien tout simplement et naïfvement,
contentez bien vostre conscience en cela pour une
bonne fois. Et cela fait, escoutez l'advertissement
et les ordonnances du serviteur de Dieu, et dites en
vostre cœur, parlez, Seigneur, car vostre servante
vous escoute : ouy, c'est Dieu, Philotée, que vous
escoutez, puis qu'il a dit à ses vicaires; qui vous escoute, m'escoute. Prenez par apres en main la protestation suivante, laquelle sert de conclusion à toute
vostre contrition, et que vous devez avoir premierement meditée et considerée : lisez-la attentivement,
et avec le plus de ressentiment qu'il vous sera
possible.

## CHAPITRE XX.

**Protestation authentique pour graver en l'ame la resolution de servir Dieu, et conclure les actes de penitence.**

Je soussignée, constituée, et establie en la presence de Dieu eternel, et de la cour celeste, ayant consideré l'immense misericorde de sa divine bonté envers moy, tres-indigne et chetive creature, qu'elle a creée de rien, conservée, soutenuë, delivrée de tant de dangers, et comblée de tant de bien-faicts. Mais sur tout ayant consideré cette incomprehensible douceur et clemence, avec laquelle ce tres-bon Dieu m'a si benignement tolerée en mes iniquitez, si souvent et si amiablement inspirée, me conviant à m'amender, et si patiemment attenduë à penitence et repentance jusques à cette N. année de mon aage nonobstant toutes mes ingratitudes, desloyautez et infidelitez, par lesquelles differant ma conversion, et mesprisant ses graces, je l'ay si imprudemment offensée : apres avoir encore consideré qu'au jour de mon sacré baptesme, je fus si heureusement et sainctement voüée et dediée à mon Dieu pour estre sa fille, et que contre la profession qui fut alors faicte en mon nom ; j'ay tant et tant de fois si malheureusement et detestablement profané et violé mon esprit, l'appliquant et l'employant contre la divine majesté ; enfin revenant maintenant à moy-mesme, prosternée de cœur et d'esprit devant le throsne de la justice divine, je me recognois, advoüé et confesse pour legitimement atteinte et convaincuë du crime de leze majesté divine et coulpable de la mort et passion de Jesus-Christ, à raison des pechez que j'ay commis, pour lesquels il est mort, et a souffert le tourment de la croix, si que je suis digne par consequent, d'estre à jamais perduë et damnée.

Mais me retournant devers le throsne de l'infinie misericorde de ce mesme Dieu eternel, apres avoir detesté de tout mon cœur, et de toutes mes forces, les iniquitez de ma vie passée, je demande et re quiers humblement grace et pardon et mercy, avec entiere absolution de mon crime, en vertu de la mort et passion de ce mesme Seigneur et Redemp teur de mon ame, sur laquelle m'appuyant comme sur l'unique fondement de mon esperance ; j'advoue de rechef, et renouvelle la sacrée profession de la fidelité faicte de ma part à mon Dieu en mon baptesme, renonçant au diable, au monde, et à la chair ; detestant leurs mal-heureuses suggestions, vanitez et concupiscences, pour tout le temps de ma vie presente, et de toute l'eternité ; et me convertissant à mon Dieu debonnaire et pitoyable, je desire, propose, delibere, et me resous irrevocablement de le servir et aymer maintenant et eternellement, luy donnant à ses fins, dediant et consacrant mon esprit avec toutes ses facultez, mon ame avec toutes ses puissances, mon cœur avec toutes ses affections : mon corps avec tous ses sens ; protestant de ne jamais plus abuser d'aucune partie de mon estre contre sa divine volonté, et souveraine majesté, à laquelle je me sacrifie et immole en esprit, pour

luy estre à jamais loyale, obeissante et fidelle creature, sans que je vueille oncques m'en desdire ny
repentir. Mais helas ! si par suggestion de l'ennemy
ou par quelque infirmité humaine, il m'arrivoit de
contrevenir en chose quelconque à cette mienne resolution et consecration, je proteste dès maintenant
et me propose moyennant la grace du Sainct-Esprit
de m'en relever si tost que je m'en appercevray, me
convertissant de rechef à la misericorde divine sans
retardation, ny dilation quelconque. Cecy est ma
volonté, mon intention, et ma resolution inviolable
et irrevocable, laquelle j'advoue et confirme sans reserve, ny exception, en la mesme presence sacrée
de mon Dieu, et à la veuë de l'Eglise triomphante,
et en la face de l'Eglise militante ma mere, qui entend cette mienne declaration, en la personne de
celuy qui comme officier d'icelle m'escoute en cette
action. Plaise vous ô mon Dieu eternel, Tout-puis-
sant et tout bon, Pere, Fils, et Sainct-Esprit, confirmer en moy cette resolution, et accepter ce mien
office cordial, et interieur en odeur de suavité. Et
comme il vous a plû me donner l'inspiration et volonté de le faire, donnez-moy aussi la force et la
grace requise pour le parfaire. O mon Dieu, vous
estes mon Dieu, Dieu de mon cœur, Dieu de mon
ame, Dieu de mon esprit, ainsi je vous recognois
et adore maintenant, et pour toute l'eternité. Vive
Jesus.

## CHAPITRE XXI.

Conclusion pour cette premiere purgation.

Cette protestation faicte, soyez atentive, et ouvrez les oreilles de vostre cœur, pour ouyr en esprit la parole de vostre absolution que le Sauveur mesme de vostre ame, assis sur le throsne de sa misericorde prononcera là haut au ciel devant tous les anges et les Saincts à mesme temps qu'en son nom le prestre vous absout icy bas en terre. Si que toute cette trouppe des bien-heureux se resjoüissant de vostre bon-heur, chantera le cantique spirituel d'une allegresse nompareille, et tous donneront le baiser de paix et de societé à vostre cœur, remis en grace et sanctifié.

O Dieu, Philotée, que voilà un contract admirable, par lequel vous faictes un heureux traicté avec sa divine majesté, puis qu'en vous donnant vous-mesme à elle, vous la gaignez, et vous-mesme aussi pour la vie eternelle. Il ne reste plus sinon que prenant la plume en main, vous signiez de bon cœur l'acte de vostre protestation, et que par apres vous alliez à l'autel, où Dieu reciproquement signera et scellera vostre absolution, et la promesse qu'il vous fera de son paradis : se mettant luy-mesme par son sacrement, comme un cachet et sceau sacré, sur vostre cœur renouvellé. En cette sorte, ce me semble, Philotée, vostre ame sera purgée de peché, et de toutes les affections du peché. Mais d'autant que ces affections renaissent aisement en l'ame, à raison de nostre infirmité et concupiscence, qui peut estre mortifiée; mais qui ne peut mourir pendant que nous vivons icy bas en terre; je vous donneray des advis, lesquels estant bien practiquez vous preserveront desormais du peché mortel, et de toutes les affections d'iceluy, afin que jamais il ne puisse avoir place en vostre cœur, et d'autant que les mesmes advis servent encore pour une purification plus parfaicte, avant que de le vous donner, je vous veux dire quelque chose de cette plus absoluë pureté, à laquelle je desire vous conduire.

## CHAPITRE XXII.

### Qu'il se faut purger des affections que l'on a aux pechez veniels.

A mesure que le jour se fait, nous voyons plus clairement dedans le miroir les tasches et soüillures de nostre visage : ainsi à mesure que la lumiere interieure du Sainct-Esprit esclaire nos consciences, nous voyons plus distinctement et plus clairement les pechez, inclinations et imperfections qui nous peuvent empescher d'atteindre à la vraye devotion. Et la mesme lumiere qui nous fait voir ces tares et dechets, nous eschauffe au desir de nous en nettoyer et purger.

Vous descouvrirez donc, ma chere Philotée, qu'outre les pechez mortels, et affections des pechez mortels, dont vous avez esté purgée par les exercices marquez cy-devant, vous avez encore en vostre ame plusieurs inclinations et affections aux pechez veniels : je ne dis pas que vous descouvrirez des pechez veniels ; mais je dis que vous descouvrirez des affections et inclinations à iceux : or l'un est bien different de l'autre : car nous ne pouvons jamais estre du tout purs des pechez veniels, au moins pour persister long-temps en cette pureté; mais nous pouvons bien n'avoir aucune affection aux pechez veniels. Certes, c'est autre chose de mentir une fois ou deux de gayeté de cœur en chose de peu d'importance; et autre chose de se plaire à mentir, et d'estre affectionné à cette sorte de peché.

Et je dis maintenant qu'il faut purger son ame de toutes les affections qu'elle a aux pechez veniels : c'est à dire, qu'il ne faut point nourrir volontairement la volonté de continuer et perseverer en aucune sorte du peché veniel. Car aussi seroit-ce une lascheté trop grande, de vouloir tout à nostre escient, garder en nostre conscience une chose si desplaisante à Dieu, comme est la volonté de luy vouloir desplaire. Le peché veniel, pour petit qu'il soit, desplait à Dieu, bien qu'il ne luy desplaise pas tant que pour iceluy il nous veuille damner ou perdre. Que si le peché veniel luy desplait, la volonté et l'affection que l'on a au peché veniel, n'est autre chose qu'une resolution de vouloir desplaire à sa divine majesté. Est-il bien possible qu'une ame bien née vueille non seulement desplaire à son Dieu, mais affectionner de luy desplaire?

Ces affections, Philotée, sont directement contraires à la devotion, comme les affections au peché mortel le sont à la charité : elles allanguissent les forces de l'esprit, empeschent les consolations divines, ouvrent la porte aux tentations : et bien qu'elles ne tuent pas l'ame, elles la rendent extremement malade. Les mouches mourantes, dit le sage, perdent et gastent la suavité de l'onguent. Il veut dire que les mouches ne s'arrestant guere sur l'onguent ; mais le mangeant en passant ne gastent que ce qu'elles prennent, le reste demeurant en son entier ; mais quand elles meurent emmy l'onguent, elles luy ostent son prix, et le mettent à desdain ? et de mesme les pechez veniels arrivant en une ame devote, et ne s'y arrestant pas long-temps, ne l'endommagent pas beaucoup, mais si ces mesmes pechez demeurent dans l'ame pour l'affection qu'elle y met, ils luy font perdre sans doute la suavité de l'onguent, c'est à dire la saincte devotion.

Les araignes ne tuent pas les abeilles, mais elles gastent et corrompent leur miel, et embarrassent leurs rayons des toilles qu'elles y font, en sorte que les abeilles ne peuvent plus faire leur mesnage, et cela s'entend quand elles y font du sejour : ainsi le peché veniel ne tuë pas nostre ame, mais il gaste pourtant la devotion, et embarrasse si fort de mauvaises habitudes et inclinations, les puissances de l'ame, qu'elle ne peut plus exercer la promptitude de la charité, en laquelle gist la devotion : mais cela s'entend quand le peché veniel sejourne en nostre conscience par l'affection que nous y mettons. Ce n'est rien, Philotée, de dire quelque petit mensonge, de se deregler un peu en paroles, en actions, en

regards, en habits, en jolivetez, en jeux, en dances,
pourveu que tout aussi-tost que ces araignes spirituelles sont entrées en nostre conscience, nous les
en rechassions et bannissions comme les mouches à
miel font les araignes corporelles. Mais si nous leur
permettons d'arrester dans nos cœurs, et non seulement cela, mais que nous nous affectionnions à les
y retenir et multiplier, bien-tost nous verrons nostre miel perdu, et la ruche de nostre conscience
empestrée et defaite. Mais je dis encore une fois,
quelle apparence y a-t'il qu'une ame genereuse se
plaise à desplaire à son Dieu, s'affectionne à luy
estre desagreable, et veuille vouloir ce qu'elle sçait
luy estre ennuyeux.

## CHAPITRE XXIII.

### Qu'il se faut purger de l'affection aux choses inutiles et dange-reuses.

Les jeux, les bals, les festins, les pompes, les comedies en leur substance ne sont nullement choses
mauvaises, ains indifferentes, pouvant estre bien et
mal exercées; tousjours neantmoins ces choses-là
sont dangereuses : et de s'y affectionner, cela est encore plus dangereux. Je dis doncques, Philotée,
qu'encore qu'il soit loisible de joüer, dancer, se parer, ouyr des honnestes comedies, banqueter : si
est-ce que d'avoir de l'affection à cela, c'est chose
contraire à la devotion, et extremement nuisible et
perilleuse. Ce n'est pas mal de le faire, mais oüy
bien de s'y affectionner. C'est dommage de semer

en la terre de nostre cœur des affections si vaines et
sottes : cela occupe le lieu des bonnes impressions,
et empesche que le suc de nostre ame ne soit employé ès bonnes inclinations.

Ainsi les anciens Nazariens s'abstenoient, non
seulement de tout ce qui pouvoit enyvrer ; mais
aussi des raisins et du verjus, non point que le rai-
sin et le verjus enyvre ; mais parce qu'il y avoit danger en mangeant du verjus, d'exciter le desir de
manger des raisins, et en mangeant des raisins, de
provoquer l'appetit à boire du moust et du vin. Or
je ne dis pas que nous ne puissions user de ces choses dangereuses ; mais je dis bien pourtant que nous
ne pouvons jamais y mettre de l'affection sans interesser la devotion. Les cerfs ayant pris trop de venaison s'escartent et retirent dedans leurs buissons,
cognoissant que leur gresse les charge, en sorte
qu'ils ne sont pas habiles à courir, si d'aventure ils
estoient attaquez ; le cœur de l'homme se chargeant
de ces affections inutiles, superflues et dangereuses,
ne peut sans doute promptement, aisement, et facilement courir apres son Dieu qui est le vray poinct
de la devotion. Les petits enfans s'affectionnent et
s'eschauffent apres les papillons, nul ne le trouve
mauvais, parce qu'ils sont enfans ; mais n'est-ce pas
une chose ridicule, ains plustost lamentable, de
voir des hommes faits s'empresser et s'affectionner
apres des bagatelles si indignes, comme sont les
choses que j'ay nommées, lesquelles outre leur inutilité nous mettent en peril de nous deregler et des-

ordonner à leur poursuite. C'est pourquoy, ma chere Philotée, je vous dis qu'il se faut purger de ces affections : et bien que les actes ne soient pas tousjours contraires à la devotion, les affections neantmoins luy sont tousjours dommageables.

## CHAPITRE XXIV.
### Qu'il se faut purger des mauvaises inclinations.

Nous avons encore, Philotée, certaines inclinations naturelles, lesquelles pour n'avoir pris leur origine de nos pechez particuliers ne sont pas proprement pechez, ny mortel, ny veniel ; mais s'appellent imperfections, et leurs actes, defauts et manquemens. Par exemple S$^{te}$ Paule, selon le recit de S. Hierosme, avoit une grande inclination aux tristesses et regrets, si qu'en la mort de ses enfans et de son mary, elle courut tousjours fortune de mourir de desplaisir : cela estoit une imperfection, et non point un peché, puis que c'estoit contre son gré et sa volonté. Il y en a qui de leurs naturels sont legers, les autres rebarbatifs, les autres durs à recevoir les opinions d'autruy, les autres sont inclinez à l'indignation, les autres à colere, les autres à l'amour : et en somme il se treuve peu de personnes, esquelles on ne puisse remarquer quelques sortes de telles imperfections. Or quoy qu'elles soient comme propres et naturelles à un chascun, si est-ce que par le soin et affection contraire, on les peut corriger et moderer, et mesme on peut s'en delivrer et purger ? Et je vous dis, Philotée, qu'il le faut faire.

On a bien trouvé le moyen de changer les amandiers amers en amandiers doux, en les perçant seulement au pied pour en faire sortir le suc? pourquoy est-ce que nous ne pourrons pas faire sortir
nos inclinations perverses pour devenir meilleur. Il
n'y a point de si bon naturel qui ne puisse estre
rendu mauvais par les habitudes vicieuses; il n'y a
point aussi de naturel si revesche, qui par la grace
de Dieu premierement, puis par l'industrie et diligence ne puisse estre dompté, et surmonté. Je m'en
vay doncques maintenant donner les advis, et proposer des exercices, par le moyen desquels vous
purgerez vostre ame des affections dangereuses, des
imperfections, et de toutes affections aux pechez
veniels, et si asseurerez de plus en plus vostre conscience contre tout peché mortel. Dieu vous fasse la
grace de les bien practiquer.

# SECONDE PARTIE,

Contenant divers advis pour l'eslevation de l'ame à Dieu par l'oraison et les sacremens.

---

## CHAPITRE PREMIER.

### De la necessité de l'oraison.

L'ORAISON mettant nostre entendement en la clarté et lumiere divine, et exposant nostre volonté à la chaleur de l'amour celeste ; il n'y a rien qui purge tant nostre entendement de ses ignorances, et nostre volonté de ses affections depravées. C'est l'eau de benediction, qui par son arrousement fait reverdir et fleurir les plantes de nos bons desirs, lave nos ames de leurs imperfections, et desaltere nos cœurs de leurs passions.

2. Mais sur-tout, je vous conseille la mentale, cordiale, et particulierement celle qui se fait au tour de la vie et passion de Nostre-Seigneur : en le regardant souvent par la meditation, toute vostre ame se remplira de luy, vous apprendrez ses contenances, et formerez vos actions au modele des siennes. Il est la lumiere du monde : c'est doncques en luy, par luy, et pour luy, que nous devons estre esclairez et illuminez : c'est l'arbre du desir, à l'ombre duquel nous nous devons rafraischir : c'est la vive

fontaine de Jacob, pour le lavement de toutes nos
soüilleures. Enfin les enfans, à force d'ouyr leurs
meres, et de begayer avec elles, apprennent à parler
leur langage. Et nous demeurant pres du Sauveur
par la meditation, et observant ses paroles, ses actions et ses affections, nous apprendrons moyennant sa grace, à parler, faire et vouloir comme luy.
Il faut s'arrester là, Philotée, et croyez-moy, nous
ne sçaurions aller à Dieu le pere que par cette porte :
car tout ainsi que la glace d'un miroüer ne sçauroit
arrester nostre veuë, si elle n'estoit enduite d'estain
ou de plomb par derriere : aussi la divinité ne pourroit estre bien contemplée par nous en ce bas monde,
si elle ne se fust jointe à la sacrée humanité du Sauveur, duquel la vie et la mort sont l'objet le plus
proportionné, soüef, delicieux et profitable, que
nous puissions choisir pour nostre meditation ordinaire. Le Sauveur ne s'appelle pas pour neant, le
pain descendu du ciel : car comme le pain doit estre
mangé avec toutes sortes de viandes : aussi le Sauveur doit estre medité, consideré et recherché en
toutes nos oraisons et actions. Sa vie et mort a esté
disposée et distribuée en divers poincts, pour servir
à la meditation par plusieurs autheurs : ceux que je
vous conseille, sont S. Bonaventure, Bellintani,
Bruno, Capilla, Grenade, du Pont.

3. Employez-y chaque jour une heure devant
disner, s'il se peut, au commencement de vostre
matinée, parce que vous aurez vostre esprit moins
embarrassé, et plus frais apres le repos de la nuict.

N'y mettez pas aussi davantage d'une heure, si vostre pere spirituel ne vous le dit expressement.

4. Si vous pouvez faire cet exercice dans l'Eglise, et que vous y trouviez assez de tranquillité, ce vous sera une chose fort aisée et commode, parce que nul, ny pere, ny mere, ny femme, ny mary, ny autre quelconque ne pourra vous bonnement empescher de demeurer une heure dans l'Eglise : là où estant en quelque subjection, vous ne pourriez peut-estre pas vous promettre d'avoir une heure si franche dedans vostre maison.

5. Commencez toutes sortes d'oraisons, soit mentale, soit vocale, par la presence de Dieu, et tenez cette regle sans exception, et vous verrez dans peu de temps combien elle vous sera profitable.

6. Si vous me croyez vous direz vostre *Pater*, vostre *Ave Maria* et le *Credo*, en latin ; mais vous apprendrez aussi à bien entendre les paroles qui y sont en vostre langage, afin que les disant au langage commun de l'Eglise, vous puissiez neantmoins savourer le sens admirable et delicieux de ces sainctes oraisons, lesquelles il faut dire, fichant profondement vostre pensée, et excitant vos affections sur le sens d'icelles, et ne vous hastant nullement pour en dire beaucoup, mais vous estudiant de dire ce que vous direz cordialement, car un seul *Pater*, dit avec sentiment, vaut mieux que plusieurs recitez vistement et couramment.

7. Le chappellet (1) est une tres-utile maniere de

(1) La manière de dire dévotement le chapelet se trouve à la fin de ce volume.

6

prier, pourveu que vous le sçachiez dire comme il convient: et pour ce faire, ayez quelqu'un des petits livres, qui enseignent la façon de le reciter. Il est bon aussi de dire les litanies de Nostre-Seigneur, de Nostre-Dame, et des Saincts, et toutes les autres prieres vocales qui sont dedans les Manuels et Heures approuvées: à la charge neantmoins que si vous avez le don de l'oraison mentale, vous luy gardiez tousjours la principale place: en sorte que si après icelle, ou pour la multitude des affaires, ou pour quelqu'autre raison vous ne pouvez point faire de priere vocale, vous ne vous en mettiez point en peine pour cela, vous contentant de dire simplement devant ou après la meditation, l'oraison dominicale, la salutation angelique et le symbole des apostres.

8. Si faisant l'oraison vocale, vous sentez vostre cœur tiré et convié à l'oraison interieure ou mentale, ne refusez point d'y aller, mais laissez tout doucement couler vostre esprit de ce costé-là, et ne vous souciez point de n'avoir pas achevé les oraisons vocales que vous vous estiez proposées; car la mentale que vous aurez faite en leur place, est plus agreable à Dieu, et plus utile à vostre ame; j'excepte l'office ecclesiastique, si vous estes obligée de le dire: car en ce cas-là, il faut rendre le devoir.

9. S'il advenoit que toute vostre matinée se passast sans cet exercice sacré de l'oraison mentale, ou pour la multiplicité des affaires, ou pour quelqu'autre cause, (ce que vous devez procurer n'advenir point tant qu'il vous sera possible) taschez de reparer

ce defaut l'apres-disnée, en quelque heure la plus esloignée du repas : parce que ce faisant sur iceluy, et avant que la digestion soit fort acheminée, il vous arriveroit beaucoup d'assoupissement, et vostre santé en seroit interessée.

Que si en toute la journée vous ne pouvez la faire il faut reparer cette perte, multipliant les oraisons jaculatoires, et par la lecture de quelque livre de devotion, avec quelque penitence, qui empesche la suitte de ce defaut, et avec cela, faictes une forte resolution de vous remettre en train le jour suivant.

## CHAPITRE II.

### Briefve methode pour la meditation, et premierement de la presence de Dieu, premier poinct de la preparation.

Mais vous ne sçavez peut-estre pas, Philotée, comme il faut faire l'oraison mentale : car c'est une chose, laquelle par mal-heur, peu de gens sçavent en nostre aage : c'est pourquoy je vous presente une simple et briefve methode pour cela, en attendant que par la lecture de plusieurs beaux livres qui ont esté composez sur ce subjet, et sur tout par l'usage vous en puissiez estre plus amplement instruite. Je vous marque premierement la preparation, laquelle consiste en deux poincts : dont le premier est, de se mettre en la presence de Dieu? et le second, d'invoquer son assistance. Or pour vous mettre en la presence de Dieu, je vous propose quatre principaux moyens, desquels vous vous pourrez servir à ce commencement.

6.

remarque les actions et deportemens. Or cecy n'est pas une simple imagination, mais une vraye verité : car encore que nous ne le voyons pas : si est-que de là haut il nous considere. S. Estienne le vit ainsi au temps de son martyre : si que nous pouvons bien dire avec l'Espouse, « Le voylà qu'il est derriere la « paroy voyant par les fenestres, regardant par les « treillis. »

La quatriesme façon consiste à se servir de la simple imagination, nous representant le Sauveur en son humanité sacrée, comme s'il estoit pres de nous : ainsi que nous avons accoustumé de nous representer nos amis, et de dire, je m'imagine de voir un tel qui fait cecy, et cela, il me semble que je le vois, ou chose semblable. Mais si le tres-sainct Sacrement de l'autel estoit present, alors ceste presence seroit reelle, et non purement imaginaire ; car les especes et apparences du pain seroient comme une tapisserie derriere laquelle Nostre-Seigneur reellement present nous voit, et considere, quoy que nous ne le voyons pas en sa propre forme. Vous userez donc de l'un de ces quatre moyens pour mettre vostre ame en la presence de Dieu avant l'oraison, et ne faut pas les vouloir employer tous ensemblement, mais seulement un à la fois, et cela briefvement et simplement.

## CHAPITRE III.

### De l'invocation, second poinct de la preparation.

L'invocation se fait en cette maniere : vostre ame se sentant en la presence de Dieu, se prosterne en une extresme reverence, se cognoissant tres-indigne de demeurer devant une si souveraine Majesté : et neantmoins sçachant que cette mesme bonté le veut, elle luy demande la grace de la bien servir et adorer en cette meditation. Que si vous le voulez, vous pourrez user de quelques paroles courtes et enflammées comme sont celles icy de David; « ne me re-« jettez point, ô mon Dieu, de devant vostre face, « et ne m'ostez point la faveur de vostre Sainct-Es-« prit? Esclairez vostre face sur vostre servante, et je « considereray vos merveilles? donnez moy l'enten-« dement, et je regarderay vostre loy, et la garde-« ray de tout mon cœur? » Je suis vostre servante, donnez moy l'esprit; et telles paroles semblables à cela. Il vous servira encore d'adjouster l'invocation de vostre bon ange, et des sacrées personnes qui se trouveront au mystere que vous meditez : comme en celuy de la mort de Nostre-Seigneur, vous pourrez invoquer Nostre-Dame, S. Jean, la Magdelaine, le bon larron, afin que les sentimens et mouvémens interieurs qu'ils y receurent, vous soient communiquez; et en la meditation de vostre mort, vous pourriez invoquer vostre bon ange qui se trouvera present, afin qu'il vous inspire des considerations convenables, et ainsi des autres mysteres.

## CHAPITRE IV.

De la proposition du mystere, troisiesme poinct de la preparation.

Apres ces deux poincts ordinaires de la meditation, il y en a un troisiesme qui n'est pas commun à toutes sortes de meditations, c'est celuy que les uns appellent fabrication du lieu, et les autres, leçon interieure. Or ce n'est autre chose que de proposer à son imagination le corps du mystere que l'on veut mediter, comme s'il se passoit reellement, et de fait en nostre presence. Par exemple, si vous voulez mediter Nostre-Seigneur en croix, vous vous imaginerez d'estre au mont de Calvaire, et que vous voyez tout ce qui se fit, et se dit au jour de la passion : ou si vous voulez (car c'est tout un) vous vous imaginerez, qu'au lieu mesme où vous estes, se fait le crucifiement de Nostre-Seigneur, en la façon que les Evangelistes le descrivent. J'en dis de mesmes, quand vous mediterez la mort, ainsi que je l'ay marqué en la meditation d'icelle : comme aussi à celle de l'enfer et en tous semblables mysteres, où il s'agit de choses visibles et sensibles; car quant aux autres mysteres de la grandeur de Dieu; de l'excellence des vertus, de la fin pour laquelle nous sommes creés, qui sont des choses invisibles, il n'est pas question de vouloir se servir de cette sorte d'imagination. Il est vray que l'on peut bien employer quelque similitude et comparaison, pour ayder à la consideration : mais cela est aucunement difficile à rencontrer, et je ne veux traicter avec vous que fort simplement, et en sorte que vostre esprit ne soit pas beaucoup travaillé à faire des inventions. Or par le moyen de cette imagination nous enfermons nostre esprit dans le mystere que nous voulons mediter, afin qu'il n'aille pas courant çà et là, ne plus ne moins que l'on enferme un oyseau dans une cage, ou bien comme l'on attache l'espervier à ses longes, afin qu'il demeure dessus le poing. Quelques-uns vous diront neantmoins, qu'il est mieux d'user de la simple pensée de la foy, et d'une simple apprehension toute mentale et spirituelle, en la presentation de ces mysteres, ou bien de considerer que les choses se font en vostre propre esprit, mais cela est trop subtil pour le commencement : et jusques à ce que Dieu vous esleve plus haut, je vous conseille, Philotée, de vous retenir en la basse vallée que je vous monstre.

## CHAPITRE V.

### Des considerations, seconde partie de la meditation.

Apres l'action de l'imagination, s'ensuit l'action de l'entendement, que nous appellons meditations, qui n'est autre chose qu'une, ou plusieurs considerations faictes, afin d'esmouvoir nos affections en Dieu, et aux choses divines, en quoy la meditation est differente de l'estude et des autres pensées et considerations, lesquelles ne se font pas pour acquerir la vertu ou l'amour de Dieu, mais pour quelques autres fins et intentions, comme pour devenir

sçavant, pour en escrire ou disputer. Ayant doncques enfermé vostre esprit, comme j'ay dit, dans
l'enclos du subjet que vous voulez mediter, ou par
l'imagination, si le subjet est sensible, ou par la simple proposition, s'il est insensible, vous commen-
cerez à faire sur iceluy des considerations, dont
vous verrez des exemples tous formez ès meditations
que je vous ay données. Que si vostre esprit trouve
assez de goust, de lumiere et de fruict sur l'une des
considerations, vous vous y arresterez sans passer
plus outre : faisant comme les abeilles, qui ne quittent point la fleur, tandis qu'elles y trouvent du
miel à recueillir. Mais si vous ne rencontrez pas selon vostre souhait, en l'une des considerations, apres
avoir un peu marchandé et essayé, vous passerez à
une autre; mais allez tout bellement et simplement
en cette besongne sans vous y empresser.

## CHAPITRE VI.
### Des affections et resolutions, troisiesme partie de la meditation.

La meditation respand des bons mouvemens en
la volonté, ou partie affective de nostre ame, comme
sont l'amour de Dieu et du prochain, le desir du
paradis et de la gloire, le zele du salut des ames,
l'imitation de la vie de Nostre-Seigneur, la compassion, l'admiration, la rejoüissance, la crainte de la
disgrace de Dieu, du jugement et de l'enfer : la
haine du peché, la confiance en la bonté et misericorde de Dieu, la confusion pour nostre mauvaise
vie passée : et en ces affections nostre esprit se doit

espancher et estendre, le plus qu'il luy sera possible.
Que si vous voulez estre aydée pour cela, prenez
en la main le premier tome des Meditations de don
André Capilia, et voyez sa preface, car en icelle il
monstre la façon, avec laquelle il faut dilater ses affections : et plus amplement le pere Arias en son
traicté de l'oraison.

Il ne faut pas pourtant, Philotée, s'arrester à ces affections generales, que vous ne les convertissiez en des
resolutions speciales et particulieres pour vostre correction et amendement. Par exemple, la premiere
parole que Nostre-Seigneur dit sur la croix, respandra
sans doute une bonne affection d'imitation en vostre
ame, à sçavoir le desir de pardonner à vos ennemis, et de les aymer; Or je dis maintenant que
cela est peu de chose, si vous. n'y adjoustez une resolution speciale de cette sorte. Or sus doncques,
je ne me picqueray plus de telles paroles fascheuses,
qu'un tel, et une telle, mon voisin, ou ma voisine,
mon domestique, ou ma domestique disent de moy,
ni de tel et tel mespris qui m'est fait par cestuy-
cy, ou cestuy-là : au contraire je diray, et feray telle
et telle chose pour le gaigner et adoucir, et ainsi
des autres. Par ce moyen, Philotée, vous corrigerez
vos fautes en peu de temps, là où par les seules affections, vous le ferez tard et mal-aysement.

## CHAPITRE VII.
### De la conclusion et bouquet spirituel.

Enfin il faut conclure la meditation par trois actions, qu'il faut faire avec le plus d'humilité que l'on peut. La premiere, c'est l'action de graces, remerciant Dieu des affections et resolutions qu'il nous a données, et de sa bonté et misericorde, que nous avons descouvertes au mystere de la meditation. La seconde, c'est l'action d'offrande, par laquelle nous offrons à Dieu sa mesme bonté et misericorde, la mort, le sang, les vertus de son Fils, et conjoinctement avec icelles nos affections et resolutions.

La troisiesme action, est celle de la supputation par laquelle nous demandons à Dieu, et le conjurons de nous communiquer les graces et vertus de son fils, et de donner la benediction à nos affections et resolutions, afin que nous les puissions fidellement executer : puis nous prions de mesme pour l'Eglise, pour nos pasteurs, parens, amys, et autres, employant à cela l'intercession de Nostre-Dame, des anges, des Saincts ; enfin j'ay remarqué qu'il falloit dire le *Pater noster*, et *Ave Maria*, qui est la generale et necessaire priere de tous les fideles.

A tout cela j'ay adjousté qu'il failloit cueillir un petit boucquet de devotion : et voicy que je veux dire. Ceux qui se sont promenez en un beau jardin n'en sortent pas volontiers sans prendre en leur main quatre ou cinq fleurs pour les odorer, et tenir le long de la journée : ainsi nostre esprit ayant discouru sur quelque mystere par la meditation, nous devons choisir un, ou deux, ou trois poincts que nous aurons trouvez plus à nostre goust, et plus propre à nostre advancement pour nous en ressouvenir le reste de la journée, et les odorer spirituellement. Or cela se fait sur le lieu mesme, auquel nous avons fait la meditation en nous y entretenant ou promenant solitairement quelque temps apres.

## CHAPITRE VIII.

### Quelques advis tres-utiles sur le subjet de la meditation.

Il faut surtout, Philotée, qu'au sortir de vostre meditation vous reteniez les resolutions et deliberations que vous aurez prises pour les practiquer soigneusement ce jour-là. C'est le grand fruict de la meditation, sans lequel elle est bien souvent, non seulement inutile, mais nuisible : parce que les vertus meditées, et non practiquées, enflent quelquefois l'esprit et le courage, nous estant bien advis que nous sommes tels que nous avons resolu et deliberé d'estre, ce qui est sans doute veritable, si les resolutions sont vives et solides ; mais elles ne sont pas telles, ains vaines et dangereuses, si elles ne sont practiquées : il faut donc par tous moyens s'essayer de les practiquer, et en chercher les occasions petites ou grandes. Par exemple si j'ay resolu de gagner par douceur, l'esprit de ceux qui m'offensent, je chercheray ce jour-là de les rencontrer pour les saluer amiablement : et si je ne les puis rencontrer, au moins de dire bien d'eux, et prier Dieu en leur faveur.

Au sortir de cette oraison cordiale, il vous faut prendre garde de ne point donner de secousse à vostre cœur, car vous espancheriez le baume que

vous avez receu par le moyen de l'oraison; je veux
dire qu'il faut garder, s'il est possible, un peu de silence, et remuer tout doucement vostre cœur, de
l'oraison aux affaires, retenant le plus long-temps
qu'il vous sera possible, le sentiment et les affections
que vous aurez conceuës. Un homme qui auroit receu dans un vaisseau de belle porceline, quelque
liqueur de grand prix, pour l'apporter dans sa maison, il iroit doucement ne regardant point à costé,
mais tantost devant soy, de-peur d'heurter à quelque
pierre, faire quelque mauvais pas, tantost à son vase,
pour voir s'il panche point; vous en devez faire de
mesme au sortir de la meditation : ne vous distrai-
sez pas tout à coup, mais regardez simplement devant vous; comme seroit à dire, s'il vous faut rencontrer quelqu'un que vous soyez obligé d'entretenir
ou ouyr, il n'y a remede; il faut s'accommoder à
cela; mais en telle sorte que vous regardiez aussi à
vostre cœur, afin que la liqueur de la saincte oraison ne s'espanche que le moins qu'il sera possible.

Il faut mesme que vous vous accoustumiez, à sçavoir passer de l'oraison à toutes sortes d'action que
vostre vacation et profession requiert justement et
legitimement de vous, quoy qu'elles semblent bien
esloignées des affections que nous avons receuës en
l'oraison. Je veux dire un advocat doit sçavoir passer
de l'oraison à la plaidoyerie : le marchand au trafic :
la femme mariée au devoir de son mariage, et au
tracas de son mesnage, avec tant de douceur et de
tranquillité, que pour cela son esprit n'en soit point

troublé : car puis que l'un et l'autre est selon la volonté de Dieu, il faut faire le passage de l'un et l'autre en esprit d'humilité et devotion.

Il vous arrivera quelquesfois qu'incontinent apres
la preparation, vostre affection se trouvera toute es-
meuë en Dieu, alors, Philotée, il luy faut lascher
la bride sans vouloir suivre la methode que je vous
ay donnée : car bien que pour l'ordinaire la consideration doit preceder les affections, et resolutions ; si
est-ce que le Sainct-Esprit vous donnant les affections avec la consideration, vous ne devez pas rechercher la consideration, puis qu'elle ne se fait que
pour esmouvoir l'affection. Bref, tousjours quand
les affections se presenteront à vous, il les faut recevoir, et leur faire place, soit qu'elles arrivent avant
ou apres toutes les considerations : et quoy que j'aye
mis les affections apres toutes les considerations, je
ne l'ay fait que pour mieux distinguer les parties
de l'oraison : car au demeurant, c'est une regle generale qu'il ne faut jamais retenir les affections,
ains les laisser tousjours sortir, quand elles se presentent. Ce que je dis non seulement pour les autres affections, mais aussi pour l'action de graces,
l'offrande et la priere qui se peuvent faire parmy
les considerations : car il ne les faut non plus retenir
que les autres affections, bien que par apres, pour
la conclusion de la meditation il faille les repeter et
reprendre. Mais quand aux resolutions il les faut
faire apres les affections, et sur la fin de toute la meditation, avant la conclusion, d'autant qu'ayant à

nous representer des objets particuliers et familiers, elles nous mettroient en danger d'entrer en des distractions, si nous ne les faisions parmy les affections.

Emmy les affections et resolutions, il est bon d'user de colloque, et parler tantost à Nostre-Seigneur, tantost aux anges, et aux personnes representées aux mysteres, aux Saincts, et à soy-mesme, à son cœur, aux pecheurs, et mesmes aux creatures insensibles, comme l'on voit que David fait en ses pseaumes, et les autres Saincts en leurs meditations et oraisons.

## CHAPITRE IX.

### Pour les seicheresses qui arrivent en la meditation.

S'il vous arrive, Philotée, de n'avoir point de goust ny de consolation en la meditation, je vous conjure de ne vous point troubler; mais quelquesfois ouvrez la porte aux paroles vocales: lamentez-vous de vous-mesme à Nostre-Seigneur: confessez vostre indignité, priez-le qu'il vous soit en ayde, baisez son image, si vous l'avez, dites-luy ces paroles de Jacob, « Si ne vous laisseray-je point, Sei-« gneur, que vous ne m'ayez donné vostre benedic-« tion : » ou celles de la Chananée : « Ouy, Seigneur, « je suis une chienne, mais les chiens mangent des « miettes de la table de leur maistre. »

Autres fois prenez un livre en main, et le lisez avec attention, jusques à ce que vostre esprit soit reveillé et remis en vous: piquez quelques fois vostre

cœur par quelque contenance et mouvement de devotion exterieure, vous prosternant en terre, croi-
sant les mains sur l'estomach, embrassant un crucifix ; cela s'entend, si vous estes en quelque lieu retiré.
Que si apres tout cela vous n'estes point consolée,
pour grande que soit vostre seicheresse, ne vous
troublez point : mais continuez a vous tenir en une
contenance devote devant vostre Dieu. Combien de
courtisans y a-t'il qui vont cent fois l'année en la
chambre du prince sans esperance de luy parler :
mais seulement pour estre veuz de luy, et rendre
leur devoir : Ainsi devons-nous venir, ma chere Philotée, à la saincte oraison purement et simplement
pour rendre nostre devoir, et tesmoigner nostre fidelité. Que s'il plaist à la divine Majesté de nous parler, et s'entretenir avec nous par ses sainctes inspirations et consolations interieures, ce nous sera sans
doute un grand honneur, et un plaisir tres-delicieux ;
mais s'il ne luy plaist pas de nous faire cette grace,
nous laissant là sans nous parler, non plus que s'il
ne nous voyoit pas, et que nous ne fussions pas en
sa presence, nous ne devons pourtant pas sortir : ains
au contraire, nous devons demeurer là devant cette
souveraine bonté, avec un maintien devotieux et
paisible ; et lors infailliblement il agreéra nostre patience, et remarquera nostre assiduité et perseverance ; si qu'une autre fois quand nous reviendrons
devant luy, il nous favorisera et s'entretiendra avec
nous par ses consolations, nous faisant voir l'ame-
nité de la saincte oraison. Mais quand il ne le feroit

7

pas ; contentons-nous, Philotée, que ce nous est un honneur trop plus grand d'estre aupres de luy, et à sa veuë.

## CHAPITRE X.

### Exercice pour le matin.

Outre cette oraison mentale, entiere et formée, et les autres oraisons vocales que vous devez faire une fois le jour ; il y a cinq autres sortes d'oraisons plus courtes, et qui sont comme agencement et surgeons de l'autre grande oraison, entre lesquelles, la premiere est celle qui se fait le matin, comme une preparation generale à toutes les œuvres de la journée : Or vous la ferez en cette sorte.

1. Remerciez et adorez Dieu profondement, pour la grace qu'il vous a faite, de vous avoir conservé la nuict precedente : et si vous aviez en icelle commis quelque peché, vous lui demanderez pardon.

2. Voyez que le jour present vous est donné, afin qu'en iceluy vous puissiez gaigner le jour advenir de l'eternité, et ferez un ferme propos de bien employer la journée à cette intention.

3. Prevoyez quelles affaires, quels commerces, et quelles occasions vous pouvez rencontrer cette journée-là pour servir Dieu, et quelles tentations vous pourront survenir de l'offenser, ou par colere, ou par vanité, ou par quelqu'autre desreglement : et par une saincte resolution, preparez-vous à bien employer les moyens qui se doivent offrir à vous de servir Dieu et advancer vostre devotion : Comme au

contraire, disposez-vous à bien éviter, combattre et
vaincre, ce qui peut se presenter contre vostre salut,
et la gloire de Dieu. Et ne suffit pas de faire cette
resolution; mais il faut preparer les moyens pour
la bien executer. Par exemple, si je prevoy de devoir traicter de quelque affaire avec une personne
passionnée et prompte à la colere, non seulement
je me resoudray de ne point me relascher à l'offenser, mais je prepareray des paroles de douceur pour
la prevenir, ou l'assistance de quelque personne,
qui la puisse contenir. Si je prevoy de pouvoir visiter un malade, je disposeray l'heure et les consolations et secours que j'ay à luy faire, et ainsi des
autres.

4. Cela fait, humiliez-vous devant Dieu, reco-
gnoissant que de vous mesme vous ne sçauriez rien
faire de ce que vous avez deliberé, soit pour fuir le
mal, soit pour executer le bien. Et comme si vous
teniez vostre cœur en vos mains, offrez-le avec tous
vos bons desseins à la divine Majesté, la suppliant
de le prendre en sa protection, et le fortifier pour
bien reussir en son service : et ce par telles ou semblables paroles interieures : ô Seigneur! voilà ce pauvre et miserable cœur, qui par vostre bonté a conceu
plusieurs bonnes affections; mais helas! il est trop
foible et chetif pour effectuer le bien qu'il desire, si
vous ne luy departez vostre celeste benediction, laquelle à cette intention je vous requiers, ô pere debonnaire, par le merite de la passion de vostre fils,
à l'honneur duquel je consacre cette journée et le

7.

reste de ma vie : invoquez Nostre-Dame, vostre bon ange, et les Saincts, afin qu'ils vous assistent à cet effet.

Mais toutes ces actions spirituelles se doivent faire briefvement et vivement devant que l'on sorte de la chambre, s'il est possible, afin que par le moyen de cet exercice, tout ce que vous ferez le long de la journée, soit arrousé de la benediction de Dieu; mais je vous prie, Philotée, de n'y manquer jamais.

## CHAPITRE XI.

### De l'exercice du soir, et de l'examen de conscience.

Comme devant vostre disner temporel, vous ferez le disner spirituel par le moyen de la meditation : ainsi avant vostre souper il vous faut faire un petit souper, au moins une collation devote et spirituelle. Gaignez doncques quelque loisir, un peu devant l'heure du souper, et prosternée devant Dieu, ramassant vostre esprit aupres de Jesus-Christ crucifié (que vous vous representerez par une simple consideration et œillade interieure) rallumez le feu de vostre meditation du matin en vostre cœur, par une douzaine de vives aspirations, humiliations et eslancemens amoureux, que vous ferez sur ce divin Sauveur de vostre ame; ou bien en repetant les poincts que vous aurez plus savourez en la meditation du matin, ou bien vous excitant par quelqu'autre nouveau subjet, selon que vous aymerez mieux.

Quant à l'examen de conscience qui se doit tousjours faire avant qu'aller coucher, chascun sçait comme il le faut practiquer.

1. On remercie Dieu de la conservation qu'il a faicte de nous en la journée passée.

2. On examine comme on s'est comporté en toutes les heures du jour, et pour faire cela plus aisement, on considerera où, avec qui, et en quelle occupation on a esté.

3. Si l'on trouve d'avoir fait quelque bien, on en fait action de graces à Dieu : si au contraire l'on a fait quelque mal, en pensées, en paroles, ou en œuvres, on en demande pardon à sa divine Majesté, avec resolution de s'en confesser à la premiere occasion, et de s'en amender soigneusement.

4. Apres cela, on recommande à la providence divine son corps, son ame, l'Eglise, les parens, les amis : on prie Nostre-Dame, le bon ange, et les Saincts, de veiller sur nous, et pour nous; et avec la benediction de Dieu on va prendre le repos qu'il a voulu nous estre requis.

Cet exercice icy ne doit jamais estre oublié, non plus que celuy du matin : car par celuy du matin vous ouvrez les fenestres de vostre ame au soleil de justice; et par celuy du soir vous les fermez aux tenebres de l'enfer.

## CHAPITRE XII.
### De la retraicte spirituelle.

C'est icy, chere Philotée, ou je vous souhaite fort affectionnée, à suivre mon conseil : car en cet article consiste l'un des plus asseurez moyens de vostre advancement spirituel.

Rappellez le plus souvent que vous pourrez parmy la journée, vostre esprit en la presence de Dieu par l'une des quatre façons que je vous ay remarquées : regardez ce que Dieu fait, et ce que vous faictes : vous verrez ses yeux tournez de vostre costé, et perpetuellement fichez sur vous par un amour incomparable. O Dieu, ce direz-vous, pourquoy ne vous regarde-je tousjours comme tousjours vous me regardez : pourquoy pensez-vous en moy si souvent mon Seigneur? et pourquoy pense-je si peu souvent en vous? où sommes-nous, ô mon ame? nostre vraye place, c'est Dieu, et où est-ce que nous nous trouvons?

Comme les oyseaux ont des nids sur les arbres pour faire leur retraite, quand ils en ont besoin, et les cerfs ont leurs buissons et leurs forts, dans lesquels ils se recedent, et mettent à couvert, prenant la fraischeur de l'ombre en esté : ainsi, Philotée, nos cœurs doivent prendre et choisir quelque place chaque jour, ou sur le mont de Calvaire, ou ès playes de Nostre-Seigneur, ou en quelqu'autre lieu proche de luy pour y faire leur retraicte à toutes sortes d'occasions, et là s'alleger et recreer entre les affaires exterieures, et pour y estre comme dans un fort afin de se deffendre des tentations. Bien-heureuse sera l'ame qui pourra dire en verité à Nostre-Seigneur? vous estes ma maison de refuge, mon rempart asseuré, mon toict contre la pluye, et mon ombre contre la chaleur.

Ressouvenez-vous doncques, Philotée, de faire tousjours plusieurs retraictes en la solitude de vostre cœur pendant que corporellement vous estes parmy les conversations et affaires : et cette solitude mentale ne peut nullement estre empeschée par la multitude de ceux qui vous sont autour : car ils ne sont pas autour de vostre cœur, ains autour de vostre corps? Si que vostre cœur demeure luy tout seul en la presence de Dieu seul? C'est l'exercice que faisoit le roy David parmy tant d'occupations qu'il avoit, ainsi qu'il le tesmoigne par mille traicts de ses pseaumes, comme quand il dit : « O Seigneur, et « moy je suis tousjours avec vous, je vois mon Dieu « tousjours devant moy, j'ay eslevé mes yeux à vous, « ô mon Dieu, qui habitez au ciel, mes yeux sont « tousjours à Dieu. »

Et aussi les conversations ne sont pas ordinairement si serieuses qu'on ne puisse de temps en temps en retirer le cœur pour le remettre en cette divine solitude.

Les pere et mere de S<sup>te</sup> Catherine de Sienne luy ayant osté toute commodité du lieu, et de loisir pour prier et mediter : Nostre-Seigneur l'inspira de faire un petit oratoire interieur en son esprit, dedans lequel se retirant mentalement, elle peut parmy les affaires exterieures vacquer à cette saincte solitude cordiale. Et depuis, quand le monde l'attaquoit, elle n'en recevoit nulle incommodité : parce, disoit-elle, qu'elle s'enfermoit dans son cabinet interieur, où elle se consoloit avec son celeste espoux. Aussi deslors elle conseilloit à ses enfans spirituels, de se faire une chambre dans le cœur, et d'y demeurer.

Retirez donc quelquefois vostre esprit dedans vostre cœur, où séparée de tous les hommes, vous puissiez traicter cœur à cœur de vostre ame avec son Dieu, pour dire avec David : « J'ay veillé et ay esté « semblable au pelican de la solitude ; j'ay esté fait « comme le chat-huant ou le hibou dans les mazu- « res, et comme le passereau solitaire au toict. » Lesquelles paroles outre leur sens litteral (qui tesmoigne que ce grand Roy prenoit quelques heures pour se tenir solitaire en la contemplation des choses spirituelles) nous monstrent en leur sens mystique trois excellentes retraictes ; et comme trois hermitages ; dans lesquels nous pouvons exercer nostre solitude à l'imitation de nostre Sauveur, lequel sur le mont de Calvaire fut comme le pelican de la solitude, qui de son sang ravive ses poussins morts. En sa nativité dans une establerie deserte, il fut comme le hibou dedans la masure, plaignant et pleurant nos fautes et pechez : et au jour de son ascension, il fut comme le passereau, se retirant et volant au ciel, qui est comme le toict du monde : et en tous ces trois lieux nous pouvons faire nos retraictes emmy le tracas des affaires. Le bien-heureux Elzear comte d'Arian en Provence, ayant esté lon-

guement absent de sa devote et chaste Delphine,
elle luy envoya un homme expres pour sçavoir de sa
santé, et il luy fit responce : Je me porte fort bien,
ma chere femme ; que si vous me voulez voir, cher-
chez-moy en la playe du costé de nostre doux Jesus,
car c'est là où j'habite, et où vous me trouverez : ailleurs, vous me chercherez pour neant. C'estoit un
chevalier chrestien celuy-là.

## CHAPITRE XIII.
### Des aspirations, oraisons jaculatoires, et bonnes pensées.

On se retire en Dieu, parce qu'on aspire à luy,
et on y aspire pour s'y retirer, si que l'aspiration en
Dieu et la retraicte spirituelle, s'entretiennent l'une
et l'autre, et toutes deux proviennent et naissent des
bonnes pensées.

Aspirez donc bien souvent en Dieu, Philotée,
par des courts, mais ardens eslancemens de vostre
cœur, admirez sa beauté, invoquez son ayde, jettez-
vous en esprit au pied de la croix, adorez sa bonté,
interrogez-le souvent de vostre salut, donnez-luy
mille fois le jour vostre ame, fichez vos yeux interieurs sur sa douceur, tendez-luy la main, comme
un petit enfant à son pere, afin qu'il vous conduise ;
mettez-le sur vostre poictrine, comme un bouquet
delicieux : plantez-le en vostre ame comme un es-
tendard ; et faictes mille sortes de divers mouvemens de vostre cœur, pour vous donner de l'amour
de Dieu, et vous exciter à une passionnée et tendre
dilection de ce divin espoux.

On fait ainsi les oraisons jaculatoires, que le grand S. Augustin conseille si soigneusement à la devote dame Proba : Philotée, nostre esprit s'addonnant à la hantise, privauté et familiarité de son Dieu, se parfumera tout de ses perfections? et si cet exercice n'est point mal-aisé : car il se peut entrelacer en toutes nos affaires et occupations, sans aucunement les incommoder : d'autant que, soit en la retraicte spirituelle, soit en ces eslancemens interieurs on ne fait que des petits et courts divertissemens, qui n'empeschent nullement, ains servent de beaucoup à la poursuitte de ce que nous faisons. Le pelerin qui prend un peu de vin pour resjoüir son cœur, et rafraischir sa bouche, bien qu'il s'arreste un peu, pour cela ne rompt pourtant pas son voyage, ains prend de la force, pour le plus vistement et aisement parachever, ne s'arrestant que pour mieux aller.

Plusieurs ont ramassé beaucoup d'aspirations vocales, qui vrayement sont fort utiles ; mais par mon advis, vous ne vous astraindrez point à aucune sorte de paroles, ains prononcerez ou de cœur ou de bouche celles que l'amour vous suggerera sur le champ, car il vous en fournira tant que vous voudrez. Il est vray qu'il y a certains mots qui ont une force particuliere pour contenter le cœur en cet endroit, comme sont les eslancemens semez si dru dedans les pseaumes de David, les invocations diverses du nom de Jesus, et les traicts d'amour qui sont imprimez au Cantique des Cantiques : les chansons

spirituelles servent encore à mesme intention, pourveu qu'elles soient chantées avec attention.

Enfin comme ceux qui sont amoureux d'un
amour humain et naturel, ont presque tousjours
leurs pensées tournées du costé de la chose aimée,
leur cœur plein d'affection envers elle, leur bouche
remplie de ses loüanges, et qu'en son absence ils ne
perdent point d'occasion de tesmoigner leurs passions par lettres : et ne trouvent point d'arbre, sur
l'escorce duquel ils n'escrivent le nom de ce qu'ils
ayment : ainsi ceux qui ayment Dieu ne peuvent
cesser de penser en luy, respirer pour luy, aspirer à
luy, et parler de luy, et voudroient s'il estoit possible
graver sur la poictrine de toutes les personnes du
monde le sainct et sacré nom de Jesus.

A quoy mesme toutes choses les invitent, et n'y
a creature qui ne leur annonce la loüange de leur
bien-aymé : et comme dit S. Augustin, apres S. Anthoine, tout ce qui est au monde leur parle d'un
langage muet, mais fort intelligible en faveur de
leur amour, toutes choses les provoquent à des bonnes pensées, desquelles par apres naissent force
saillies et aspirations en Dieu. Et voicy quelques
exemples ; S. Gregoire, evesque de Naziance, ainsi
que luy-mesme racontoit à son peuple, se promenant sur le rivage de la mer, consideroit comme les
ondes s'avançant sur la greve, laissoient des coquilles et petits cornets, tiges d'herbes, petites huistres,
et semblables broüilleries que la mer rejettoit, et
par maniere de dire crachoit dessus le bord : puis

revenant par des autres vagues, elle reprenoit et engloutissoit derechef une partie de cela, tandis que les rochers des environs.demeuroient fermes et immobiles, quoy que les eaux vinssent rudement battre contre iceux. Or si en cela il fit cette belle pensée, que les foibles, comme coquilles, cornets et tiges d'herbes se laissent emporter tantost à l'affliction, tantost à la consolation, à la mercy des ondes et vagues de la fortune ; mais que les grands courages demeurent fermes et immobiles à toutes sortes d'orages, et de cette pensée il fit naistre ces eslancemens de David : « O Seigneur, sauvez-moy, car les « eaux ont penetré jusques à mon ame : ô Seigneur, « delivrez-moy du profond des eaux, je suis porté « au profond de la mer, et la tempeste m'a sub- « mergé. » Car alors il estoit en affliction, pour la mal-heureuse usurpation que Maximus avoit entrepris sur son evesché. S. Fulgence, evesque de Ruspe, se trouvant en une assemblée generale de la noblesse romaine, que Theodoric, roy des Goths, haranguoit, et voyant la splendeur de tant de seigneurs qui estoient en rang, chascun selon sa qualité : ô Dieu, dit-il, combien doit estre belle la Hierusalem celeste, puis qu'icy bas on voit si pompeuse Rome la terrestre ? Et si en ce monde tant de splendeur est concedée aux amateurs de la vanité, quelle gloire doit estre reservée en l'autre monde aux contemplateurs de la verité ? On dit que S. Anselme, archevesque de Cantorbie (duquel la naissance a grandement honoré nos montagnes) estoit admirable en cette practique de bonnes pensées : un levrau pressé de chiens accourut sous le cheval de ce sainct prelat, qui pour lors voyageoit, comme à un refuge que le peril eminent de la mort luy suggeroit, et les chiens clabaudant tout autour, n'osoient entreprendre de violer l'immunité à laquelle leur proye avoit eu recours : spectacle certes extraordinaire, qui faisoit rire tout le train, tandis que le grand Anselme pleurant et gemissant. Ha ! vous riez, disoit-il, mais la pauvre beste ne rit pas : les ennemis de l'ame poursuivie et mal-menée par divers destours en toutes sortes de pechez l'attendant au destroit de la mort pour la ravir et devorer, et elle toute effrayée, cherche par-tout secours et refuge ; que si elle n'en trouve point, ses ennemis s'en moquent, et s'en rient : ce qu'ayant dit, il s'en alla souspirant. Constantin le Grand escrivit honorablement à S. Anthoine, dequoy les religieux qui estoient autour de luy furent fort estonnez. Et il leur dit, comme admirez-vous qu'un roy escrive à un homme ? admirez plustost dequoy Dieu eternel a escrit sa loy aux mortels, ains leur a parlé bouche à bouche en la personne de son Fils. S. François voyant une brebis toute seule emmy un troupeau de boucs. Regardez, dit-il à son compagnon, comme cette pauvre brebis est douce parmy ces chevres ; Nostre-Seigneur alloit ainsi doux et humble entre les Pharisiens. Et voyant une autre fois un petit ai-

gnelet mangé par un pourceau. Hé! petit aignelet,
dit-il tout en pleurant, que tu representes vivement
la mort de mon Sauveur.

Ce grand personnage de nostre age, François
Borgia, pour lors encore duc de Candie, allant à la
chasse, faisoit mille devotes conceptions. J'admirois,
disoit-il, mesme par apres, comme les faucons re-
viennent sur le poing, se laissent couvrir les yeux,
et attacher à la perche, et que les hommes se rendent si reveshes à la voix de Dieu. Le grand S. Basile dit, que la rose emmy les espines fait cette re-
monstrance aux hommes : « Ce qui est de plus agrea-
« ble en ce monde, ô mortels, est meslé de tristesse,
« rien n'y est pur, le regret est tousjours collé à l'al-
« legresse, la viduité au mariage, le soing à la ferti-
« lité, l'ignominie à la gloire, la dispense aux hon-
« neurs, le degoust aux delices, et la maladie à la
« santé : c'est une belle fleur, dit ce sainct person-
« nage, que la rose ; mais elle me donne une grande
« tristesse, m'advertissant de mon peché pour lequel
« la terre a esté condamnée de porter les espines. »
Une ame devote regardant un ruisseau, et y voyant
le ciel representé avec les estoiles en une nuict bien
serene, ô mon Dieu, dit-elle, ces mesmes estoiles
seront dessous mes pieds, quand vous m'aurez logée
dans vos saincts tabernacles : et comme les estoiles
du ciel sont representées en la terre, ainsi les hommes de la terre sont representez au ciel en la vive
fontaine de la charité divine. L'autre voyant un

fleuve flotter, s'escrioit ainsi, mon ame n'aura jamais repos, qu'elle ne se soit abismée dedans la mer de la divinité qui est son origine. Et S^te Françoise considerant un agreable ruisseau, sur le rivage duquel elle s'estoit agenoüillée pour prier, fut ravie en extase, repetant plusieurs fois ces paroles tout bellement. La grace de mon Dieu coule ainsi doucement et souëfvement comme ce petit ruisseau. Un autre voyant les arbres fleuris souspiroit. Poùrquoy suis-je seul defleury au jardin de l'Eglise. Un autre voyant des petits poussins ramassez sous leur mere. O Seigneur, dit-il, conservez-nous sous l'ombre de vos aisles. L'autre voyant le tourne-soleil, dit: Quand sera-ce, mon Dieu, que mon ame suivra les attraicts de vostre bonté? Et voyant des pensées de jardin, belles à la veuë, mais sans odeur. Hé, dit-il, telles sont mes cogitations, belles à dire, mais sans effet ny production.

Voilà, ma Philotée, comme l'on tire les bonnes pensées, et sainctes aspirations de ce qui se presente en la varieté de cette vie mortelle. Mal-heureux sont ceux qui destournent les creatures de leur createur pour les contourner au peché. Bien-heureux sont ceux qui contournent les creatures à la gloire de leur createur, et employent leur vanité à l'honneur de la verité. « Certes, dit S. Gregoire Nazianzene, « j'ay accoustumé de rapporter toutes choses à mon « profit spirituel. » Lisez le devot epitaphe que S. Hierosme a fait de sa S^te Paule: car c'est belle chose à voir, comme il est tout parsemé des aspirations et conceptions sacrées qu'elle faisoit à toutes sortes de rencontres.

Or en cet exercice de la retraicte spirituelle, et des oraisons jaculatoires, gist la grande œuvre de la devotion, il peut suppleer au defaut de toutes les autres oraisons; mais le manquement d'iceluy ne peut presque point estre reparé par aucun autre moyen. Sans iceluy on ne peut pas bien faire la vie contemplative, et ne sçauroit-on que mal faire la vie active : sans iceluy, le repos n'est qu'oisiveté, et le travail qu'embarrassement, c'est pourquoy je vous conjure de l'embrasser de tout vostre cœur, sans jamais vous en departir.

## CHAPITRE XIV.

### De la tres-saincte messe, et comme il la faut ouyr.

Je ne vous ay encore point parlé du soleil des exercices spirituels, qui est le tres-sainct, sacré, et tres-souverain sacrifice et sacrement de la Messe, centre de la religion chrestienne, cœur de la devotion, ame de la pieté, mystere ineffable, qui comprend l'abysme de la charité divine, et par lequel Dieu s'appliquant reellement à nous, nous communique magnifiquement ses graces et faveurs.

2. L'oraison faicte en l'union de ce divin sacrifice, a une force indicible : de sorte, Philotée, que par iceluy l'ame abonde en celestes faveurs, comme appuyée sur son bien-aymé, qui la rend si pleine d'odeurs et suavitez spirituelles, qu'elle ressemble à

une colomne de fumée de bois aromatique, de la mirrhe, de l'encens et de toutes les poudres de parfumeur, comme il est dit ès cantiques.

3. Faictes doncques toutes sortes d'efforts pour assister tous les jours à la saincte messe, afin d'offrir avec le prestre, le sacrifice de vostre redempteur, à Dieu son Pere, pour vous et pour toute l'Eglise : tousjours les anges en grand nombre s'y trouvent presens, comme dit S. Jean Chrysostome, pour honorer ce sainct mystere? et nous y trouvant avec eux, et avec une mesme intention, nous ne pouvons que recevoir beaucoup d'influences propices par une telle societé; les chœurs de l'Eglise triomphante, et ceux de l'Eglise militante se viennent attacher et joindre à Nostre-Seigneur en ceste divine action, pour avec luy, en luy, et par luy, ravir le cœur de Dieu le Pere, et rendre sa misericorde toute nostre. Quel bon-heur à une ame de contribuer devotement ses affections pour un bien si precieux et desirable.

4. Si par quelque force forcée, vous ne pouvez pas vous rendre presente à la celebration de ce souverain sacrifice d'une presence reelle, au moins faut-il que vous y portiez vostre cœur pour y assister d'une presence spirituelle. A quelque heure doncques du matin, allez en esprit, si vous ne pouvez autrement en l'Eglise, unissez vostre intention à celle de tous les chrestiens, et faictes les mesmes actions interieures au lieu où vous estes, que vous fe-

riez si vous estiez reellement presente à l'office de la saincte messe en quelque Eglise.

5. Or pour ouyr, ou reellement, ou mentallement la saincte messe, comme il est convenable. 1. Dès le commencement jusques à ce que le prestre se soit mis à l'autel, faites avec luy la preparation, laquelle consiste à se mettre en la presence de Dieu, recognoistre vostre indignité, et demander pardon de vos fautes. 2. Depuis que le prestre est à l'autel jusques à l'Evangile, considerez la venuë et la vie de Nostre-Seigneur en ce monde, par une simple et generale consideration. 3. Depuis l'Evangile jusques apres le *credo*, considerez la predication de nostre Sauveur, protestez de vouloir vivre et mourir en la foy et obeïssance de la saincte Eglise catholique. 4. Depuis le *credo* jusques au *Pater noster*, appliquez vostre cœur aux mysteres de sa saincte parole, et en l'union de la mort et passion de nostre Redempteur, qui sont actuellement et essentiellement representez en ce sainct sacrifice, lequel avec le prestre, et avec le reste du peuple vous offrirez à Dieu le Pere, pour son honneur et pour vostre salut.

5. Depuis le *Pater noster*, jusques à la communion efforcez-vous de faire mille desirs de vostre cœur: souhaitant ardemment d'estre à jamais joincte et unie à nostre Sauveur par amour eternel.

6. Depuis la communion jusques à la fin, remerciez sa divine Majesté de son incarnation, de sa vie, de sa mort, de sa passion, et de l'amour qu'il nous

tesmoigne en ce sainct sacrifice, le conjurant par iceluy de vous estre à jamais propice, à vos parens, à vos amis, et à toute l'Eglise, et vous humiliant de tout vostre cœur, recevez devotement la benediction divine que Nostre-Seigneur vous donne par l'entremise de son officier.

Mais si vous voulez pendant la messe faire vostre meditation sur les mysteres que vous allez suivant de jour en jour, il ne sera pas requis que vous vous divertisiez à faire ces particulieres actions, ains suffira qu'au commencement vous dressiez vostre intention à vouloir adorer et offrir ce sainct sacrifice par l'exercice de vostre meditation et oraison, puis qu'en toute meditation se trouvent les actions susdites, ou expressement ou tacitement et universellement.

## CHAPITRE XV.

### Des autres exercices publics et communs.

Outre cela, Philotée, les festes et dimanches il faut assister à l'office des heures et des vespres, tant que vostre commodité le permettra, car ces jours-là sont dediez à Dieu, et faut bien faire plus d'actions à son honneur et gloire en iceux, que non pas ès autres jours, vous sentirez mille douceurs de devotion par ce moyen, comme faisoit S. Augustin, qui tesmoigne en ses confessions, qu'oyant les divins offices au commencement de sa conversion, son cœur se fondoit en suavité, et ses yeux en larmes de pieté. Et puis ( afin que je le die une fois pour toutes )

8.

il y a tousjours plus de bien et de consolation aux offices publics de l'Eglise, que non pas aux actions particulieres, Dieu ayant ainsi ordonné que la communion soit preferée à toute sorte de particularité.

Entrez volontiers aux confreries du lieu où vous estes, et particulierement en celles desquelles les exercices apportent plus de fruict et d'edification, car en cela vous ferez une sorte d'obeissance fort agreable à Dieu, d'autant qu'encor que les confreries ne sont pas commandées, elles sont neantmoins recommandées par l'Eglise, laquelle pour témoigner qu'elle desire que plusieurs s'y enrollent, donne des indulgences et autres privileges aux confreries. Et puis c'est tousjours une chose fort charitable de concourir avec plusieurs, et cooperer aux autres pour leurs bons desseins. Et bien qu'il puisse arriver que l'on fit d'aussi bons exercices à part soy, comme l'on fait aux confreries en commun, et que peut-estre l'on goustat plus de les faire en particulier : si est-ce que Dieu est plus glorifié de l'union et contribution que nous faisons de nos bien-faicts avec nos freres et prochains.

J'en dis le mesme de toutes sortes de prieres et devotion publiques, ausquelles tant qu'il nous est possible, nous devons porter nostre bon exemple pour l'edification du prochain, et nostre affection pour la gloire de Dieu et l'intention commune.

## CHAPITRE XVI.

### Qu'il faut honorer et invoquer les Saincts.

Puis que Dieu nous envoye bien souvent les inspirations par ses anges, nous devons aussi luy renvoyer frequemment nos aspirations par la mesme entremise. Les sainctes ames des trespassés qui sont en paradis avec les anges, et comme dit Nostre-Seigneur, esgales et pareilles aux anges, font aussi le mesme office d'inspirer pour nous par leurs sainctes oraisons. Ma Philotée, joignons nos cœurs à ces celestes esprits, et ames bien-heureuses : comme les petits rossignols apprennent à chanter avec les grands, ainsi par le sacré commerce que nous ferons avec les Saincts, nous sçaurons bien mieux prier et chanter les loüanges divines, « je « psalmodieray, disoit David, à la veuë des anges. »

Honorez, reverez et respectez, d'un amour special la sacrée et glorieuse Vierge Marie? elle est mere de nostre souverain Pere, et par conseqüent nostre grand'mere. Recourons donc à elle; et comme ses petits enfans jettons-nous à son giron avec une confiance parfaicte à tous momens, à toutes occurrences : reclamons ceste douce mere, invoquons son amour maternel, et taschant d'imiter ses vertus, ayons en son endroit un vray cœur filial.

Rendez-vous fort familiere avec les anges, voyez-les souvent invisiblement presens à vostre vie! et sur tout aymez et reverez celuy du diocese auquel vous estes, ceux des personnes avec lesquelles vous vivez, et specialement le vostre : suppliez-les souvent, loüez-les ordinairement et employez leur ayde et secours en toutes vos affaires, soit spirituelles, soit temporelles, afin qu'ils cooperent à vos intentions.

Le grand Pierre Faure, premier prestre, premier predicateur, premier lecteur de theologie de la saincte compagnie du nom de Jesus, et premier compagnon de B. Ignace fondateur d'icelle, venant un jour d'Allemagne, où il avoit fait des grands services à la gloire de Nostre-Seigneur; et passant en ce diocese, lieu de sa naissance, racontoit qu'ayant traversé plusieurs lieux heretiques, il avoit receu mille consolations d'avoir salüé en abordant chasque paroisse, les anges protecteurs d'icelle, lesquels il avoit cognu sensiblement luy avoir esté propices, soit pour le garentir des embusches des heretiques, soit pour luy rendre plusieurs ames douces et dociles à recevoir la doctrine de salut. Et disoit cela avec tant de recommandation, qu'une damoiselle lors jeune l'ayant ouy de sa bouche, le recitoit, il n'y a que quatre ans, c'est à dire, plus de soixante ans apres, avec un extreme sentiment. Je fus consolé ceste année passée de consacrer un autel sur la place, en laquelle Dieu fit naistre ce bien-heureux homme, au petit village du Vilaret entre nos plus aspres montaignes.

Choisissez quelques saincts particuliers, la vie desquels vous puissiez mieux savourer et imiter, et en l'intercession desquels vous ayez une particuliere

confiance. Celuy de vostre nom vous est desja tout
assigné dès vostre baptesme.

## CHAPITRE XVII.

### Comme il faut ouyr et lire la parole de Dieu.

Soyez devote à la parole de Dieu, soit que vous
l'escoutiez en devis familiers avec vos amis spirituels, soit que vous l'escoutiez au sermon : oyez-la
tousjours avec attention et reverence : faictes-en bien
vostre profit, et ne permettez pas qu'elle tombe à
terre, ains recevez-la comme un precieux beaume
dans vostre cœur : à l'imitation de la tres saincte
Vierge, qui conservoit soigneusement dedans le
sien toutes les paroles que l'on disoit à la loüange
de son enfant. Et souvenez-vous que Nostre-Seigneur recueille les paroles que nous luy disons en
nos prieres, à mesure que nous recueillons celles
qu'il nous dit par la predication.

Ayez tousjours auprès de vous quelque beau livre
de devotion comme sont ceux de S. Bonaventure,
de Gerson, de Denis le Chartreux, de Louys Blo-
sius, de Grenade, de Stella, d'Arias, de Pinelli, de
du Pont, d'Avila, le Combat spirituel, les Confessions de S. Augustin, les Epistres de S. Hierosme,
et sembables, et lisez-en tous les jours un peu avec
grande devotion, comme si vous lisiez des lettres
missives que les Saincts vous eussent envoyées du
ciel pour vous monstrer le chemin, et vous donner
le courage d'y aller. Lisez aussi les Histoires, et vies
des Saincts, esquelles comme dans un miroüer vous

verrez le pourtraict de la vie chrestienne, et accom-
modez leurs actions à vostre profit selon vostre vacation. Car bien que beaucoup des actions des
Saincts ne soient pas absoluëment imitables par
ceux qui vivent emmy le monde : si est-ce que toutes
peuvent estre suivies ou de pres, ou de loin : la
solitude de S. Paul premier hermite est imitée en
vos retraictes spirituelles et reelles, desquelles nous
parlerons et avons parlé cy-dessus : l'extreme pauvreté de S. François, par les pratiques de la pauvreté, telles que nous les marquerons, et ainsi des
autres. Il est vray qu'il y a certaines histoires qui
donnent plus de lumiere pour la conduite de nostre
vie, que d'autres, comme la vie de la bien-heureuse
mere Therese, laquelle est admirable pour cela ; les
vies des premiers jesuites, celle de S. Charles Borromée archevesque de Milan, de S. Louis, de S. Bernard, les chroniques de S. François, et autres pareilles. Il y en a d'autres où il y a plus de subjet
d'admiration que d'imitation, comme celle de
S<sup>te</sup> Marie Egyptienne, de S. Simeon Stilitez, des
deux sainctes Catherines de Siennes et de Gennes ;
de S<sup>te</sup> Angele, et autres telles, lesquelles ne laissent
pas neantmoins de donner un grand goust general
du sainct amour de Dieu.

## CHAPITRE XVIII.

### Comme il faut recevoir les inspirations.

Nous appellons inspirations tous les attraits, mouvemens, reproches et remors interieurs, lumieres

et cognoisances que Dieu fait en nous, prevenant
nostre cœur en ses benedictions par son soin et
amour paternel, afin de nous resveiller, exciter,
pousser et attirer aux sainctes vertus, à l'amour celeste, aux bonnes resolutions, bref à tout ce qui
nous achemine à nostre bien eternel. C'est ce que
l'espoux appelle heurter à la porte, et parler au cœur
de son espouse, la resveiller quand elle dort, la
crier, et reclamer quand elle est absente, l'inviter à
son miel, et à cueillir des pommes et des fleurs en
son jardin, et à chanter et faire resonner sa douce
voix à ses oreilles.

J'ai besoin d'une similitude pour me bien faire entendre. Pour l'entiere resolution d'un mariage, trois
actions doivent entrevenir, quant à la damoiselle que
l'on veut marier : car premierement on luy propose
le party, secondement elle agrée la proposition, et
en troisieme lieu elle consent. Ainsi Dieu voulant
faire en nous, par nous, et avec nous, quelque action de grande charité, premierement il nous la
propose par son inspiration, secondement nous l'a-
greons, tiercement nous y consentons : car comme
pour descendre au peché il y a trois degrez, la tentation, la delectation et le consentement : aussi y
en a-t'il trois pour monter à la vertu : l'inspiration qui
est contraire à la tentation : la delectation en l'inspiration, qui est contraire à la delectation de la tentation : et le consentement à l'inspiration, qui est
contraire au consentement à la tentation.

Quand l'inspiration dureroit tout le temps de

nostre vie, nous ne serions pourtant nullement
agreables à Dieu, si nous n'y prenons plaisir; au
contraire sa divine Majesté en seroit offensée, comme il le fut contre les Israëlites, auprès desquels il
fut quarante ans, comme il dit, les sollicitant à se
convertir, sans que jamais ils y voulussent entendre : dont il jura contre eux en son ire, qu'oncques
ils n'entreroient en son repos. Aussi le gentilhomme
qui auroit longuement servy une damoiselle, seroit
bien fort desobligé, si apres cela elle ne vouloit aucunement entendre au mariage qu'il desire.

Le plaisir qu'on prend aux inspirations, est un
grand acheminement à la gloire de Dieu, et desja
on commence à plaire par iceluy à sa divine Majesté :
car si bien cette delectation n'est pas encore un
entier consentement, c'est une certaine disposition
à iceluy : et si c'est un bon signe et chose fort utile
de se plaire à ouyr la parole de Dieu, qui est comme
une inspiration exterieure, c'est chose bonne aussi
et agreable à Dieu de se plaire en l'inspiration interieure. C'est ce plaisir, duquel parlant l'Espouse sacrée, elle dit : « Mon ame s'est fondue d'aise, quand
« mon bien-aymé a parlé. »

Aussi le gentil-homme est desja fort content de
la damoiselle qu'il sert, et se sent favorisé quand il
voit qu'elle se plait en son service.

Mais enfin, c'est le consentement qui parfait
l'acte vertueux : car si estant inspirez, et nous estant
pleus en l'inspiration, nous refusions neantmoins
par apres le consentement à Dieu, nous sommes

extremement mescognoissans, et offensons grandement sa divine Majesté : car il semble bien, qu'il y
ait plus de mespris. Ce fut ce qui arriva à l'espouse;
car quoy que la douce voix de son bien-aymé luy
eust touché le cœur d'un sainct ayse: si est-ce neantmoins qu'elle ne luy ouvrit pas la porte, mais s'en
excusa d'une excuse frivole; dequoy l'espoux justement indigné, passa outre, et la quitta; aussi le gentil-homme qui apres avoir longuement recherché une
damoiselle, et luy avoir rendu son service agreable,
enfin seroit rejetté et mesprisé, auroit bien plus de
subjet de mescontentement, que si la recherche
n'avoit point esté agrée, ny favorisée. Resolvez-vous,
Philotée, d'accepter de bon cœur toutes les inspirations qu'il plaira à Dieu de vous faire : et quand
elles arriveront, recevez-les, comme les ambassa-
deurs du Roy celeste, qui desire contracter mariage
avec vous. Oyez paisiblement leurs propositions,
considerez l'amour avec lequel vous estes inspirez,
et caressez la saincte inspiration.

Consentez, mais d'un consentement plein, amoureux et constant à la saincte inspiration: car en cette
sorte, Dieu que vous ne pouvez obliger, se tiendra
pour fort obligé à vostre affection: mais avant que
de consentir aux inspirations des choses importantes,
ou extraordinaires, afin de n'estre point trompée,
conseillez-vous tousjours à vostre guide, à ce qu'il
examine si l'inspiration est vraye ou fausse : d'autant
que l'ennemy voyant une ame prompte à consentir
aux inspirations, luy en propose bien souvent des

fausses pour la tromper : ce qu'il ne peut jamais faire, tandis qu'avec humilité elle obeyra à son conducteur.

Le consentement estant donné, il faut avec un grand soin procurer les effets, et venir à l'execution de l'inspiration, qui est le comble de la vraye vertu : car d'avoir le consentement dedans le cœur, sans venir à l'effet d'iceluy, ce seroit comme de planter une vigne sans vouloir qu'elle fructifiast.

Or à tout cecy sert merveilleusement de bien practiquer l'exercice du matin : et les retraictes spirituelles que j'ay marquées cy-dessus : car par ce moyen nous nous preparons à faire le bien d'une preparation non seulement generale, mais aussi particuliere.

## CHAPITRE XIX.

### De la saincte confession.

Nostre Sauveur a laissé à son Eglise le sacrement de penitence et de confession, afin qu'en iceluy nous nous lavions de toutes nos iniquitez, toutesfois et quantes que nous en serons soüillez. Ne permettrez donc jamais, Philotée , que vostre cœur demeure long-temps infecté de peché, puis que vous avez un remede si present et facile. La lyonne qui a esté accostée du leopard, va vistement se laver pour oster la puanteur que cette accointance luy a laissée, afin que le lyon venant n'en soit point offencé et irrité. L'ame qui a consenti au peché, doit avoir horreur de soy-mesme, et se nettoyer au plustost pour le res--

pect qu'elle doit porter aux yeux de sa divine Majesté, qui le regarde. Mais pourquoy mourrons-nous de la mort spirituelle, puis que nous avons un remede si souverain.

Confessez-vous humblement et devotement tous les huict jours, et tousjours s'il se peut, quand vous communieriez, encore que vous ne sentiez point en vostre conscience aucun reproche de peché mortel : car par la confession vous ne recevrez pas seulement l'absolution des pechez veniels que vous confesserez, mais aussi une grande force pour les eviter à l'advenir, une grande lumiere, pour les bien discerner, et une grace abondante pour reparer toute la perte qu'ils vous avoient apportée. Vous practiquerez la vertu d'humilité, d'obeissance, de simplicité, et de charité, et en cette seule action de confession, vous exercerez plus de vertu qu'en nul autre.

Ayez tousjours un vray desplaisir des pechez que vous confesserez, pour petits qu'ils soient, avec une ferme resolution de vous en corriger à l'advenir. Plusieurs se confessant par coustume des pechez veniels, et comme par maniere d'ajancement, sans penser nullement à s'en corriger, en demeurent toute leur vie chargez, et par ce moyen perdent beaucoup de biens et profits spirituels. Si doncques vous vous confessez d'avoir menty, quoy que sans nuisance, ou d'avoir dit quelque parole dereglée, ou d'avoir trop joüé : repentez-vous-en, et ayez ferme propos de vous en amender : car c'est un abus de se confesser de quelque sorte de peché, soit mortel, soit veniel, sans vouloir s'en purger, puis que la confession n'est instituée que pour cela.

Ne faictes pas seulement ces accusations super-fluës, que plusieurs font par routine. Je n'ay pas aymé Dieu tant que je devois, je n'ay pas prié avec tant de devotion que je devois, je n'ay pas chery le prochain comme je devois : je n'ay pas receu les sa-cremens avec la reverence que je devois, et telles semblables : la raison est, parce qu'en disant cela, vous ne direz rien de particulier, qui puisse faire entendre au confesseur l'estat de vostre conscience, d'autant que tous les Saincts de paradis, et tous les hommes de la terre, pourroient dire les mesmes choses, s'ils se confessoient. Regardez doncques quel subjet particulier vous avez de faire ces accusations là : et lors que vous l'aurez descouvert, accusez-vous du manquement que vous aurez commis tout sim-plement et naïfvement. Par exemple, vous vous ac-cusez de n'avoir pas chery le prochain comme vous deviez, c'est peut-estre, parce qu'ayant veu quelque pauvre fort necessiteux, lequel vous pouviez ayse-ment secourir et consoler, vous n'en avez eu nul soing. Et bien accusez-vous de cette particularité ; et dittes ayant veu un pauvre necessiteux, je ne l'ay pas secouru comme je pouvois, par negligence, ou par dureté de cœur, ou par mespris, selon que vous cognoistrez l'occasion de cette faute. De mesme, ne vous accusez pas n'avoir pas prié Dieu avec telle devotion comme vous devez : mais si vous avez eu des distractions volontaires, ou que vous ayez negligé de prendre le lieu, le temps et la contenance requise, pour avoir l'attention en la priere, accusez-vous-en tout simplement, selon que vous trouverez y avoir manqué, sans alleguer cette generalité, qui ne fait, ny froid, ny chaud en la confession.

Ne vous contentez pas de dire vos pechez veniels quant au fait, mais accusez-vous du motif qui vous a induit à les commettre. Par exemple, ne vous contentez pas de dire que vous avez menty sans interesser personne : mais dittes si ç'a esté, ou pour vaine gloire, afin de vous loüer et excuser, ou par vaine joye, ou par opiniastreté : Si vous avez peché à joüer, expliquez si ça esté pour le desir du gain, ou pour le plaisir de la conversation, et ainsi des autres. Dittes si vous vous estes longuement arrestée en vostre mal, d'autant que la longueur du temps accroist pour l'ordinaire de beaucoup le peché, y ayant bien de la difference entre une vanité passagere, qui se sera escoulée en nostre esprit l'espace d'un quart d'heure, et celle en laquelle nostre cœur aura trempé un jour, deux jours, trois jours : il faut donc dire le fait, le motif, et la durée de nos pechez. Car encore que communement on ne soit pas obligé d'estre si pointilleux en la declaration des pechez veniels, et que mesme on ne soit pas tenu absolument de les confesser : si est-ce que ceux qui veulent bien espurer leurs ames, pour mieux atteindre à la saincte devotion, doivent estre soigneux de bien faire cognoistre

au medecin spirituel le mal pour petit qu'il soit, duquel ils veulent estre gueris.

N'espargnez point de dire ce qui est requis, pour
bien faire entendre la qualité de vostre offence,
comme le subjet que vous avez eu de vous mettre en
colere, ou de supporter quelqu'un en son vice. Par
exemple, un homme lequel me desplaist, me dira
quelque legere parole pour rire, je le prendray en
mauvaise part, et me mettray en colere. Que si un
autre qui m'eust été agreable en eust dit une plus
aspre, je l'eusse prins en bonne part: je n'espargneray
donc point de dire, je me suis relaschée à dire des
paroles de courroux, contre une personne, ayant
prins de luy en mauvaise part quelque chose qu'il
m'a dit, non point pour la qualité des paroles, mais
parce que celuy-là m'estoit dés-agreable : et s'il est
encore besoin de particulariser les paroles pour vous
bien declarer, je pense qu'il seroit bon de les dire :
car s'accusant ainsi naïfvement, on ne descouvre
pas seulement les pechez qu'on a fait, mais aussi les
mauvaises inclinations, coustumes, habitudes, et autres racines du peché, au moyen dequoy le Pere
spirituel prend une plus entiere cognoissance du
cœur qu'il traicte, et des remedes qui luy sont propres. Il faut neantmoins tousjours tenir couvert le
tiers qui aura cooperé à vostre peché, tant qu'il sera
possible.

Prenez garde à une quantité de pechez, qui vivent
et regnent bien souvent insensiblement dedans la
conscience : afin que vous les confessiez, et que vous

puissiez vous en purger : et à cet effet lisez diligemment les chap. 6, 27, 28, 29, 35 et 36. de la troisiesme partie, et le chap. 7 de la quatriesme partie. Ne changez pas aysement de confesseur ; mais en ayant choisi un, continuez à luy rendre compte de vostre conscience aux jours qui sont destinez pour cela, luy disant naïfvement et franchement lés pechez que vous aurez commis, et de temps en temps, comme seroit de mois en mois, ou de deux mois en deux mois : dites luy encore l'estat de vos inclinations, quoy que par icelles vous n'ayez pas peché, comme si vous estiez tourmentée de la tristesse, du chagrin, ou si vous estes portée à la joye, aux desirs d'acquerir des biens, et semblables inclinations.

## CHAPITRE XX.

### De la frequente communion.

On dit que Mithridates roy de Ponte, ayant inventé le Mithridat, renforça tellement son corps par iceluy, que s'esseyant par apres de s'empoisonner, pour esviter la servitude des Romains, jamais il ne luy fut possible. Le Sauveur a institué ce sacrement tres-auguste de l'Eucharistie, qui contient reellement sa chair et son sang, afin que qui le mange vive eternellement. C'est pourquoy quiconque en use souvent avec devotion, affermit tellement la santé et la vie de son ame, qu'il est presque impossible qu'il soit empoisonné d'aucune sorte de mauvaise affection : on ne peut estre nourry de cette chair de vie, et vivre des affections de mort ; si que

comme les hommes demeurant au paradis terrestre pouvoient ne mourir point selon le corps, par
la force de ce fruict vital que Dieu y avoit mis : ainsi
peuvent-ils ne point mourir spirituellement par la
vertu de ce sacrement de vie. Que si les fruicts les
plus tendres et subjets à corruption, comme sont
les cerises, les abricots, et les fraises, se conservent
aysement toute l'année, estant confits au succre ou
miel : ce n'est pas merveille si nos cœurs, quoy que
fresles et imbecilles, sont preservez de la corruption
du peché, lors qu'ils sont succrez, et emmiellez de
la chair et du sang incorruptible du Fils de Dieu. O
Philotée ! les chrestiens qui seront damnez, demeureront sans replique, lors que le juste Juge leur fera
voir le tort qu'ils ont eu de mourir spirituellement,
puis qu'il leur estoit si aysé de se maintenir en vie
et en santé, par la manducation de son corps qu'il
leur avoit laissé à cette intention. Miserables, dira-t'il,
pourquoy estes vous mort, ayant à commandement
le fruict, et la viande de la vie ?

De recevoir la communion de l'eucharistie tous
les jours, ny je ne le loue, ny je ne le vitupere :
mais de communier tous les jours de dimanche, je
le suade, et en exhorte un chascun, pourveu que
l'esprit soit sans aucune affection de pecher. Ce sont
les propres paroles de S. Augustin, avec lequel je ne
vitupere, ny loue absolument que l'on communie
tous les jours : mais laisse cela à la discretion du
Pere spirituel de celuy qui se voudra resoudre sur ce
poinct : car la disposition requise, pour une si fre-

quente communion, devant estre fort exquise, il
n'est pas bon de le conseiller generalement. Et parce
que cette disposition-là, quoy qu'exquise, se peut
trouver en plusieurs bonnes ames : il n'est pas bon
non plus d'en divertir et dissuader generallement un
chascun : ains cela se doit traicter par la consideration de l'estat interieur d'un chascun en particulier :
ce seroit imprudence de conseiller indistinctement
à tous cet usage si frequent : mais se seroit aussi imprudence de blasmer aucun pour iceluy, et sur tout
quand il suivroit l'advis de quelque digne directeur.
La responce de S^te Catherine de Sienne fut gracieuse
quand luy estant opposé à raison de la frequente
communion, que S. Augustin ne loüoit ny ne vitu-
peroit de communier tous les jours. Et bien, dit-
elle, puis que S. Augustin ne le vitupere pas, je
vous prie que vous ne le vituperiez pas non plus, et
je me contenteray.

Mais, Philotée, vous voyez que S. Augustin exhorte
et conseille bien fort que l'on communie tous les
dimanches : faictes-le donc tant qu'il vous sera possible. Puis que, comme je presuppose, vous n'avez
nulle sorte d'affection au peché mortel, ny aucune
affection du peché veniel, vous estes en la vraye
disposition que S. Augustin requiert, et encores plus
excellente ; parce que non seulement vous n'avez pas
l'affection de pecher, mais vous n'avez pas mesme l'affection du peché. Si que quand vostre Pere spirituel
le trouveroit bon, vous pourriez utilement communier encore plus souvent que tous les dimanches.

9.

Plusieurs legitimes empeschemens peuvent neant-moins vous arriver, non point de vostre costé, mais de la part de ceux avec lesquels vous vivez, qui don-neroient occasion au sage conducteur de vous dire que vous ne communiez pas si souvent. Par exemple si vous estes en quelque sorte de subjection, et que ceux à qui vous devez de l'obeissance ou de la reve-rence, soient si mal instruits, ou si bigearres, qu'ils s'inquietent et troublent de vous voir si souvent communier; à l'adventure, toutes choses conside-rées, sera-t'il bon de condescendre en quelque sorte à leur infirmité, et ne communier que de quinze jours en quinze jours; mais cela s'entend en cas qu'on ne puisse aucunement vaincre la difficulté. On ne peut pas bien arrester cecy en general, il faut faire ce que le Pere spirituel dira: bien que je puisse dire asseurement, que la plus grande dis-tance des communions, est celle de mois à mois, en-tre ceux qui veulent servir Dieu devotement.

Si vous estes bien prudente, il n'y a ny mere, ny femme, ny mary, ny pere qui vous empesche de communier souvent. Car puis que le jour de vostre communion vous ne laisserez pas d'avoir le soin qui est convenable à vostre condition, que vous en serez plus douce et plus gracieuse en leur endroit, et que vous ne leur refuserez nulle sorte de devoirs, il n'y a pas de l'apparence qu'ils vueillent vous destourner de cet exercice, qui ne leur apportera aucune in-commodité: sinon qu'ils fussent d'un esprit extres-mement coquilleux et desraisonnable: en ce cas comme j'ay dit à l'adventure, que vostre directeur voudra que vous usiez de condescendence.

Il faut que je die ce mot pour les gens mariez : Dieu troùvoit mauvais en l'ancienne loy, que les creanciers fissent exaction de ce qu'on leur devoit ès jours des festes : mais il ne trouva jamais mauvais que les debiteurs payassent et rendissent leurs devoirs à ceux qui les exigeoient. C'est chose indecente, bien que non pas grand peché, de solliciter le payement du devoir nuptial, le jour que l'on s'est communié : mais ce n'est pas chose mal-seante, ains plustost meritoire de le payer. C'est pourquoy pour la reddition de ce devoir-là, aucun ne doit estre privé de la communion, si d'ailleurs sa devotion le provoque à la desirer. Certes, en la primitive Eglise, les chrestiens communioient tous les jours, quoy qu'ils fussent mariez, et benis de la generation des enfans. C'est pourquoy j'ay dit : que la frequente communion ne donnoit nulle sorte d'incommodité, ny aux peres, ny aux femmes, ny aux maris, pourveu que l'ame qui communie soit prudente et discrete. Quant aux maladies corporelles, il n'y en a point, qui soit empeschement legitime à cette saincte participation, si ce n'est celle qui provoqueroit frequemment au vomissement.

Pour communier tous les huict jours, il est requis de n'avoir ny peché mortel, ny aucune affection au peché veniel, et d'avoir un grand desir de se communier : mais pour communier tous les jours, il faut outre cela avoir surmonté la pluspart des mauvaises inclinations, et que ce soit par advis du Pere spirituel.

## CHAPITRE XXI.

### Comme il faut communier.

Commencez le soir precedent à vous preparer à la saincte communion, par plusieurs aspirations, et eslancemens d'amour, vous retirant un peu de meilleure heure, afin de vous pouvoir aussi lever plus matin : que si la nuict vous vous reveillez, remplissez soudain vostre cœur et vostre bouche de quelques paroles odorantes, par le moyen desquelles vostre ame soit parfumée pour recevoir l'Espoux, lequel veillant pendant que vous dormez, se prepare à vous apporter mille graces et faveurs, si de vostre part vous estes disposée à les recevoir. Le matin levez-vous avec grande joye, pour le bonheur que vous esperez : et vous estant confessée, allez avec grande confiance, mais aussi avec grande humilité prendre ceste viande celeste, qui vous nourrit à l'immortalité. Et apres que vous aurez dit les paroles sacrées « Seigneur je ne suis pas digne » ne remuez plus vostre teste ny vos levres, soit pour prier, soit pour souspirer, mais ouvrant doucement et mediocrement vostre bouche, et eslevant vostre teste autant qu'il faut pour donner commodité au prestre de voir ce qu'il fait, recevez pleine de foy, d'esperance, et de charité, celuy lequel, auquel, par lequel, et pour lequel vous croyez, esperez et aymez. O Philotée, imaginez-vous que comme l'abeille, ayant recueilly sur les fleurs la rosée du ciel, et le suc plus exquis de la terre, et l'ayant reduit en miel, le porte dans sa ruche; ainsi le prestre, ayant pris sur l'autel le Sauveur du monde, vray fils de Dieu, qui comme une rosée est descendu du ciel, et vray Fils de la Vierge, qui comme fleur, est sorty de la terre de nostre humanité, il le met en viande de suavité dedans vostre bouche, et dedans vostre corps. L'ayant receu, excitez vostre cœur à venir faire hommage à ce Roy de salut, traictez avec luy de vos affaires interieures, considerez-le dedans vous, où il s'est mis pour vostre bon-heur. Enfin faictes-luy tout l'accueil qu'il vous sera possible, et comportez-vous en sorte que l'on cognoisse en toutes vos actions, que Dieu est avec vous.

Mais quand vous ne pourrez pas avoir ce bien, de communier reellement à la saincte messe, communiez au moins de cœur, et d'esprit, vous unissant par un ardent desir à cette chair vivifiante du Sauveur.

Vostre grande intention en la communion doit estre de vous advancer, fortifier, et consoler en l'amour de Dieu : car vous devez recevoir pour l'amour, ce que le seul amour vous fait donner. Non, le Sauveur ne peut estre consideré en une action, ny plus amoureuse, ny plus tendre que celle-cy, en laquelle il s'aneantit par maniere de dire, et se reduit en viande, afin de penetrer nos ames, et s'unir intimement au cœur et au corps de ses fidelles.

Si les mondains vous demandent pourquoy vous

communiez si souvent, dites-leur, que c'est pour apprendre à aymer Dieu; pour vous purifier de vos imperfections; pour vous delivrer de vos miseres; pour vous consoler en vos afflictions; pour vous appuyer en vos foiblesses. Dites-leur que deux sortes de gens doivent souvent communier; les parfaits, parce qu'estant bien disposez, ils auroient grand tort de ne point s'approcher de la source et fontaine de perfection; et les imparfaicts, afin de pouvoir justement pretendre à la perfection. Les forts afin qu'ils ne deviennent foibles, et les foibles afin qu'ils deviennent forts : les malades afin d'estre gueris, les sains afin qu'ils ne tombent en maladie : et que pour vous, comme imparfaicte, foible et malade, vous avez besoin de souvent communiquer avec vostre perfection, vostre force et vostre medecin. Dites-leur que ceux qui n'ont pas beaucoup d'affaires mondaines, doivent souvent communier, parce qu'ils en ont la commodité, et ceux qui ont beaucoup d'affaires mondaines, parce qu'ils en ont necessité, et que celuy qui travaille beaucoup, et qui est chargé de peines, doit aussi manger les viandes solides, et souventesfois. Dites-leur que vous recevez le sainct Sacrement pour apprendre à le bien recevoir : pour ce que l'on ne fait gueres bien une action, à laquelle on ne s'exerce pas souvent.

Communiez souvent, Philotée, et le plus souvent que vous pourrez, avec l'advis de vostre Pere spirituel; et croyez-moy : les lievres deviennent blancs

parmy nos montagnes en hyver : parce qu'ils ne
voyent ny mangent que la neige ; et à force d'adorer et manger la beauté, la bonté, et la pureté mesme
en ce divin sacrement, vous deviendrez toute belle,
toute bonne, et toute pure.

# TROISIESME PARTIE,

Contenant plusieurs advis touchant l'exercice des vertus,

---

## CHAPITRE PREMIER.

### Du choix que l'on doit faire, quant à l'exercice des vertus.

Le roy des abeilles ne se met point aux champs
qu'il ne soit environné de tout son petit peuple ; et
la charité n'entre jamais dans un cœur, qu'elle ny
loge avec soy tout le train des autres vertus, les exerçant et mettant en besogne, ainsi qu'un capitaine
fait ses soldats ; mais elle ne les met pas en œuvre,
ny tout à coup, ny egalement, ny en tout temps,
ny en tous lieux. Le juste est comme l'arbre qui est
planté sur le cours des eaux, qui porte son fruict en
son temps, parce que la charité arrousant une ame,
produit en elle les œuvres vertueuses chascun en sa
saison. « La musique tant agreable de soy-mesme,
« est importune en un dueil », dit le proverbe. C'est
un grand defaut en plusieurs, qui entreprenant
l'exercice de quelque vertu particuliere, s'opinias-
trent d'en produire des actions en toutes sortes de
rencontres, et veulent comme ces anciens philosophes, ou tousjours pleurer, ou tousjours rire, et
font encore pis, quand ils blasment et censurent
ceux, qui comme eux, n'exercent pas tousjours ces

mesmes vertus. Il se faut resjouyr avec les joyeux,
et pleurer avec les pleurans, dit l'apostre, et la charité est patiente, benigne, liberale, prudente, con-
descendante.

Il y a neantmoins des vertus, lesquelles ont leur
usage presque universel, et qui ne doivent pas seulement faire leurs actions à part, ains doivent encore respandre leurs qualitez ès actions de toutes les
autres vertus. Il ne se presente pas souvent des occasions de practiquer la force, la magnanimité, la
magnificence. Mais la douceur, la temperance,
l'honnesteté, et l'humilité sont des certaines vertus,
desquelles toutes les actions de nostre vie doivent
estre teintes. Il y a des vertus plus excellentes qu'elles : l'usage neantmoins de celles-cy est plus requis.
Le sucre est plus excellent que le sel, mais le sel a
un usage plus frequent et plus general. C'est pourquoy il faut tousjours avoir bonne et prompte pro-
vision de ces vertus generales, puis qu'il s'en faut
servir presque ordinairement.

Entre les exercices des vertus nous devons preferer celuy qui est plus conforme à nostre devoir, et
non pas celuy qui est plus conforme à nostre goust.
C'estoit le goust de S^te Paule, d'exercer l'aspreté
des mortifications corporelles, pour jouyr plus aisement des douceurs spirituelles; mais elle avoit plus
de devoir à l'obeyssance de ses superieurs. C'est
pourquoy S. Hierosme advouë qu'elle estoit reprehensible, en ce que contre l'advis de son evesque, elle faisoit des abstinences immoderées. Les

apostres, au contraire, commis pour prescher l'E-
vangile, et distribuer le pain celeste aux ames, ju-
gerent extremement bien, qu'ils eussent eu tort de
s'incommoder en ce sainct exercice pour practiquer
la vertu du soin des pauvres, quoy que tres-excel-
lente. Chaque vacation a besoin de practiquer quelque speciale vertu : autres sont les vertus d'un prelat, autres celles d'un prince, autres celles d'un
soldat : autres celles d'une femme mariée, autres
celles d'une vefve : et bien que tous doivent avoir
toutes les vertus, tous neantmoins ne les doivent
pas egalement practiquer, mais un chascun se doit
particulierement adonner à celles qui sont requises
au genre de vie auquel il est appellé.

Entre les vertus qui ne regardent pas nostre devoir particulier, il faut preferer les plus excellentes,
et non pas les plus apparentes. Les cometes paroissent pour l'ordinaire plus grandes que les estoiles,
et tiennent beaucoup plus de place à nos yeux : elles
ne sont pas neantmoins comparables, ny en grandeur, ny en qualité aux estoiles, et ne semblent
grandes, sinon parce qu'elles sont proches de nous,
et en un subjet plus grossier, au prix des estoiles. Il
y a de mesme certaines vertus, lesquelles pour estre
proches de nous, sensibles, et s'il faut ainsi dire,
materielles, sont grandement estimées et tousjours
preferées par le vulgaire : ainsi prefere-t'il communement l'aumosne temporelle à la spirituelle : sa
haire, le jeusne, la nudité, la discipline et les mortifications du corps, à la douceur, à la debonnaireté,

à la modestie, et autres mortifications du cœur, qui neantmoins sont bien plus excellentes. Choisissez donc, Philotée, les meilleures vertus, et non pas les plus estimées, les plus excellentes, et non pas les plus apparentes : les meilleures, et non pas les plus braves.

Il est utile qu'un chascun choisisse un exercice particulier de quelque vertu, non point pour abandonner les autres, mais pour tenir plus justement son esprit rangé et occupé. Une belle jeune fille plus reluisante que le soleil, ornée et parée royalement, et couronnée d'une couronne d'olives, apparut à S. Jean evesque d'Alexandrie, et luy dit : Je suis la fille aisnée du roy, si tu me peux avoir pour ton amie, je te conduiray devant sa face. Il cognut que c'estoit la misericorde envers les pauvres, que Dieu luy recommandoit : si que par apres il s'addonna tellement à l'exercice d'icelle, que pour cela il est par tout appellé S. Jean l'Aumósnier. Euloge Alexandrin desirant faire quelque service particulier à Dieu, et n'ayant pas assez de force, ny pour embrasser la vie solitaire, ny pour se ranger sous l'obeyssance d'un autre, retira chez soy un miserable, tout perdu et gasté de ladrerie, pour exercer en iceluy la charité et mortification. Ce que pour faire plus dignement, il fit vœu de l'honorer, traicter et servir, comme un valet feroit son maistre et seigneur. Or sur quelque tentation survenuë, tant au ladre qu'à Euloge de se quitter l'un l'autre, ils s'addresserent au grand S. Anthoine, qui leur dit : gardez bien, mes enfans, de vous separer l'un de l'autre, car estant tous deux proches de vostre fin, si l'ange ne vous trouve pas ensemble, vous courez grand peril de perdre vos couronnes.

Le roy S. Louys visitoit comme par un prix fait les hospitaux, et servoit les malades de ses propres mains. S. François aymoit sur tout la pauvreté, qu'il appelloit sa dame. S. Dominique la predication, de laquelle son ordre a prins le nom. S. Gregoire le grand se plaisoit à caresser les pelerins, à l'exemple du grand Abraham, et comme iceluy receut le Roy de gloire sous la forme d'un pelerin. Tobie s'exerçoit en la charité d'ensevelir les defuncts. S$^{te}$ Elizabeth toute grande princesse qu'elle estoit, aymoit sur tout l'abjection de soy-mesme. S$^{te}$ Catherine de Genes estant devenuë vefve, se dedia au service de l'hospital. Cassian raconte qu'une devote damoiselle desireuse d'estre exercée en la vertu de patience, recourut à S. Athanase, lequel à sa requeste mit avec elle une pauvre vefve, chagrine, colere, fascheuse, et insupportable, laquelle gourmandant perpetuellement cette devote fille, luy donna bon subjet de practiquer dignement la douceur et condescendance. Ainsi entre les serviteurs de Dieu, les uns s'addonnent à servir les malades, les autres à secourir les pauvres, les autres à procurer l'advancement de la doctrine chrestienne entre les petits enfans, les autres à ramasser les ames perduës et egarées : les autres à parer les eglises et orner les autels, et les autres à moyenner la paix et concorde entre les hommes. En quoy ils imitent les brodeurs, qui sur divers fonds, couchent en belle varieté les soyes, l'or et l'argent, pour en faire toutes sortes de fleurs : car ainsi ces ames pieuses qui entreprennent quelque particulier exercice de devotion, se servent d'iceluy comme d'un fonds pour leur broderie spirituelle, sur lequel elles practiquent la varieté de toutes les autres vertus : tenant en cette sorte leurs actions et affections mieux unies et rangées par le rapport qu'elles en font à leur exercice principal, et font ainsi paroistre leur esprit.

> En son beau vestement de drap d'or recamé,
> Et d'ouvrages divers à l'esguille semé.

Quand nous sommes combattus de quelque vice, il faut tant qu'il nous est possible, embrasser la practique de la vertu contraire; rapportant les autres à icelle : car par ce moyen nous vaincrons nostre ennemy, et ne laisserons pas de nous advancer en toutes les vertus. Si je suis combatu par l'orgueil, ou par la colere, il faut qu'en toute chose je me panche et plie du costé de l'humilité et de la douceur, et qu'à cela je fasse servir les autres exercices de l'oraison, des sacremens, de la prudence, de la constance, de la sobrieté. Car comme les sangliers pour aiguiser leurs deffenses, les frottent et fourbissent avec leurs autres dents, lesquelles reciproquement en demeurent toutes fort affilées et trenchantes : ainsi l'homme vertueux ayant entrepris de se perfectionner en la vertu, de laquelle il a plus de besoin pour sa deffense, il la doit limer et affiler par l'exercice des autres vertus, lesquelles en affinant celle-là, en deviennent toutes plus excellentes et mieux polies. Comme il advint à Job, qui s'exerçant particulierement en la patience contre tant de tentations, desquelles il fut agité, devint parfaictement sainct et vertueux en toutes sortes de vertus. Ainsi il est arrivé, comme dit S. Gregoire Nazianzene, que par une seule action de quelque vertu et parfaictement exercée une personne a atteint au comble des vertus, alleguant Rahab, laquelle ayant exactement practiqué l'office d'hospitalité, parvint à une gloire supreme, mais cela s'entend quand telle action se fait excellemment avec grande ferveur et charité.

## CHAPITRE II.

### Suite du mesme discours du choix des vertus.

S. Augustin dit excellemment, que ceux qui commencent en la devotion, commettent certaines fautes, lesquelles sont blasmables selon la rigueur des loix de la perfection, et sont neantmoins loüables pour le bon presage qu'elles donnent d'une future excellence de pieté, à laquelle mesme elles servent de disposition. Ceste basse et grossiere crainte, qui engendre les scrupules excessifs, ès ames de ceux qui sortent nouvellement du train des pechez, est une vertu recommandable en ce commencement, et presage certain d'une future pureté de conscience : mais cette mesme crainte seroit blasmable en ceux qui sont fort advancez, dedans le cœur desquels doit regner l'amour, qui petit à petit chasse cette sorte de crainte servile.

S. Bernard en ses commencemens estoit plein de rigueur et d'aspreté envers ceux qui se rangeoient souz sa conduite, ausquels il annonçoit d'abord qu'il falloit quitter le corps, et venir à luy avec le seul esprit. Oyant leurs confessions, il detestoit avec une severité extraordinaire toutes sortes de defauts, pour petits qu'ils fussent, et sollicitoit tellement ces pauvres apprentifs à la perfection, qu'à force de les y pousser, il les en retiroit : car ils perdoient cœur et haleine de se voir si instamment pressez en une montée si droicte et relevée. Voyez-vous, Philotée, c'estoit le zele tres-ardent d'une parfaicte pureté, qui provoquoit ce grand sainct à cette sorte de methode, et ce zele estoit une grande vertu : mais vertu neantmoins qui ne laissoit pas d'estre reprehensible. Aussi Dieu mesme par une sacrée apparition l'en corrigea, respandant en son ame un esprit doux, suave, aimable et tendre, par le moyen duquel s'estant rendu tout autre, il s'accusa grandement d'avoir esté si exact et severe, et devint tellement gracieux et condescendant avec un chacun, qu'il se fit tout à tous pour les gagner tous. S. Hierosme ayant raconté que S^te Paule sa chere fille, estoit non seulement excessive, mais opiniastre en l'exercice des mortifications corporelles, jusques à ne vouloir point ceder à l'advis contraire, que S. Epiphane son evesque luy avoit donné pour ce regard, et qu'outre cela, elle se laissoit tellement emporter au regret de la mort des siens, que tousjours elle en estoit en danger de mourir : enfin il conclud en cette sorte : On dira qu'au lieu d'escrire des loüanges pour cette saincte, j'en escris des blasmes, et vituperes : j'atteste Jesus auquel elle a servy, et auquel je desire servir, que je ne ments ny d'un costé, ny d'autre, ains produits naïfvement ce qui est d'elle, comme chrestien d'une chrestienne ; c'est à dire, j'en escris l'histoire, non pas un panegirique, et que ses vices sont les vertus des autres. Il veut dire que les deschets et defauts de S^te Paule eussent tenu lieu de vertu en une ame moins parfaicte : comme à la verité il y a des actions qui sont estimées imperfections en ceux qui sont parfaits, lesquelles seroient neantmoins tenuës pour grandes perfections, en ceux qui sont imparfaits. C'est bon signe en un malade, quand au sortir de sa maladie les jambes luy enflent, car cela denote que la nature desja renforcée, rejette les humeurs superfluës ; mais ce mesme signe seroit mauvais en celuy qui ne seroit pas malade, car il feroit cognoistre que la nature n'a pas assez de force pour dissiper et resoudre les humeurs. Ma Philotée, il faut avoir bonne opinion de ceux esquels nous voyons la practique des vertus, quoy qu'avec imperfection, puis que les Saincts mesmes les ont souvent practiquez en cette sorte. Mais quant à nous, il nous faut avoir soin de nous y exercer, non seulement fidellement, mais prudemment : et à cet effet observer estroitement l'advis du sage, de ne point nous ap-

puyer sur nostre propre prudence, ains sur celle de
ceux que Dieu nous a donnez pour conducteurs.

Il y a certaines choses que plusieurs estiment
vertus, et qui ne le sont aucunement, desquelles il
faut que je vous die un mot : ce sont les extases, ou
ravissemens, les insensibilitez, impassibilitez, unions
deïfiques, élevations, transformations, et autres telles
perfections, desquelles certains livres traictent : qui
promettent d'eslever l'ame jusqu'à la contemplation
purement intellectuelle, à l'application essentielle
de l'esprit, et vie supereminente. Voyez-vous, Philotée, ces perfections ne sont pas vertus, ce sont plustost des recompenses que Dieu donne pour les vertus,
ou bien encore plustost des eschantillons des felicitez
de la vie future, qui quelquefois sont presentez aux
hommes, pour leur faire desirer les pieces toutes entieres, qui sont là haut en paradis. Mais pour tout cela
il ne faut pas pretendre à telles graces, puis qu'elles ne
sont nullement necessaires pour bien servir et aymer
Dieu, qui doit estre nostre unique pretention : aussi
bien souvent ne sont-ce pas des graces qui puissent
estre acquises par le travail et industrie, puis que ce
sont plustost des passions que des actions, lesquelles
nous pouvons recevoir, mais non pas faire en nous.
J'adjouste que nous n'avons pas entrepris de nous
rendre sinon gens de bien, gens de devotion, hommes pieux, femmes pieuses : c'est pourquoy il
nous faut bien employer à cela : que s'il plaist à
Dieu de nous eslever jusques à ces perfections an-

geliques, nous serons aussi des bons anges : mais
en attendant, exerçons nous simplement, humblement, et devotement aux petites vertus, la con-
queste desquelles Nostre-Seigneur a exposée à nostre
soin et travail, comme la patience, la debonnaireté,
la mortification de cœur, l'humilité, l'obeissance,
la pauvreté, la chasteté, la tendreté envers le prochain, le support de ses imperfections, la diligence
et saincte ferveur. Laissons volontiers les sur-esmi-
nences aux ames sur-eslevées, nous ne meritons pas
un rang si haut au service de Dieu; trop heureux
serons-nous de le servir en sa cuisine, en sa pane-
terie, d'estre des lacquais, des porte-fais, garçons
de chambres : c'est à luy par-apres, si bon luy semble, de nous retirer en son cabinet et conseil privé.
Ouy Philotée, car ce Roy de gloire ne recompense
pas ses serviteurs selon la dignité des offices qu'ils
exercent, mais selon l'amour et l'humilité avec laquelle ils les exercent. Saül cherchant les asnes de
son pere, trouva le royaume d'Israël : Rebecca ab-
breuvant les chameaux d'Abraham, devint espouse
de son fils : Ruth glanant apres les moissonneurs
de Boos, et se couchant à ses pieds, fut tirée à son
costé, et renduë son espouse. Certes les pretentions
si hautes et eslevées des choses extraordinaires sont
grandement subjectes aux illusions, tromperies et
faussetez : et arrive quelquefois que ceux qui pensent estre des anges, ne sont pas seulement bons
hommes, et qu'en leur fait il y a plus de grandeur
ès paroles et termes dont ils usent, qu'au sentiment

et en l'œuvre : il ne faut pourtant rien mespriser ny censurer temerairement : mais en benissant Dieu de la sur-esminence des autres, arrestons-nous humblement en nostre voye plus basse, mais plus asseurée, moins excellente, mais plus sortable à nostre insuffisance et petitesse, en laquelle si nous conversons humblement et fidellement, Dieu nous eslevera à des grandeurs bien grandes.

## CHAPITRE III.

### De la patience.

« Vous avez besoin de patience, afin que faisant « la volonté de Dieu, vous en rapportiez la pro-« messe ; » dit l'apostre : ouy, car comme avoit prononcé le Sauveur, « En vostre patience vous pos-« sederez vos ames. » C'est le grand bon-heur de l'homme, Philotée, que de posseder son ame, et à mesure que la patience est plus parfaicte, nous possedons plus parfaitement nos ames. Ressouvenez-vous souvent que Nostre-Seigneur nous a sauvez en souffrant et endurant, et que de mesme nous devons faire nostre salut par les souffrances et afflictions, endurant les injures, contradictions et desplaisirs avec le plus de douceur qu'il nous sera possible.

Ne bornez point vostre patience à telle ou telle sorte d'injures et d'afflictions, mais estendez-la universellement à toutes celles que Dieu vous envoyera et permettra vous arriver. Il y en a qui ne veulent souffrir sinon les tribulations qui sont honorables, comme par exemple d'estre blessez à la guerre, d'estre prisonnier de guerre, d'estre mal traictez pour la religion, de s'estre appauvris par quelque querelle en laquelle ils soient demeurez maistres : et ceux-cy n'ayment pas la tribulation, mais l'honneur qu'elle apporte. Le vray patient et serviteur de Dieu, supporte esgalement les tribulations conjointes à l'ignominie, et celles qui sont honorables : d'estre mesprisé, reprins et accusé par les meschans, ce n'est que douceur à un homme de courage : mais d'estre reprins, accusé et mal-traicté par les gens de biens, par les amis, par les parens, c'est là où il y va du bon. J'estime plus la douceur, avec laquelle le grand S. Charles Boromée souffrit longuement les reprehensions publiques, qu'un grand predicateur d'un ordre extremement reformé faisoit contre luy en chaire, que toutes les attaques qu'il receut des autres. Car tout ainsi que les picqueures des abeilles sont plus cuisantes que celles des mouches : ainsi le mal que l'on reçoit des gens de bien, et les contradictions qu'ils font, sont bien plus insupportables que les autres : et cela neantmoins arrive fort souvent, que deux hommes de bien ayant tous deux bonne intention sur la diversité de leurs opinions, se font de grandes persecutions et contradictions l'un à l'autre.

Soyez patiente, non seulement pour le gros et principal des afflictions qui vous surviendront : mais encore pour les accessoires et accidens qui en dependront. Plusieurs voudroient bien avoir du mal,

pourveu qu'ils n'en fussent point incommodez. Je
ne me fasche point, dit l'un d'estre devenu pauvre,
si ce n'estoit que cela m'empeschera de servir mes
amis et elever mes enfans et vivre honorablement,
comme je desirerois. Et l'autre dira, je ne m'en sou-
cierois point, si ce n'estoit que le monde pensera, que
cela me soit arrivé par ma faute. L'autre seroit tout
aise que l'on mesdist de luy, et le souffriroit fort patiemment, pourveu que personne ne creust le mesdi-
sant. Il y a d'autres, qui veulent bien avoir quelque
incommodité du mal, ce leur semble, mais non pas
l'avoir toute, ils ne s'impatientent pas, disent-ils,
d'estre malades, mais de ce qu'ils n'ont pas d'argent
pour se faire penser, ou bien de ce que ceux qui
sont autour d'eux en sont importunez. Or je dis,
Philotée, qu'il faut avoir Patience, non-seulement
d'estre malade, mais de l'estre de la maladie que Dieu
veut, au lieu où il veut, et entre les personnes qu'il
veut, et avec les incommoditez qu'il veut, et ainsi
des autres tribulations. Quand il vous arrivera du
mal, opposez à iceluy les remedes qui seront pos-
sibles, et selon Dieu : car de faire autrement, ce seroit tenter sa divine Majesté ; mais aussi cela estant
fait, attendez avec une entiere resignation l'effet que
Dieu aggreera. S'il luy plaist que les remedes vain-
quent le mal, vous le remercierez avec humilité :
mais s'il luy plaist que le mal surmonte les remedes,
benissez-le avec patience.

Je suis l'advis de S. Gregoire : Quand vous serez
accusée justement pour quelque faute que vous au-

ȓez commise, humiliez-vous bien fort, confessez
que vous meritez l'accusation qui est faite contre
vous. Que si l'accusation est fausse, excusez-vous
doucement, niant d'estre coulpable : car vous devez
cette reverence à la verité, et à l'edification du prochain : mais aussi si apres vostre veritable et legitime excuse, on continuë à vous accuser, ne vous
troublez nullement, et ne taschez point à faire recevoir vostre excuse : car apres avoir rendu vostre
devoir à la verité : vous devez le rendre aussi à l'humilité. Et en cette sorte vous n'offenserez, ny le
soin que vous devez avoir de vostre renommée, ny
l'affection que vous devez à la tranquillité, douceur
de cœur et humilité.

Plaignez-vous le moins que vous pourrez des torts
qui vous seront faicts; car c'est chose certaine, que
pour l'ordinaire, qui se plaint, peche, d'autant que
l'amour propre nous fait tousjours ressentir les injures plus grandes qu'elles ne sont : mais sur tout
ne faictes point vos plaintes à des personnes aysées
à s'indigner et mal penser. Que s'il est expedient de
vous plaindre à quelqu'un, ou pour remedier à
l'offense, ou pour accoiser vostre esprit, il faut que
ce soit à des ames tranquilles, et qui aiment bien
Dieu : car autrement, au lieu d'alleger vostre cœur,
elles le provoqueroient à de plus grandes inquietudes : au lieu d'oster l'espine qui vous pique, elles
la ficheront plus avant en vostre pied.

Plusieurs estant malades, affligez et offensez de
quelqu'un, s'empeschent bien de se plaindre, et

monstrer de la delicatesse. Car cela à leur advis (et il est vray) tesmoigneroit esvidemment une grande defaillance de force, et de generosité : mais ils desirent extremement, et par plusieurs artifices recherchent que chascun les plaigne, qu'on ait grand compassion d'eux, et qu'on les estime non-seulement affligez, mais patiens et courageux. Or cela est vrayement une patience, mais une patience fausse, qui en effet n'est autre chose qu'une tres-delicate et tres-fine ambition et vanité : « Ils ont de la « gloire, dit l'apostre, mais non pas envers Dieu. » Le vray patient ne se plaint point de son mal, ny ne desire qu'on le plaigne, il en parle naïfvement, veritablement et simplement sans se lamenter, sans se plaindre, sans l'aggrandir : que si on le plaint, il souffre patiemment que l'on le plaigne, sinon qu'on le plaigne de quelque mal qu'il n'a pas. Car alors il declare modestement qu'il n'a point ce mal-là, et demeure en cette sorte paisible entre la verité et la patience, contenant son mal, et ne s'en plaignant point.

Ès contradictions qui vous arriveront en l'exercice de la devotion (car cela ne manquera pas) ressouvenez-vous de la parole de Nostre-Seigneur : « La « femme tandis qu'elle enfante, a des grandes an- « goisses, mais voyant son enfant nay, elle les ou- « blie, d'autant qu'un homme luy est nay au monde » : car vous avez conceu en vostre ame le plus digne enfant du monde, qui est Jesus-Christ : avant qu'il soit produit, et enfanté du tout, il ne se peut que vous ne vous ressentiez du travail : mais ayez bon courage : car ces douleurs passées, la joye eternelle vous demeurera d'avoir enfanté un tel homme au monde. Or il sera entierement enfanté pour vous, lors que vous l'aurez entierement formé en vostre cœur, et en vos œuvres par imitation de sa vie.

Quand vous serez malade, offrez toutes vos douleurs, peines et langueurs au service de Nostre-Seigneur, et le suppliez de les joindre aux tourmens qu'il a receus pour vous. Obeissez au medecin, prenez les medecines, viandes et autres remedes pour l'amour de Dieu, vous ressouvenant du fiel qu'il print pour l'amour de nous : desirez de guerir, pour luy rendre service : ne refusez point de languir pour luy obeïr : et disposez-vous à mourir, si ainsi il luy plaist, pour le loüer et jouyr de luy. Ressouvenez-vous que les abeilles au temps qu'elles font le miel, vivent et mangent d'une munition fort amere, et qu'ainsi nous ne pouvons jamais faire des actes de plus grande douceur et patience, ny mieux composer le miel des excellentes vertus, que tandis que nous mangeons le pain d'amertume, et vivons parmy les angoisses. Et comme le miel qui est fait des fleurs de thym, herbe petite et amere, est le meilleur de tous : ainsi la vertu qui s'exerce en l'amertume des plus villes, basses et abjectes tribulations, est la plus excellente de toutes.

Voyez souvent de vos yeux interieurs Jesus-Christ crucifié, nud, blasphemé, calomnié, abandonné, et enfin accablé de toutes sortes d'ennuis, de tris-

tesse, et de travaux, et considerez que toutes vos
souffrances, ny en qualité, ny en quantité, ne sont
aucunement comparables aux siennes, et que jamais vous ne souffrirez rien pour luy, au prix de ce
qu'il a souffert pour vous.

Considerez les peines que les martyrs souffrirent
jadis, et celles que tant de personnes endurent plus
griefves sans aucune proportion, que celles esquelles vous estes, et dites : Helas! mes travaux sont des
consolations, et mes peines des roses, en comparaison de ceux qui, sans secours, sans assistance, sans
allegement, vivent en une mort continuelle, accablez d'afflictions infiniment plus grandes.

## CHAPITRE IV.
### De l'humilité pour l'exterieur.

« Empruntez, dit Elisée à une pauvre vefve, et
« prenez force vaisseaux vuides, et versez l'huile en
« iceux. » Pour recevoir la grace de Dieu en nos
cœurs, il les faut avoir vuides de nostre propre
gloire. La cresserelle criant et regardant les oyseaux de proye, les espouvente par une proprieté et
vertu secrette : c'est pourquoy les colombes l'ayment
sur tous les autres oyseaux, et vivent en asseurance
aupres d'icelle : ainsi l'humilité repousse Sathan, et
conserve en nous les graces, et dons du Sainct-
Esprit, et pour cela tous les Saincts, mais particulierement le Roy des Saincts, et sa Mere, ont tousjours honoré et chery cette digne vertu plus qu'aucune autre entre toutes les morales.

Nous appellons vaine la gloire qu'on se donne, ou pource qui n'est pas en nous, ou pour ce qui est en nous, mais non pas à nous; ou pour ce qui est en nous, et à nous, mais qui ne merite pas qu'on s'en glorifie. La noblesse de la race, la faveur des grands, l'honneur populaire : ce sont choses qui ne sont pas en nous, mais ou en nos predecesseurs, ou en l'estime d'autruy. Il y en a qui se rendent fiers et morgans, pour estre sur un bon cheval, pour avoir un pannache en leur chappeau, pour estre habillez somptueusement : mais qui ne voit cette folie? Car s'il y a de la gloire pour cela, elle est pour le cheval, pour l'oyseau, et pour le tailleur. Et quelle lascheté de courage est-ce d'emprunter son estime d'un cheval, d'une plume, d'un goderon? les autres se prisent et regardent pour des moustaches relevées, pour une barbe bien peignée, pour des cheveux crespez, pour des mains doüillettes, pour sçavoir dancer, joüer, chanter : mais ne sont-ils pas lasches de courage, de vouloir encherir leur valeur : et donner du surcroist à leur reputation par des choses si frivoles et folastres? Les autres pour un peu de science veulent estre honorez et respectez du monde : comme si chascun devoit aller à l'escole chez eux, et les tenir pour maistres : c'est pourquoy on les appelle pedans. Les autres se pavonnent sur la consideration de leur beauté, et croyent que tout le monde les muguette : tout cela est extrememement vain, sot et impertinent : et la gloire qu'on prend de si foibles subjets, s'appelle vaine, sotte et frivole.

On cognoist le vray bien comme le vray baume : on fait l'essay du baume en le distillant dedans l'eau, car s'il va au fond, et qu'il prenne le dessous, il est jugé pour estre du plus fin et precieux : ainsi pour cognoistre si un homme est vrayement sage, sçavant, genereux, noble, il faut voir si ses biens tendent à l'humilité, modestie et soubmission : car alors ce seront des vrais biens : mais s'ils surnagent et qu'ils vueillent paroistre, ce seront des biens d'autant moins veritables qu'ils seront plus apparens. Les perles qui sont conçeuës ou nourries au vent et au bruit des tonnerres, n'ont que l'escorce de perle, et sont vuides de substance, et ainsi les vertus et belles qualitez des hommes qui sont receuës et nourries en l'orgueil, en la ventance et en la vanité, n'ont qu'une simple apparence du bien, sans suc, sans moüelle, et sans solidité.

Les honneurs, les rangs, les dignitez, sont comme le saffran, qui se porte mieux et vient plus abondamment d'estre foulé aux pieds. Ce n'est plus honneur d'estre beau quand on s'en regarde ; la beauté pour avoir bonne grace doit estre negligée : la science nous des-honore quand elle nous enfle, et qu'elle degenere en pedanterie.

Si nous sommes poinctilleux pour les rangs, pour les seances, pour les tiltres, outre que nous exposons nos qualitez à l'examen, à l'enqueste et à la contradiction, nous les rendons viles et abjectes : car l'honneur qui est beau estant receu en don, devient vilain quand il est exigé, recherché et demandé.

Quand le paon fait sa roüe pour se voir, en levant
ses belles plumes, il se herisse tout le reste, et monstre de part et d'autre ce qu'il a d'infame : les fleurs
qui sont belles plantées en terre, flestrissent estant
maniées. Et comme ceux qui odorent la mandragore
de loin, et en passant, reçoivent beaucoup de suavité : mais ceux qui la sentent de pres et longuement, en deviennent assoupis et malades : ainsi les
honneurs rendent une douce consolation à celuy
qui les odore de loin et legerement sans s'y amuser,
ou s'en empresser : mais à qui s'y affectionne et s'en
repaist, ils sont extremement blasmables et vituperables.

La poursuitte et amour de la vertu commence à
nous rendre vertueux : mais la poursuitte et amour
des honneurs commence à nous rendre mesprisables et vituperables. Les esprits bien nays ne s'amusent pas à ees menus fatras de rang, d'honneur, de
salutations, ils ont d'autres choses à faire : c'est le
propre des esprits faineants. Qui peut avoir des perles, ne se charge pas des coquilles, et ceux qui pretendent à la vertu, ne s'empressent point pour les
honneurs. Certes, chascun peut entrer en son rang,
s'y tenir sans violer l'humilité, pourveu que cela se
fasse negligemment et sans contention. Car comme
ceux qui viennent du Peru, outre l'or et l'argent
qu'ils en tirent, apportent encore des singes et per-
roquets, parce qu'ils ne leur coustent gueres, et ne
chargent pas aussi beaucoup leur navire : ainsi ceux
qui pretendent à la vertu, ne laissent pas de pren-

dre leurs rangs et les honneurs qui leur sont deus, pourveu toutesfois que cela ne leur couste pas beaucoup de soin et d'attention, et que ce soit sans estre chargez de trouble, d'inquietudes, de disputes et contentions. Je ne parle neantmoins pas de ceux desquels la dignité regarde le public, ny de certaines occasions particulieres qui tirent une grande consequence : car en cela il faut que chascun conserve ce qui luy appartient avec une prudence et discretion qui soit accompagnée de charité et courtoisie.

## CHAPITRE V.

### De l'humilité plus interieure.

Mais vous desirez, Philotée, que je vous conduise plus avant en l'humilité : car à faire, comme j'ay dit, c'est quasi plustost sagesse, qu'humilité, maintenant doncques je passe outre. Plusieurs ne veulent n'y n'osent penser et considerer les graces que Dieu leur a fait en particulier, de peur de prendre de la vaine gloire, et complaisance, en quoy certes ils se trompent. Car puisque comme dit le grand docteur angelique, le vray moyen d'atteindre à l'amour de Dieu, c'est la consideration de ses bien-faits, plus nous les cognoistrons, plus nous l'aimerons, et comme les benefices particuliers esmeuvent plus puissamment que les communs, aussi doivent-ils estre considerez plus attentivement. Certes, rien ne nous peut tant humilier devant la misericorde de Dieu, que la multitude de ses bien-faicts; ny rien

tant humilier devant sa justice, que la multitude de
nos mesfaits. Considerons ce qu'il a fait pour nous,
et ce que nous avons fait contre luy, et comme nous
considerons par le menu nos pechez, considerons
aussi par le menu ses graces. Il ne faut pas craindre,
que la cognoissance de ce qu'il a mis en nous, nous
enfle, pourveu que nous soyons attentifs à cette verité, que ce qui est de bon en nous, n'est pas de
nous. Helas ! les mulets laissent-ils d'estre lourdes et
puantes bestes, pour estre chargez des meubles precieux et parfumez du prince : « Qu'avons-nous de
« bon que nous n'ayons receu, et si nous l'avons
« receu, pourquoy nous en voulons nous enorgueil-
« lir ? » Au contraire la vive consideration des graces
receuës nous rend humbles : car la cognoissance
engendre la recognoissance. Mais si voyant les graces que Dieu nous a fait, quelque sorte de vanité
nous venoit chatoüiller, le remede infaillible sera de
recourir à la consideration de nos ingratitudes, de
nos imperfections, de nos miseres : si nous considerons ce que nous avons fait, quand Dieu n'a pas
esté avec nous, nous cognoistrons bien que ce que
nous faisons, quand il est avec nous, n'est pas de
nostre façon, ny de nostre cru; nous en joüyrons
voirement, et nous en resjoüyrons, parce que nous
l'avons : mais nous en glorifierons Dieu seul, parce
qu'il en est l'auteur.

Ainsi la S^te Vierge confesse que Dieu luy fait choses tres-grandes : mais ce n'est que pour s'en humilier et magnifier Dieu : « Mon ame, dit-elle, ma-

« gnifie le Seigneur, parce qu'il m'a fait choses
« grandes. »

Nous disons maintesfois que nous ne sommes rien,
que nous sommes la misere mesme, et l'ordure du
monde : mais nous serions bien marris qu'on nous
prist au mot, et que l'on nous publiast tels que nous
disons : au contraire nous faisons semblant de fuir et
de nous cacher, afin qu'on nous coure apres, et qu'on
nous cherche : nous faisons contenance de vouloir estre les derniers, et assis au bas bout de la table : mais
c'est afin de passer plus avantageusement au haut
bout. La vraye humilité ne fait pas semblant de
l'estre, et ne dit gueres de paroles d'humilité. Car
elle ne desire pas seulement de cacher les autres
vertus : mais encore et principalement elle souhaite de se cacher soy-mesme. Et s'il luy estoit loisible de mentir, de feindre, ou de scandaliser le
prochain : elle produiroit des actions d'arrogance et
de fierté, afin de se receler sous icelles, et y vivre du
tout inconnuë et à couvert. Voicy donc mon advis,
Philotée, ou ne disons point de paroles d'humilité,
ou disons-les avec un vray sentiment interieur, conforme à ce que nous prononçons exterieurement :
n'abaissons jamais les yeux qu'en humiliant nos
cœurs : ne faisons pas semblant de vouloir estre des
derniers, que de bon cœur nous ne voulussions l'estre. Or je tiens cette reigle si generale, que je n'y
apporte nulle exception, seulement j'adjouste que
la civilité requiert que nous presentions quelquesfois l'advantage à ceux qui manifestement ne le

11

prendront pas : et ce n'est pourtant pas ny duplicité ny fausse humilité : car alors le seul offre de l'advantage est un commencement d'honneur : et puis qu'on ne peut le leur donner entier, on ne fait pas mal de leur en donner le commencement. J'en dis de mesme de quelques paroles d'honneur ou de respect, qui à la rigueur ne semblent pas veritables : car elles le sont neantmoins assez, pourveu que le cœur de celuy qui les prononce, ait une vraye intention d'honorer et respecter celuy pour lequel il les dit : car encore que les mots signifient avec quelques excez ce que nous disons, nous ne faisons pas mal de les employer quand l'usage commun le requiert : il est vray qu'encore voudrois-je que les paroles fussent adjustées à nos affections, au plus pres qu'il nous seroit possible, pour suivre en tout et par tout la simplicité et candeur cordiale. L'homme vrayement humble aymeroit mieux qu'un autre dist de luy, qu'il est miserable, qu'il n'est rien, qu'il ne vaut rien, que non pas de le dire luy-mesme : au moins s'il sçait qu'on le die, il ne contredit point, mais acquiesce de bon cœur : car croyant fermement cela, il est bien-ayse qu'on suive son opinion. Plusieurs disent qu'ils laissent l'oraison mentale pour les parfaicts, et qu'eux ne sont pas dignes de la faire : les autres protestent qu'ils n'osent pas souvent communier, parce qu'ils ne se sentent pas assez purs ; les autres, qu'ils craignent de faire honte à la devotion, s'ils s'en meslent, à cause de leur grande misere et fragilité ; et les autres refusent d'employer leur talent au service de Dieu, et du prochain; parce, disent-ils, qu'ils cognoissent leur foiblesse, et qu'ils ont peur de s'enorgueillir, s'ils sont instrumens de quelque bien, et qu'en esclairant les autres, ils se consument. Tout cela n'est qu'artifice, et une sorte d'humilité, non seulement fausse, mais maligne, par laquelle on veut tacitement et subtilement blasmer les choses de Dieu, ou au fin moins couvrir d'un pretexte d'humilité, l'amour propre de son opinion, de son humeur, et de sa paresse.

« Demande à Dieu un signe au ciel d'en haut, ou « au profond de la mer en bas », dit le prophete au mal-heureux Achab; et il respondit: « Non, je ne le « demanderay point, et ne tenteray point le Sei- « gneur. » O le meschant, il fait semblant de porter grande reverence à Dieu, et sous couleur d'humilité s'excuse d'aspirer à la grace, de laquelle sa divine bonté luy fait semonce. Mais ne voit-il pas, que quand Dieu nous veut gratifier, c'est orgueil de refuser, que les dons de Dieu nous obligent à les recevoir, et que c'est humilité d'obeyr, et suivre au plus pres que nous pouvons ses desirs. Or le desir de Dieu est, que nous soyons parfaicts, nous unissant à luy, et l'imitant au plus pres que nous pouvons. Le superbe qui se fie en soy-mesme, a bien occasion de n'oser rien entreprendre; mais l'humble est d'autant plus courageux, qu'il se recognoist plus impuissant, et à mesure qu'il s'estime chetif, il devient plus hardy, parce qu'il a toute sa confiance en Dieu, qui se plaist à magnifier sa toute-puissance en nostre infirmité, et eslever sa misericorde sur nostre misere. Il faut doncques humblement et sainctement oser tout ce qui est jugé propre à nostre advancement par ceux qui conduisent nos ames.

Penser sçavoir ce qu'on ne sçait pas, c'est une sottise expresse; vouloir faire le sçavant, de ce qu'on cognoist bien que l'on ne sçait pas, c'est une vanité insupportable; pour moy je ne voudrois pas mesme faire le sçavant de ce que je sçaurois, comme au contraire je n'en voudrois non plus faire l'ignorance. Quand la charité le requiert, il faut communiquer rondement et doucement avec le prochain, non seulement ce qui luy est necessaire pour son instruction, mais aussi ce qui luy est utile pour sa consolation. Car l'humilité qui cache et couvre les vertus pour les conserver, les fait neantmoins paroistre quand la charité le commande pour les accroistre, aggrandir, et perfectionner. En quoy elle ressemble à cet arbre des isles de Tylos, lequel la nuict resserre et tient closes les belles fleurs incarnates, et ne les ouvre qu'au soleil levant, de sorte que les habitans du pays disent, que ces fleurs dorment de nuict : car ainsi l'humilité couvre et cache toutes nos vertus et perfections humaines, et ne les fait jamais paroistre que pour la charité, qui estant une vertu non point humaine, mais celeste, non point morale, mais divine, elle est le vray soleil des vertus ; sur lesquelles elle doit tousjours dominer :

si que les humilitez qui prejudicient à la charité, sont indubitablement fausses.

Je ne voudrois, ny faire du fol, ny faire du sage : car si l'humilité m'empesche de faire le sage, la simplicité et rondeur m'empescheront aussi de faire le fol : et si la vanité est contraire à l'humilité, l'artifice, l'affeterie et feintise est contraire à la rondeur et simplicité. Que si quelques grands serviteurs de Dieu ont fait semblant d'estre fols, pour se rendre plus abjects devant le monde, il les faut admirer, et non pas imiter. Car ils ont eu des motifs pour passer à cet excez qui leur ont esté si particuliers et extraordinaires, que personne n'en doit tirer aucune consequence pour soy. Et quant à David, il dansa et sauta un peu plus que l'ordinaire bien-seance ne requeroit devant l'arche de l'alliance : ce n'estoit pas qu'il voulust faire le fol, mais tout simplement et sans artifice, il faisoit ces mouvemens exterieurs, conformes à l'extraordinaire et demesurée allegresse qu'il sentoit en son cœur. Il est vray que quand Michol sa femme luy en fit reproche, comme d'une folie : il ne fut pas marry de se voir avily : ains perseverant en la nayfve et veritable representation de sa joye, il tesmoigne d'estre bien aise de recevoir un peu d'opprobre pour son Dieu. En suitte de quoy je vous diray, que si pour les actions d'une vraye et nayfve devotion on vous estime vile, abjecte ou folle, l'humilité vous fera resjouyr de ce bien-heureux opprobre, duquel la cause n'est pas en ceux qui le font.

## CHAPITRE VI.

Que l'humilité nous fait aimer nostre propre abjection.

Je passe plus avant, et vous dis, Philotée, qu'en tout et par-tout vous aimiez vostre propre abjection ; mais ce me direz-vous, que veut dire cela, aymez vostre propre abjection ? En latin abjection veut dire humilité, et humilité veut dire abjection, si que quand Nostre-Dame en son sacré cantique dit, que parce que Nostre-Seigneur a veu l'humilité de sa servante, toutes les generations la diront bien-heureuse, elle veut dire, que Nostre-Seigneur a regardé de bon cœur son abjection, vileté et bassesse pour la combler de graces et faveurs. Il y a neantmoins difference entre la vertu d'humilité et l'abjection : car l'abjection, c'est la petitesse, bassesse et vileté qui est en nous, sans que nous y pensions ; mais quant à la vertu d'humilité, c'est la veritable cognoissance, et volontaire recognoissance de nostre abjection. Or le haut poinct de cette humilité gist, à non seulement recognoistre volontairement nostre abjection ; mais l'aimer et s'y complaire, et non point par manquement de courage et generosité, mais pour exalter tant plus la divine Majesté, et estimer beaucoup plus le prochain en comparaison de nous-mesmes. Et c'est cela à quoy je vous exhorte, et que pour mieux entendre, sçachez qu'entre les maux que nous souffrons, les uns sont abjects, et les autres honorables : plusieurs s'accommodent aux honorables, mais presque nul ne veut s'accom-

moder aux abjects. Voyez un devocieux hermite
tout deschiré et plein de froid, chascun honore son
habit gasté avec compassion de sa souffrance : mais
si un pauvre artisan, un pauvre gentil-homme, une
pauvre damoiselle, en est de mesme, on l'en mesprise, on s'en mocque, et voilà comme sa pauvreté
est abjecte. Un religieux reçoit devotement une aspre censure de son superieur, ou un enfant de son
pere : chascun appellera cela mortification, obe-
dience, et sagesse ; un chevalier, et une dame en
souffrira de mesme de quelqu'un, et quoy que ce
soit pour l'amour de Dieu, chascun l'appellera coüardise et lascheté. Voilà donc encore un autre mal abject. Une personne a un chancre au bras, et l'autre
l'a au visage : celuy-là n'a que le mal, mais cestuy-
cy avec le mal, a le mespris, le desdain, et l'abjection. Or je dis maintenant, qu'il ne faut pas seulement aymer le mal, ce qui se fait par la vertu de la
patience ; mais il faut aussi cherir l'abjection, ce qui
se fait par la vertu de l'humilité. De plus, il y a des
vertus abjectes, et des vertus honorables, la patience, la douceur, la simplicité et l'humilité mesme,
sont des vertus que les mondains tiennent pour viles
et abjectes, au contraire ils estiment beaucoup la
prudence, la vaillance et la liberalité. Il y a encore
des actions d'une mesme vertu, dont les unes sont
mesprisées, et les autres honorées ; donner l'aumosne et pardonner les offences sont deux actions
de la charité : la premiere est honorée d'un chascun,
et l'autre mesprisée aux yeux du monde. Un jeune

gentil-homme, ou une jeune dame, qui ne s'aban-
donnera pas au desreglement d'une trouppe des-
bauchée à parler, joüer, danser, boire, vestir, sera
brocardé et censuré par les autres, et sa modestie
sera nommée, ou bigotterie, ou affeterie : aimer
cela, c'est aimer son abjection. En voicy d'une autre
sorte : nous allons visiter les malades : si on m'envoye au plus miserable, ce me sera une abjection
selon le monde ; c'est pourquoy je l'aimeray : si on
m'envoye à ceux de qualité, c'est une abjection selon l'esprit, car il n'y a pas tant de vertu ny de merite : j'aimeray donc cette abjection. Tombant emmy
la ruë, outre le mal, on en reçoit la honte, il faut
aimer cette abjection. Il y a mesme des fautes, esquelles il n'y a aucun mal que la seule abjection, et
l'humilité ne requiert pas qu'on les fasse expressement, mais elle requiert, bien qu'on ne s'inquiete
point quand on les aura commises. Telles sont certaines sottises, incivilitez et inadvertances, lesquelles comme il faut eviter avant qu'elles soient faictes
pour obeyr à la civilité et prudence, aussi faut-il
quand elles sont faictes, acquiescer à l'abjection qui
nous en revient, et l'accepter de bon cœur pour
suivre la saincte humilité. Je dis bien davantage : si
je me suis desreglé par colere ou par dissolution à
dire des paroles indecentes, et desquelles Dieu et le
prochain est offensé : je me repentiray vivement, et
seray extremement marry de l'offence laquelle je
m'essayeray de reparer le mieux qu'il me sera possible, mais je ne laisseray pas d'agreer l'abjection et

le mespris qui m'en arrive : et si l'un se pouvoit separer d'avec l'autre, je rejetterois ardemment le peché, et garderois humblement l'abjection.

Mais quoy que nous aymions l'abjection qui s'ensuit du mal, si ne faut-il pas laisser de remedier au
mal qui l'a causée par des moyens propres et legitimes, et sur tout quand le mal est de consequence.
Si j'ay quelque mal abject au visage, j'en procure-
ray la guerison, mais non pas que l'on oublie l'abjection, laquelle j'en ay receuë. Si j'ay fait une
chose qui n'offense personne, je ne m'en excuseray
pas, parce qu'encore que ce soit un defaut, si est-ce
qu'il n'est pas permanent : je ne pouvois doncques
m'en excuser que pour l'abjection qui m'en revient :
or c'est cela que l'humilité ne peut permettre ; mais
si par mesgarde ou par sottise, j'ay offensé ou scan-
dalisé quelqu'un, je repareray l'offense par quelque
veritable excuse, d'autant que le mal est permanent,
et que la charité m'oblige de l'effacer. Au demeurant il arrive quelquefois que la charité requiert,
que nous remedions à l'abjection pour le bien du
prochain, auquel nostre reputation est necessaire,
mais en ce cas là ostant nostre abjection de devant
les yeux du prochain, pour empescher son scandale, il la faut serrer et cacher dedans nostre cœur,
afin qu'il s'en edifie.

Mais vous voulez sçavoir, Philotée, quelles sont
les meilleures objections ; et je vous dis clairement,
que les plus profitables à l'ame, et agreables à Dieu,
sont celles que nous avons par accident, ou par la

condition de nostre vie, parce que nous ne les avons pas choisies, ains les avons receuës telles que Dieu nous les a envoyées, duquel l'eslection est tousjours meilleure que la nostre. Que s'il en falloit choisir, les plus grandes sont meilleures : et celles-là sont estimées les plus grandes qui sont plus contraires à nos inclinations, pourveu qu'elles soient conformes à nostre vacation : car pour le dire une fois pour toutes, nostre choix et eslection gaste et amoindrit presque toutes nos vertus. Ah ! qui nous fera la grace de pouvoir dire avec ce grand roy : « J'ay choisy d'estre abject en la maison de Dieu, « plustost que d'habiter ès tabernacles des pecheurs? Nul ne le peut, chere Philotée, que celuy qui pour nous exalter vesquit et mourut, en sorte qu'il fut l'opprobre des hommes, et l'abjection du peuple. Je vous ay dit beaucoup de choses qui vous sembleront dures, quand vous les considererez : mais croyez-moy, elles seront plus douces que le sucre et le miel, quand vous les practiquerez.

## CHAPITRE VII.

### Comme il faut conserver la bonne renommée, practiquant l'humilité.

La loüange, l'honneur et la gloire ne se donnent pas aux hommes pour une simple vertu, mais pour une vertu excellente. Car par la loüange nous voulons persuader aux autres, d'estimer l'excellence de quelques-uns; par l'honneur nous protestons que nous l'estimons nous-mesmes, et la gloire n'est autre chose à mon advis, qu'un certain esclat de reputation qui rejaillit de l'assemblage de plusieurs loüanges et honneurs. Si que les honneurs et loüanges sont comme des pierres precieuses, de l'amas desquelles reüssit la gloire comme un esmail. Or l'humilité ne pouvant souffrir que nous ayons aucune opinion d'exceller, ou devoir estre preferez aux autres, ne peut aussi permettre que nous recherchions la loüange, l'honneur, ny la gloire qui sont deuës à la seule excellence : elle consent bien neantmoins à l'advertissement du sage, qui nous admoneste d'avoir soin de nostre renommée : parce que la bonne renommée est une estime non d'aucune excellence, mais seulement d'une simple et commune preud'-hommie et integrité de vie, laquelle l'humilité n'empesche pas que nous ne recognoissions en nous-mesmes, ny par consequent que nous en desirions la reputation. Il est vray que l'humilité mespriseroit la renommée, si la charité n'en avoit besoin ; mais parce qu'elle est l'un des fondemens de la societé humaine, et que sans elle nous sommes non seulement inutiles, mais dommageables au public, à cause du scandale qu'il en reçoit, la charité requiert, et l'humilité agrée que nous la desirions et conservions precieusement.

Outre cela, comme les fueilles des arbres, qui d'elles-mesmes ne sont pas beaucoup prisables, servent neantmoins de beaucoup, non seulement pour les embellir, mais aussi pour conserver les fruicts, tandis qu'ils sont encore tendres : ainsi la bonne re-

nommée, qui de soy-mesme n'est pas une chose fort
desirable, ne laisse pas d'estre tres-utile, non seulement pour l'ornement de nostre vie, mais aussi
pour la conservation de nos vertus, et principalement des vertus encore tendres et foibles. L'obligation de maintenir nostre reputation, et d'estre
tels que l'on nous estime, force un courage genereux d'une puissante et douce violence. Conservons
nos vertus, ma chere Philotée, parce qu'elles sont
agreables à Dieu, grand et souverain objet de toutes
nos actions. Mais comme ceux qui veulent garder
les fruicts ne se contentent pas de les confire, ains
les mettre dedans des vases propres à la conservation d'iceux : de mesme bien que l'amour divin soit
le principal conservateur de nos vertus, si est-ce que
nous pouvons encore employer la bonne renommée
comme fort propre et utile à cela.

Il ne faut pas pourtant que nous soyons trop ardens, exacts et pointilleux à cette conservation : car
ceux qui sont si doüillets et sensibles pour leur reputation, ressemblent à ceux qui par toutes sortes
de petites incommoditez prennent des medecines :
car ceux-cy pensent conserver leur santé, la gastent
tout-à-fait ; et ceux-là voulant maintenir si delicatement leur reputation, la perdent entierement. Car
par cette tendreté ils se rendent bigearres, mutins,
insupportables, et provoquent la malice des mesdisans.

La dissimulation et mespris de l'injure et calomnie est pour l'ordinaire un remede beaucoup plus

salutaire que le ressentiment, la conteste, et la vengeance; le mespris les fait esvanouir: si on s'en courrouce, il semble qu'on les advouë. Les crocodiles n'endommagent que ceux qui les craignent, ny certes la mesdisance, sinon ceux qui s'en mettent en peine.

La crainte excessive de perdre la renommée tesmoigne une grande deffiance du fondement d'icelle, qui est la verité d'une bonne vie. Les villes qui ont des ponts de bois sur des grands fleuves, craignent qu'ils ne soient emportez à toutes sortes de desbordemens; mais celles qui les ont de pierres, n'en sont en peine que pour des inondations extraordinaires. Ainsi ceux qui ont une ame solidement chrestienne, mesprisent ordinairement les desbordemens des langues injurieuses: mais ceux qui se sentent foibles, s'inquietent à tout propos. Certes, Philotée, qui veut avoir reputation envers tous, la perde envers tous: et celuy merite de perdre l'honneur, qui le veut prendre de ceux que les vices rendent vrayement infames et des-honorez.

La reputation n'est que comme une enseigne qui fait cognoistre, où la vertu loge; la vertu doit doncques estre en tout et par tout preferée. C'est pourquoy si l'on dit, vous estes un hypocrite, parce que vous vous rangez à la devotion; si l'on vous tient pour homme de bas courage, parce que vous avez pardonné l'injure, mocquez-vous de tout cela. Car outre que tels jugemens se font par des niaises et sottes gens, quand on devroit perdre la renommée,

si ne faudroit-il pas quitter la vertu, ny se destourner du chemin d'icelle, d'autant qu'il faut preferer
le fruict aux fueilles, c'est à dire, le bien interieur
et spirituel à tous les biens exterieurs. Il faut estre
jaloux, mais non pas idolatre de nostre renommée :
et comme il ne faut offenser l'œil des bons, aussi ne
faut-il pas vouloir contenter celuy des malins. La
barbe est un ornement au visage de l'homme, et les
cheveux à celuy de la femme : si on arrache du tout
le poil du menton, et les cheveux de la teste, mal
aysement pourra-t'il jamais revenir, mais si on le
couppe seulement, voire qu'on le rase, il recroistra
bien-tost apres, et reviendra plus fort et touffu ;
ainsi bien que la renommée soit couppée, ou mesme
tout à fait rasée par la langue des mesdisans : « Qui
« est, dit David, comme un rasoir affilé. » Il ne se
faut point inquieter ; car bien tost elle renaistra,
non seulement aussi belle qu'elle estoit, ains encore
plus solide. Mais si nos vices, nos laschetez, nostre
mauvaise vie nous oste la reputation, il sera mal-aisé
que jamais elle revienne, parce que la racine en est
arrachée. Or la racine de la renommée, c'est la bonté
et la probité, laquelle tandis qu'elle est en nous, peut
tousjours reproduire l'honneur qui luy est deu.

Il faut quitter cette vaine conversation, cette inutile practique, cette amitié frivole, cette hantise folastre, si cela nuit à la renommée : car la renommée
vaut mieux, que toutes sortes de vains contentemens ; mais si pour l'exercice de pieté, pour l'advancement en la devotion, et acheminement au

bien eternel, on murmure, on gronde, on calomnie, laissons abbayer les matins contre la lune. Car s'ils peuvent exciter quelque mauvaise opinion contre nostre reputation, et par ainsi couper et raser les cheveux, et la barbe de nostre renommée, bien tost elle renaistra, et le rasoir de la medisance servira à nostre honneur comme la serpe à la vigne, qu'elle fait abonder et multiplier en fruicts.

Ayons tousjours les yeux sur Jesus-Christ crucifié, marchons en son service avec confiance et simplicité, mais sagement et discretement : il sera le protecteur de nostre renommée, et s'il permet qu'elle nous soit ostée, ce sera pour nous en rendre une meilleure, ou pour nous faire profiter en la saincte humilité, de laquelle une seule once vaut mieux que mille livres d'honneurs. Si on nous blasme injustement, opposons paisiblement la verité à la calomnie : si elle persevere, perseverons à nous humilier : remettant ainsi nostre reputation avec nostre ame ès mains de Dieu, nous ne sçaurions la mieux asseurer. Servons Dieu par la bonne et mauvaise renommée, à l'exemple de S. Paul, afin que nous puissions dire avec David : « O mon Dieu, « c'est pour vous que j'ay supporté l'opprobre, et « que la confusion a couvert mon visage. »

J'excepte neantmoins certains crimes, si atroces et infames, que nul n'en doit souffrir la calomnie, quand il s'en peut justement descharger : et certaines personnes, de la bonne reputation desquelles depend l'edification de plusieurs. Car en ce cas il faut tranquillement poursuivre la reparation du tort receu, suivant l'advis des theologiens.

## CHAPITRE VIII.

### De la douceur envers le prochain, et remede contre l'ire.

Le sainct cresme, duquel par tradition apostolique on use en l'Eglise de Dieu pour les confirmations et benedictions, est composé d'huyle d'olive meslé avec le baume, [qui represente entre autres choses les deux cheres et bien aimées vertus, qui reluisoient en la sacrée personne de Nostre-Seigneur, lesquelles il nous a singulierement recommandées, comme si par icelles nostre cœur devoit estre specialement consacré à son service, et appliqué à son imitation : « Apprenez de moy, dit-il, que je suis « doux et humble de cœur. » L'humilité nous perfectionne envers Dieu, et la douceur envers le prochain. Le baume, qui (comme j'ay dit cy-dessus) prend tousjours le dessous parmy toutes les liqueurs, represente l'humilité; et l'huyle d'olive qui prend tousjours le dessus, represente la douceur et debonnaireté, laquelle surmonte toutes choses, et excelle entre les vertus, comme estant la fleur de la charité, laquelle selon S. Bernard est en sa perfection, quand non seulement elle est patiente, mais quand outre cela elle est douce et debonnaire : mais prenez garde, Philotée, que ce cresme mystique composé de douceur et d'humilité, soit dedans vostre cœur : car c'est un des grands artifices de l'ennemy, de faire que plusieurs s'amusent aux paroles et contenances ex-

terieures de ces deux vertus, qui n'examinant pas
bien leurs affections interieures, pensent estre humbles et doux : et ne le sont neantmoins nullement
en effet : ce que l'on recognoist, parce que nonobstant leur ceremonieuse douceur et humilité, à
la moindre parole qu'on leur dit de travers, à la
moindre petite injure qu'ils reçoivent, ils s'eslevent
avec une arrogance nompareille. On dit que ceux
qui ont prins le preservatif, que l'on appelle communement la grace de S. Paul, n'enflent point estant mordus et picquez de la vipere, pourveu que la
grace soit de la fine : de mesme quand l'humilité et
la douceur sont bonnes et vrayes elles nous garantis-
sent de l'enflure et ardeur que les injures ont accoustumé de provoquer en nos cœurs. Que si estant
picquez et mordus par les medisans et enhemis,
nous devenons fiers, enflez, et despitez : c'est signe
que nos humilitez et douceurs ne sont pas veritables
bles et franches, mais artificieuses et apparentes.

Ce sainct et illustre patriarche Joseph, renvoyant
ses freres d'Egypte en la maison de son pere, leur
donna ce seul advis : « Ne vous courroucez point en
« chemin. » Je vous en dis de mesme, Philotée,
cette miserable vie n'est qu'un acheminement à la
bien-heureuse : ne nous courrouçons donc point en
chemin les uns avec les autres, marchons avec la
trouppe de nos freres et compagnons doucement,
paisiblement et amiablement ; mais je vous dis net-
tement et sans exception, ne vous courroucez point
du tout, s'il est possible, et ne recevez aucun pre-

texte quel qu'il soit, pour ouvrir la porte de vostre
cœur au courroux. Car S. Jacques dit tout court, et
sans reserve, que « l'ire de l'homme n'opere point la
« justice de Dieu. » Il faut voirement resister au
mal, et reprimer les vices de ceux que nous avons
en charge constamment et vaillamment, mais doucement et paisiblement. Rien ne matte tant l'elephant courroucé, que la vuë d'un agnelet, et rien
ne rompt si aysément la force des canonades, que la
laine. On ne prise pas tant la correction qui sort de
la passion, quoy qu'accompagnée de raison, que
celle qui n'a aucune autre origine que la raison
seule. Car l'ame raisonnable estant naturellement
subjette à la raison, elle n'est subjette à la passion
que par tyrannie; et partant quand la raison est accompagnée de la passion, elle se rend odieuse, sa
juste domination estant avilie par la societé de la
tyrannie. Les princes honorent et consolent infiniment les peuples quand ils les visitent avec un train
de paix: mais quand ils conduisent des armées,
quoy que ce soit pour le bien public, leurs venuës
sont tousjours desagreables et dommageables, parce
qu'encore qu'ils facent exactement observer la discipline militaire entre les soldats, si ne peuvent-ils
jamais tant faire, qu'il n'arrive tousjours quelque
desordre, par lequel le bon homme est foulé : ainsi
tandis que la raison regne et exerce paisiblement les
chastimens, correction et reprehensions, quoy que
ce soit rigoureusement et exactement, chascun
l'ayme et l'appreuve : mais quand elle conduit avec

soy, l'ire, la colere, et le courroux, qui sont, dit
S. Augustin, ses soldats, elle se rend plus effroyable
qu'amiable, et son propre cœur en demeure tousjours foulé et maltraicté. Il est mieux, dit le mesme
S. Augustin escrivant à Profuturus, de refuser l'entrée à l'ire juste et equitable, que de la recevoir
pour petite qu'elle soit : parce qu'estant receuë, il
est mal-aysé de la faire sortir, d'autant qu'elle entre
comme un petit surgeon, et en moins de rien elle
grossit et devient un poutre. Que si une fois elle
peut gagner la nuict, et que le soleil se couche sur
nostre ire, ce que l'apostre defend, se convertissant
en haine, il n'y a quasi plus moyen de s'en desfaire :
car elle se nourrit de mille fausses persuasions, puis
que jamais nul homme courroucé ne pensa son
courroux estre injuste.

Il est donc mieux d'entreprendre de sçavoir vivre
sans colere, que de vouloir user moderement et sagement de la colere : et quand par imperfection et
foiblesse nous nous trouvons surpris d'icelle, il est
mieux de la repousser vistement, que de vouloir
marchander avec elle : car pour peu qu'on luy donne
de loisir, elle se rend maistresse de la place, et fait
comme le serpent qui tire aysément tout son corps
où il peut mettre la teste. Mais comment la repous-
seray-je, me direz-vous. Il faut, ma Philotée, qu'au
premier ressentiment que vous en aurez, vous ra-
massiez promptement vos forces, non point brus-
quement ny impetueusement, mais doucement, et
neantmoins serieusement. Car comme on voit ès

12.

audiences de plusieurs senats et parlemens, que les huissiers criant, paix-là, font plus de bruit, que ceux qu'ils veulent faire taire : aussi il arrive maintefois, que voulant avec impetuosité reprimer nostre colere, nous excitons plus de trouble en nostre cœur, qu'elle n'avoit pas fait, et le cœur estant ainsi troublé, ne peut plus estre maistre de soy-mesme.

Apres ce doux effort, practiquez l'advis que S. Augustin ja vieil donnoit au jeune evesque Auxilius : « Fais, dit-il, ce qu'un homme doit faire. » Que s'il t'arrive ce que l'homme de Dieu dit au psalme : « Mon œil est troublé de grand colere », recours à Dieu criant, « Aye misericorde de moy, Seigneur, » afin qu'il estende sa dextre pour reprimer ton courroux. Je veux dire qu'il faut invoquer le secours de Dieu quand nous voyons agitez de colere, à l'imitation des apostres tourmentez du vent et de l'orage emmy les eaux : car il commandera à nos passions qu'elles cessent, et la tranquillité se fera grande ; mais tousjours, je vous advertis que l'oraison qui se fait contre la colere presente et pressante doit estre practiquée doucement, tranquillement, et non point violemment. Ce qu'il faut observer en tous les remedes qu'on use contre ce mal.

Avec cela, soudain que vous vous appercevrez avoir fait quelque acte de colere, reparez la faute par un acte de douceur, exercé promptement à l'endroit de la mesme personne, contre laquelle vous vous serez irrité. Car ainsi que c'est un souverain remede contre le mensonge, que de s'en desdire sur le

champ, aussi tost que l'on s'apperçoit de l'avoir dit,
ainsi est-ce un bon remede contre la colere, de la
reparer soudainement par un acte contraire de douceur : car (comme l'on dit) les playes fraisches sont
plus aysement remediables.

Au surplus, lors que vous estes en tranquillité, et
sans aucun subjet de colere, faictes grande provi-
sion de douceur et debonnaireté, disant toutes vos
paroles, et faisant toutes vos actions petites et grandes en la plus douce façon qu'il vous sera possible.
Vous ressouvenant que l'Espouse au Cantique des
Cantiques, n'a pas seulement le miel en ses levres et
au bout de sa langue ; mais elle l'a encore dessous la
langue, c'est à dire dans la poictrine, et n'y a pas
seulement du miel, mais encore du laict : car aussi
ne faut-il pas seulement avoir la parole douce à l'endroit du prochain, mais encore toute la poictrine,
c'est à dire tout l'interieur de nostre ame. Et ne
faut pas seulement avoir la douceur du miel, qui
est aromatique, et odorant, c'est à dire la suavité de
la conversation civile avec les estrangers : mais aussi
la douceur du laict entre les domestiques, et proches voisins : en quoy manquent grandement ceux
qui en ruë semblent des anges, et en la maison des
diables.

## CHAPITRE IX.
### De la douceur envers nous-mesmes.

L'une des bonnes practiques que nous sçaurions
faire de la douceur, c'est celle de laquelle le subjet

est en nous-mesmes, ne despitant jamais contre
nous-mesmes, ny contre nos imperfections. Car
encore que la raison veut que quand nous faisons
des fautes, nous en soyons desplaisans et marris : si
faut-il neantmoins que nous nous empeschions d'en
avoir une desplaisance aigre et chagrine, despiteuse
et colere. En quoy font une grande faute plusieurs
qui s'estant mis en colere, se courroucent de s'estre
courroucez, entrent en chagrin de s'estre chagrinez,
et ont despit de s'estre despitez. Car par ce moyen
ils tiennent leur cœur confit et destrempé en la colere : et si bien il semble que la seconde colere ruine
la premiere; si est-ce neantmoins qu'elle sert d'ou-
verture et de passage pour une nouvelle colere à la
premiere occasion qui s'en presentera : outre que
ces coleres, despits et aigreurs que l'on a contre soy-
mesme, tendent à l'orgueil, et n'ont origine que de
l'amour-propre, qui se trouble et s'inquiete de nous
voir imparfaicts. Il faut doncques avoir un desplaisir de nos fautes qui soit paisible, rassis et ferme.
Car comme un juge chastie bien mieux les meschans, faisant ses sentences par raison, et en esprit
de tranquillité, que non pas quand il les fait par impetuosité et passion : d'autant que jugeant avec passion, il ne chastie pas les fautes selon qu'elles sont;
mais selon qu'il est luy-mesme; ainsi nous nous
chastions bien mieux nous-mesmes par des repentances tranquilles et constantes, que non pas par des
repentances aigres, empressées et coleres : d'autant
que ces repentances faictes avec impetuosité, ne se

font pas selon la gravité de nos fautes, mais selon nos inclinations. Par exemple, celuy qui affectionne la chasteté, se despitera avec une amertume nom-pareille de la moindre faute qu'il commettra contre icelle, et ne se fera que rire d'une grosse medisance qu'il aura commise. Au contraire celuy qui hait la medisance, se tourmentera d'avoir fait une legere murmuration, et ne tiendra nul compte d'une grosse faute commise contre la chasteté : ainsi des autres. Ce qui n'arrive pour autre chose : sinon d'autant qu'ils ne font pas le jugement de leur conscience par raison, mais par passion.

Croyez-moy, Philotée, comme les remonstrances d'un pere, faictes doucement et cordialement, ont bien plus de pouvoir sur un enfant pour le corriger, que non pas les coleres et courroux : ainsi quand nostre cœur aura fait quelque faute, si nous le re-prenons avec des remonstrances douces et tranquil-les, ayant plus de compassion de luy que de passion contre luy, l'encourageant à l'amendement, la re-pentance qu'il en concevra entrera bien plus avant, et le penetrera mieux que ne feroit pas une repen-tance depiteuse, injurieuse et tempetueuse.

Pour moy, si j'avois, par exemple, grande affec-tion de ne point tomber au vice de la vanité, et que j'y fusse neantmoins tombé d'une grande cheute, je ne voudrois pas reprendre mon cœur en cette sorte. N'es-tu pas miserable et abominable, qu'apres tant de resolutions tu te laisses emporter à la vanité ? meurs de honte, ne leve plus les yeux au ciel, aveugle, impudent, traistre et desloyal à ton Dieu, et semblables choses; mais je voudrois le corriger raisonnablement et par voye de compassion. Or sus mon pauvre cœur, nous voylà tombez dans la fosse, laquelle nous avions tant resolu d'eschapper. Ah ! relevons-nous et quittons-la pour jamais, reclamons la misericorde de Dieu, et esperons en elle, qu'elle nous assistera pour desormais estre plus fermes ; et remettons-nous au chemin de l'humilité. Courage, soyons mes-huy sur nos gardes, Dieu nous aidera, nous ferons prou, et voudrois sur cette reprehension bastir une solide et ferme resolution de ne plus tomber en la faute, prenant les moyens convenables à cela, et mesmement l'advis de mon directeur.

Que si neantmoins quelqu'un ne treuve pas que son cœur puisse estre assez esmeu par cette douce correction, il pourra employer le reproche et une reprehension dure et forte, pour l'exciter à une profonde confusion : pourveu qu'apres avoir rudement gourmandé et courroucé son cœur, il finisse par un allegement, terminant tout son regret et courroux en une douce et saincte confiance en Dieu, à l'imitation de ce grand penitent, qui voyant son ame affligée, la relevoit en cette sorte. « Pourquoy es-tu « triste, ô mon ame, et pourquoy me troubles- « tu? Espere en Dieu, car je le beniray encores « comme le salut de ma face, et mon vray Dieu. »

Relevez doncques vostre cœur quand il tombera tout doucement, vous humiliant beaucoup devant Dieu pour la cognoissance de vostre misere, sans

nullement vous estonner de vostre cheute ; puis que
ce n'est pas chose admirable que l'infirmité soit infirme, et la foiblesse foible, et la misere chetive.
Detestez neantmoins de toutes vos forces l'offense
que Dieu a receu de vous, et avec un grand courage
et confiance en la misericorde d'iceluy, remettez-
vous au train de la vertu que vous aviez abandonnée.

## CHAPITRE X.

### Qu'il faut traicter des affaires avec soin, et sans empressement, ny soucy.

Le soin et la diligence que nous devons avoir en
nos affaires sont choses bien differentes de la solicitude, soucy et empressement. Les anges ont soin
pour nostre salut, et le procurent avec diligence,
mais ils n'en ont point pour cela de solicitude, soucy, ny d'empressement. Car le soin et la diligence
appartiennent à leur charité ; mais aussi la solicitude, le soucy, et l'empressement seroient totalement contraires à leur felicité : puis que le soin
et la diligence peuvent estre accompagnez de la tran-
quilité et paix d'esprit, mais non pas la solicitude,
ny le soucy, et beaucoup moins l'empressement.

Soyez doncques soigneuse et diligente en tous les
affaires que vous aurez en charge, ma Philotée : car
Dieu vous les ayant confiez, veut que vous en ayez
un grand soin : mais s'il est possible n'en soyez pas
en solicitude et soucy, c'est à dire, ne les entrepre-
nez pas avec inquietude, anxieté et ardeur, ne vous

empressez point en la besongne : car toute sorte d'empressement trouble la raison et le jugement, et nous empesche mesme de bien faire la chose, à laquelle nous nous empressons.

. Quand Nostre-Seigneur reprend S^te Marthe : il dit, « Marthe, Marthe, tu es en soucy, et tu te trou-« bles pour beaucoup de choses. » Voyez-vous si elle eust esté simplement soigneuse, elle ne se fust point troublée; mais parce qu'elle estoit en soucy et inquietude, elle s'empresse et se trouble. Et c'est en quoy Nostre-Seigneur la reprend : les fleuves qui vont doucement coulant en la plaine, portent les grands batteaux et riches marchandises, et les pluyes qui tombent doucement en la campagne, la fecondent d'herbes et de graines : mais les torrens et rivieres qui à grands flots courent sur la terre, ruinent leurs voisinages, et sont inutiles au trafic, comme les pluyes vehementes et tempestueuses ravagent les champs et les prairies. Jamais besongne faicte avec impetuosité et empressement ne fut bien faicte : Il faut depescher tout bellement (comme dit l'ancien proverbe.) Celuy qui se haste, dit Salomon, court fortune de chopper et heurter des pieds : nous faisons tousjours assez tost, quand nous faisons bien : les bourdons font bien plus de bruit, et sont bien plus empressez que les abeilles : mais ils ne font sinon la cire, et non point de miel : ainsi ceux qui s'empressent d'un soucy cuisant, et d'une solicitude bruyante, ne font jamais ny beaucoup, ny bien.

Les mouches ne nous inquietent pas par leur ef-

fort, mais par la multitude : ainsi les grands affaires ne nous troublent pas tant comme les menus
quand ils sont en grand nombre. Recevez doncques
les affaires qui vous arriveront en paix, et taschez
de les faire par ordre l'un apres l'autre. Car si vous
les voulez faire tout à coup, ou en desordre, vous
ferez des efforts qui vous fouleront, et allanguiront
vostre esprit, et pour l'ordinaire vous demeurez accablée sous la presse et sans effet.

Et en tous vos affaires appuyez-vous totalement
sur la providence de Dieu, par laquelle soule tous
vos desseins doivent reüssir : travaillez neantmoins de
vostre costé tout doucement pour cooperer avec
icelle, et puis croyez que si vous vous estes bien
confiée en Dieu, le succez qui vous arrivera sera
tousjours le plus profitable pour vous, soit qu'il
vous semble bon ou mauvais, selon vostre jugement
particulier.

Faites comme les petits enfans, qui de l'une des
mains se tiennent à leur pere, et de l'autre cueillent
des fraises, ou des meures le long des hayes. Car de
mesme amassant et maniant les biens de ce monde
de l'une de vos mains, tenez tousjours de l'autre la
main du pere celeste, vous retournant de temps en
temps à luy, pour voir s'il a aggreable vostre mesnage ou vos occupations. Et gardez bien sur toutes
choses de quitter sa main et sa protection, pensant
d'amasser, ou recueillir davantage : car s'il vous
abandonne, vous ne ferez point de pas, sans donner
du nez en terre. Je veux dire, ma Philotée, que

quand vous serez parmy les affaires, et occupations
communes, qui ne requierent pas une attention si
forte et si pressante, vous regardiez plus Dieu, que
les affaires. Et quand les affaires sont de si grande
importance, qu'ils requierent toute vostre attention
pour estre bien-faits, de temps en temps vous regar-
derez à Dieu, comme sont ceux qui navigent en
mer, lesquels pour aller à la terre qu'ils desirent,
regardent plus en haut au ciel, que non pas en bas
où ils voguent : ainsi Dieu travaillera avec vous, en
vous, et pour vous, et vostre travail sera suivy de
consolation.

## CHAPITRE XI.

### De l'obeissance.

La seule charité nous met en la perfection, mais
l'obeissance, la chasteté et la pauvreté sont les trois
grands moyens pour l'acquerir : l'obeissance consacre nostre cœur, la chasteté nostre corps, et la
pauvreté nos moyens à l'amour et service de Dieu.
Ce sont les trois branches de la croix spirituelle :
toutes trois neantmoins fondées sur la quatriesme,
qui est l'humilité. Je ne diray rien de ces trois vertus, en tant qu'elles sont voüées solemnellement,
par ce que cela ne regarde que les religieux : ny
mesme en tant qu'elles sont voüées simplement,
d'autant qu'encor que le vœu donne tousjours beaucoup de graces et de merite à toutes les vertus? si
est-ce que pour nous rendre parfaits, il n'est pas
necessaire que elles soient voüées, pourveu qu'elles

soient observées. Car bien qu'estant voüées, et sur
tout, solemnellement, elles mettent l'homme en
l'estat de perfection? si est-ce que pour le mettre en la perfection, il suffit qu'elles soient observées, y ayant bien de la difference, entre l'estat
de perfection et la perfection : puis que tous les
evesques et religieux sont en l'estat de perfection :
et tous neahtmoins ne sont pas en la perfection,
comme il ne se voit que trop. Taschons doncques,
Philotée, de bien practiquer ces trois vertus, un
chascun selon sa vocation. Car encore qu'elles ne
nous mettent pas en l'estat de perfection, elles nous
donneront neantmoins la perfection mesme : aussi
nous sommes tous obligez à la practique de ces trois
vertus, quoy que non pas tous à les practiquer de
mesme façon.

Il y a deux sortes d'obeissance, l'une necessaire,
et l'autre volontaire. Par la necessaire, vous devez
humblement obeir à vos superieurs ecclesiastiques,
comme au pape, et à l'evesque, au curé, et à ceux
qui sont commis de leur part. Vous devez obeir à
vos superieurs politiques, c'est à dire à vostre prince,
et aux magistrats, qu'il a estably sur vostre pays;
vous devez en fin obeir à vos superieurs domestiques, c'est à dire à vostre pere, mere, maistre, maistresse. Or cette obeissance s'appelle necessaire, par
ce que nul ne se peut exempter du devoir d'obeir à
ces superieurs-là, Dieu les ayant mis en auctorité
de commander et gouverner chascun en ce qu'ils
ont en charge sur nous. Faites donc leurs comman-

demens, et cela est de necessité; mais pour estre
parfaicte, suivez encore leurs conseils, et mesme
leurs desirs et inclinations, en tant que la charité et
prudence vous le permettra : obeissez quand ils
vous ordonneront chose agreable, comme de manger, prendre de la recreation : car encore qu'il semble que ce n'est pas grande vertu obeir en ce cas,
ce seroit neantmoins un grand vice de desobeir.
Obeissez ès choses indifferentes, comme à porter
tel ou tel habit, aller par un chemin ou par un autre, chanter, ou se taire, et ce sera une obeissance
desja fort recommandable. Obeissez en choses mal-
aisées, aspres et dures, et ce sera une obeissance
parfaicte. Obeissez enfin doucement sans replique,
promptement sans retardation, gayement sans chagrin, et sur tout obeissez amoureusement, pour l'a-
mour de celuy qui pour l'amour de nous s'est fait
obeissant jusques à la mort de la croix, et lequel,
comme dit S. Bernard, ayma mieux perdre la vie
que l'obeissance.

Pour apprendre aisement a obeir à vos superieurs,
condescendez aisement à la volonté de vos semblables, cedant à leurs opinions en ce qui n'est mauvais, sans estre contentieuse ny revesche, accom-
modez-vous volontiers aux desirs de vos inferieurs,
autant que la raison le permettra, sans exercer aucune auctorité imperieuse sur eux tandis qu'ils sont
bons.

C'est un abus de croire que si on estoit religieux
ou religieuse, on obeyroit aysément, si l'on se trouve

difficile et revesche à rendre obeissance à ceux que Dieu a mis sur nous.

Nous appellons obeissance volontaire, celle à laquelle nous nous obligeons par nostre propre election, et laquelle ne nous est point imposée par autruy. On ne choisit pas pour l'ordinaire son prince, et son evesque, son pere, et sa mere, ny mesme souventefois son mary : mais on choisit bien son confesseur, son directeur. Or soit qu'en le choisissant on fasse vœu d'obeir (comme il est dit, que la mere Therese, outre l'obeissance solemnellement voüée au superieur de son ordre, s'obligea par un vœu simple d'obeir au pere Gratian) ou que sans vœu on se dédie à l'obeissance de quelqu'un, tousjours ceste obeissance s'appelle volontaire à raison de son fondement, qui depend de nostre volonté et election.

Il faut obeir à tous les superieurs à chacun neantmoins en ce dequoy il a charge sur nous. Comme en ce qui regarde la police et les choses publiques, il faut obeir aux princes : aux prelats, en ce qui regarde la police ecclesiastique: ès choses domestiques, au pere, au maistre, au mary ; quant à la conduite particuliere de l'ame, au docteur et confesseur particulier.

Faictes-vous ordonner les actions de pieté que vous devez observer, par vostre pere spirituel, par ce qu'elles en seront meilleures, et auront double grace et bonté : l'une d'elles-mesmes, puis qu'elles sont pieuses; et l'autre de l'obeissance qui les aura ordonnées, et en vertu de laquelle elles seront faictes. Bien-heureux sont les obeissans, car Dieu ne permettra jamais qu'ils s'egarent.

## CHAPITRE XII.

### De la necessité de la chasteté.

La chasteté est le lys des vertus : elle rend les hommes presque égaux aux anges, rien n'est beau que par la pureté, et la pureté des hommes, c'est la chasteté. On appelle la chasteté honnesteté, et la profession d'icelle honneur : elle est nommée integrité, et son contraire corruption. Bref, elle a sa gloire toute à part, d'estre la belle et blanche vertu de l'ame et du corps.

Il n'est jamais permis de tirer aucun impudique plaisir de nos corps, en quelque façon que ce soit, sinon en un legitime mariage, duquel la saincteté puisse par une juste compensation reparer le dechet que l'on reçoit en la delectation. Et encore au mariage, faut-il observer l'honnesteté de l'intention, afin que s'il y a quelque messeance en la volupté qu'on exerce, il n'y ait rien que d'honnesteté en la volonté qui l'exerce.

Le cœur chaste est comme la mere-perle qui ne peut recevoir aucune goutte d'eau qui vienne du ciel : car il ne peut recevoir aucun plaisir que celuy du mariage qui est ordonné du ciel? Hors de là, il ne luy est pas permis seulement d'y penser d'une pensée voluptueuse, volontaire et entretenuë.

Pour le premier degré de ceste vertu, gardez-vous, Philotée, d'admettre aucune sorte de volupté, qui soit prohibée et defenduë, comme font toutes celles qui se prennent hors le mariage, ou mesme au mariage, quand elles se prennent contre la regle du mariage.

Pour le second retranchez-vous tant qu'il vous sera possible des delectations inutiles et superfluës, quoy que loisibles et permises.

Pour le troisiesme, n'attachez point vostre affection aux plaisirs et voluptez, qui sont commandées et ordonnées. Car bien qu'il faille practiquer les delectations necessaires, c'est à dire celles qui regardent la fin et institution du sainct mariage, si ne faut-il pas pourtant y jamais attacher le cœur et l'esprit.

Au reste, chascun a grandement besoin de ceste vertu; ceux qui sont en viduité, doivent avoir une chasteté courageuse, qui ne mesprise pas seulement les objets presens et futurs, mais qui resiste aux imaginations, que les plaisirs loisiblement receuz au mariage peuvent produire en leurs esprits, qui pour cela sont plus tendres aux amorces deshonnestes. Pour ce subjet, S. Augustin admire la pureté de son cher Alipius, qui avoit totalement oublié et mesprisé les voluptez charnelles : lesquelles il avoit neantmoins quelquesfois experimentées en sa jeunesse. Et de vray tandis que les fruicts sont bien entiers, ils peuvent estre conservez, les uns sur la paille, les autres dedans le sable, et les autres en leur propre fueillage; mais estant une fois entamez, il est

presque impossible de les garder que par le miel et
le sucre en confiture. Ainsi la chasteté qui n'est
point encore blessée ny violée peut estre gardée en
plusieurs sortes : mais estant une fois entamée, rien
ne la peut conserver qu'une excellente devotion,
laquelle, comme j'ay souvent dit, est le vray miel
et sucre des esprits.

Les Vierges ont besoin d'une chasteté extremement simple et doüillette, pour bannir de leur cœur
toutes sortes de curieuses pensées ; et mespriser
d'un mespris absolu toutes sortes de plaisirs im-
mondes, qui à la verité ne meritent pas d'estre desirez par les hommes, puisque les asnes et pour-
ceaux en sont plus capables que eux : que doncques
ces ames pures se gardent bien de jamais revoquer
en doute, que la chasteté ne soit incomparablement
meilleure que tout ce qui luy est incompatible :
car comme dit le grand S. Hierosme, l'ennemy
presse violemment les vierges au desir de l'essay de l'essay des
voluptez, les leur representant infiniement plus plai-
santes et delicieuses qu'elles ne sont : ce qui souvent
les trouble bien fort, tandis, dit ce sainct pere,
qu'elles estiment plus doux ce qu'elles ignorent.
Car comme le petit papillon voyant la flamme, va
curieusement voletant autour d'icelle, pour essayer
si elle est aussi douce que belle, et pressé de cette
fantasie, ne cesse point qu'il ne se perde au premier essay; ainsi les jeunes gens, bien souvent se
laissent tellement saisir de la fausse et sotte estime
qu'ils ont du plaisir des flammes voluptueuses,

qu'apres plusieurs curieuses pensées, ils s'y vont en
fin finale ruiner et perdre, plus sots en cela que les
papillons; d'autant que ceux-cy ont quelque occasion de cuider que le feu soit delicieux puis qu'il
est si beau : où ceux-là sçachant que ce qu'ils recherchent est extremement des-honneste, ne laissent
pas pour cela d'en sur-estimer la fole et brutale delectation.

Mais quant à ceux qui sont mariez, c'est chose
veritable (et que neantmoins le vulgaire ne peut
penser) que la chasteté leur est fort necessaire : par
ce qu'en eux elle ne consiste pas à s'abstenir absolument des plaisirs charnels, mais à se contenir entre les plaisirs. Or comme ce commandement; cour-
roucez-vous et ne pechez point; est à mon advis plus
difficile que cestuy-cy, ne vous courroucez point :
et qu'il est plustost fait d'esviter la colere, que de la
regler : aussi est-il plus aysé de se garder tout à fait
des voluptez charnelles, que de garder la moderation en icelles. Il est vray que la saincte licence du
mariage a une force particuliere pour esteindre le
feu de la concupiscence : mais l'infirmité de ceux
qui en joüissent, passe aysément de la permission à
la dissolution, et de l'usage à l'abus. Et comme l'on
voit beaucoup de riches desrober, non point par in-
digence, mais par avarice : aussi voit-on beaucoup
de gens mariez se desborder par la seule intempe-
rance et lubricité, nonobstant le legitime objet auquel ils se devroient et pourroient arrester : leur concupiscence estant comme un feu volage qui va

13.

brusletant çà et là, sans s'attacher nulle part. C'est
tousjours chose dangereuse de prendre des medica-
mens violens, parce que si l'on·en prend plus qu'il
ne faut, ou qu'ils ne soient pas bien preparez, on
en reçoit beaucoup de nuisance. Le mariage a esté
beny et ordonné en partie pour remede à la concupiscence, et c'est sans doute un tres-bon remede,
mais violent neantmoins, et par consequent tres-
dangereux : s'il n'est discretement employé.

J'adjouste que la varieté des affaires humains, outre les longues maladies, separe souvent les maris
d'avec leurs femmes. C'est pourquoy les mariez ont
besoin de deux sortes de chasteté; l'une pour l'abstinence absolue, quand ils sont separez ès occasions que je viens de dire : l'autre pour la moderation, quand ils sont ensemble en leur train ordinaire.
Certes S<sup>te</sup> Catherine de Sienne vid entre les damnez
plusieurs ames grandement tourmentées pour avoir
violé la saincteté du mariage : ce qui estoit arrivé,
disoit-elle, non pas pour la grandeur du peché : car
les meurtres et les blasphemes sont plus enormes,
mais d'autant que ceux qui le commettent n'en font
point de conscience, et par consequent continuent
longuement en iceluy.

Vous voyez doncques que la chasteté est necessaire à toutes sortes de gens. « Suivez la paix avec
« tous, dit l'apostre, et la saincteté sans laquelle au-
« cun ne verra Dieu. » Or par la saincteté il entend
la chasteté comme S. Hierosme et S. Chrisostome
ont remarqué. Non, Philotée, nul ne verra Dieu

sans la chasteté, nul n'habitera en son sainct taber-
nacle, qui ne soit net de cœur. Et comme dit le
Sauveur mesme, les chiens et impudiques en seront
bannis, « et bien-heureux sont les nets de cœur, car
« ils verront Dieu. »

## CHAPITRE XIII.

### Advis pour conserver la chasteté.

Soyez extremement prompte à vous destourner
de tous les acheminemens, et de toutes les amorces
de la lubricité. Car ce mal agist insensiblement, et
par des petits commencemens, fait progrez à des
grands accidens. Il est tousjours plus aisé à fuir qu'à
guerir.

Les corps humains ressemblent à des verres, qui
ne peuvent estre portez les uns avec les autres en
se touchant sans courir fortune de se rompre : et
aux fruicts lesquels quoy qu'entiers et bien assai-
sonnez reçoivent de la tare, s'entretouchans les uns
les autres. L'eau mesme pour fraische qu'elle soit
dedans un vase, estant touchée de quelque animal
terrestre ne peut longuement conserver sa fraischeur. Ne permettez jamais, Philotée, qu'aucun vous
touche incivilement, ny par maniere de folastrerie,
ni par maniere de faveur. Car bien qu'à l'aventure
la chasteté puisse estre conservée parmy ces actions,
plustost legeres que malicieuses : si est-ce que la fraischeur et fleur de la chasteté en reçoit tousjours du de-
triment et de la perte ; mais de se laisser toucher des-
honnestement, c'est la ruine entiere de la chasteté.

La chasteté depend du cœur comme de son origine, mais elle regarde le corps, comme sa matiere. C'est pourquoy elle se perd par tous les sens exterieurs du corps, et par les cogitations et desirs du cœur. C'est impudicité de regarder, d'ouyr, de parler, d'odorer, de toucher des choses deshonnestes, quand le cœur s'y amuse et y prend plaisir. S. Paul dit tout court, que la fornication ne soit pas mesmement nommée entre vous. Les abeilles non seulement ne veulent pas toucher les charongnes, mais fuyent et hayssent extremement toutes sortes de puanteurs qui en proviennent. L'espouse sacrée au Cantique des Cantiques, a ses mains qui distillent la myrrhe, liqueur preservative de la corruption. Ses levres sont bandées d'un ruban vermeil, marque de la pudeur des paroles : ses yeux sont de colombe, à raison de leur netteté : ses oreilles ont des pendans d'or, enseigne de pureté : son nez est parmy les cedres du Liban, bois incorruptible; telle doit estre l'ame devote, chaste, nette et honneste, de mains, de levres, d'oreilles, d'yeux et de tout son corps.

A ce propos je vous presente le mot que l'ancien pere Jean Cassian rapporte, comme sorty de la bouche du grand S. Basile, qui parlant de soy-mesme, dit un jour : « je ne sçay que c'est que des femmes, « et ne suis pourtant pas vierge. » Certes, la chasteté se peut perdre en autant de façons qu'il y a d'impudicitez et lascivetez : lesquelles selon qu'elles sont grandes ou petites, les unes l'affoiblissent, les

autres la blessent, et les autres la font tout à fait
mourir. Il y a certaines privautez et passions indiscretes, folatres, et sensuelles, qui à proprement
parler ne violent pas la chasteté, et neantmoins elles
l'affoiblissent, la rendent languissante et ternissent
sa belle blancheur. Il y a d'autres privautez et passions, non seulement indiscretes, mais vicieuses;
non seulement folastres, mais deshonnestes; non
seulement sensuelles, mais charnelles : et par celles-
cy la chasteté est pour le moins fort blessée et interessée. Je dis pour le moins, parce qu'elle en meurt
et perit du tout, quand les sottises et lascivetez donnent à la chair le dernier effet du plaisir voluptueux :
ains alors la chasteté perit plus indignement, mes-
chamment, et mal-heureusement, que quand elle
se perd par la fornication, voir par l'adultere, et
l'inceste : car ces dernieres especes des vilainies ne
sont que des pechez, mais les autres, comme dit
Tertullia au livre de la pudicité, sont des monstres
d'iniquité et de peché. Or Cassianus ne croit pas ny
moy non plus, que S. Basile eust esgard à tel desreglement, quand il s'accuse de n'estre pas vierge :
car je pense qu'il ne disoit cela que pour les mauvaises et voluptueuses pensées, lesquelles bien
qu'elles n'eussent pas soüillé son corps, avoient
neantmoins contaminé le cœur, de la chasteté duquel les ames genereuses sont extremement ja-
louses.

Ne hantez nullement les personnes impudiques,
principalement si elles sont encore impudentes,

comme elles sont presque tousjours. Car comme les boucs touchant de la langue les amendiers doux, les font devenir amers : ainsi ces ames puantes et cœurs infects ne parlent gueres à personne, ny de mesme sexe ny de divers, qu'elles ne le facent aucunement dechoir de la pudicité : elles ont le venin aux yeux et en l'haleine comme les basiliques.

Au contraire hantez les gens chastes et vertueux, pensez et lisez souvent les choses sacrées : car la parole de Dieu est chaste, et rend ceux qui s'y plaisent chastes, qui fait que David la compare au topase pierre precieuse, laquelle par sa proprieté amortit l'ardeur de la concupiscence.

Tenez-vous tousjours proche de Jesus-Christ crucifié, et spirituellement par la meditation et reellement par la saincte communion. Car tout ainsi que ceux qui couchent sur l'herbe nommée *Agnus Castus*, deviennent chastes et pudiques : de mesme reposant vostre cœur sur Nostre-Seigneur qui est le vray agneau chaste et immaculé, vous verrez que bientost vostre ame et vostre cœur se trouveront purifiez de toutes souilleures et lubricité.

## CHAPITRE XIV.

### De la pauvreté d'esprit, observée entre les richesses.

« Bien-heureux sont les pauvres d'esprit, car le « royaume des cieux est à eux » : mal-heureux doncques sont les riches d'esprit, car la misere d'enfer est pour eux. Celuy est riche d'esprit, lequel a ses

richesses dedans son esprit, ou son esprit dedans les
richesses. Celuy est pauvre d'esprit, qui n'a nulles
richesses dans son esprit, ny son esprit dedans les
richesses. Les Halcions font leurs nids comme une
paume, et ne laissent en iceux qu'une petite ouver-
ture du costé d'en haut, ils les mettent sur le bord
de la mer, et au demeurant les font si fermes et im-
penetrables, que les ondes les surprenant, jamais
l'eau n'y peut entrer, ains tenant tousjours le dessus, ils demeurent emmy la mer, sur la mer, et
maistres de la mer. Vostre cœur, chere Philotée,
doit estre comme cela, ouvert seulement au ciel, et
impenetrable aux richesses, et choses caduques : si
vous en avez, tenez vostre cœur exempt de leurs affections : qu'il tienne tousjours le dessus, et qu'emmy
les richesses il soit sans richesses, et maistre des richesses. Non, ne mettez pas cet esprit celeste dedans
les biens terrestres, faictes qu'il leur soit tousjours
superieur, sur eux, non pas en eux.

Il y a difference entre avoir du poison et estre
empoisonné; les apoticaires ont presque tous des
poisons pour s'en servir en diverses occurrences,
mais ils ne sont pas pour cela empoisonnez, parce
qu'ils n'ont pas le poison dedans le corps, mais dedans leurs boutiques : ainsi pouvez-vous avoir des
richesses sans estre empoisonnés par icelles, ce sera
si vous les avez en vostre maison, ou en vostre
bourse, et non pas en vostre cœur · estre riche en
effet, et pauvre d'affection; c'est le grand bon-heur

du chrestien : car il a par ce moyen les commoditez des richesses pour ce monde, et le merite de la pauvreté pour l'autre.

Helas ! Philotée, jamais nul ne confessera d'estre avare : chascun desavouë cette bassesse et vileté de cœur : on s'excuse sur la charge des enfans qui presse : sur la sagesse qui requiert qu'on s'establisse en moyens : jamais on n'en a trop : il se treuve tousjours certaines necessitez d'en avoir davantage : et mesme les plus avares, non seulement ne confessent pas de l'estre, mais ils ne pensent pas en leur conscience de l'estre : non, car l'avarice est une fievre prodigieuse qui se rend d'autant plus insensible, qu'elle est plus violente et ardente. Moyse veid le feu sacré qui brusloit un buisson, et ne consumoit nullement : mais au contraire, le feu prophane de l'avarice consomme et devore l'avaricieux, et ne brusle aucunement : au moins emmy ses ardeurs et chaleurs plus excessives, il se vente de la plus douce fraischeur du monde, et tient que son alteration insatiable est une soif toute naturelle et suave.

Si vous desirez longuement, ardemment, et avec inquietude les biens que vous n'avez pas, vous avez beau dire que vous ne les voulez pas avoir injustement : car pour cela vous ne laisserez pas d'estre vrayement avare. Celuy qui desire ardemment, longuement, et avec inquietude de boire, quoy qu'il ne vueille pas boire que de l'eau, si tesmoigne-t'il d'avoir la fievre.

O Philotée, je ne sçay si c'est un desir juste de

desirer d'avoir justement ce qu'un autre possede justement : car il semble que par ce desir nous nous
voulons accommoder par l'incommodité d'autruy.
Celuy qui possede un bien justement, n'a-t'il pas
plus de raison de le garder justement, que nous de
le vouloir avoir justement? Et pourquoy doncques
estendons-nous nostre desir sur sa commodité pour
l'en priver? tout au plus si ce desir est juste; certes
il n'est pas pourtant charitable : car nous ne voudrions nullement qu'aucun desirast, quoy que justement, ce que nous voulons garder justement. Ce
fut le peché d'Acab, qui vouloit avoir justement
la vigne de Naboth, qui la vouloit encore plus justement garder, il la desira ardemment, longuement
et avec inquietude, et partant il offensa Dieu.

Attendez, chere Philotée, de desirer le bien du
prochain quand il commencera à desirer de s'en
desfaire. Car lors son desir rendra le vostre non seulement juste, mais charitable : ouy, car je veux bien
que vous ayez soin d'accroistre vos moyens et facultez, pourveu que ce soit non seulement justement,
mais doucement et charitablement.

Si vous affectionnez fort les biens que vous avez,
si vous en estes fort embesongnez, mettant vostre
cœur en icelles, y attachant vos pensées, et crai-
gnant d'une crainte vive et empressée de les perdre,
croyez-moy, vous avez encore quelque sorte de fievre : car les febricitans boivent l'eau qu'on leur
donne avec un certain empressement, avec une
sorte d'attention et d'aise, que ceux qui sont sains,

n'ont point accoustumé d'avoir. Il n'est pas possible
de se plaire beaucoup en une chose que l'on n'y
mette beaucoup d'affection. S'il vous arrive de perdre des biens, et vous sentez que vostre cœur s'en
desole et afflige beaucoup, croyez Philotée, que
vous y avez beaucoup d'affection : car rien ne tesmoigne tant d'affection à la chose perduë, que l'affliction de la perte.

Ne desirez donc point d'un desir entier et formé,
le bien que vous n'avez pas : ne mettez point fort
avant vostre cœur en celuy que vous avez : ne vous
desolez point des pertes qui vous arriveront, et vous
aurez quelque subjet de croire, qu'estant riche en
effet, vous ne l'estes point d'affection ; mais que
vous estes pauvre d'esprit, et par consequent bien-
heureuse, car le royaume des cieux vous appartient.

## CHAPITRE XV.

### Comme il faut practiquer la pauvreté reelle, demeurant neant-moins reellement riche.

Le peintre Parrhasius peignit le peuple athenien
par une invention fort ingenieuse, le representant
d'un naturel divers, et variable, coleré, injuste, in-
constant, courtois, clement, misericordieux, hau-
tain, glorieux, humble, bravache, et fuyard et tout
cela ensemble ; mais moy, chere Philotée, je voudrois mettre en vostre cœur, la richesse et la pauvreté tout ensemble, un grand soin et un grand
mespris des choses temporelles.

Ayez beaucoup plus de soin de rendre vos biens

utiles et fructueux que les mondains n'en ont pas. Dites-moy, les jardiniers des grands princes ne sont-ils pas plus curieux et diligens à cultiver et embellir les jardins qu'ils ont en charge, que s'ils leur appartenoient en proprieté? Mais pourquoy cela, par ce sans doute qu'ils considerent ces jardins-là comme jardins des princes et des roys, auxquels ils desirent de se rendre agreables par ces services-là. Ma Philotée, les possessions que nous avons ne sont pas nostres, Dieu nous les a données à cultiver, et veut que nous les rendions fructueuses et utiles, et partant nous luy faisons service agreable d'en avoir soin.

Mais il faut donc que ce soit un soin plus grand et solide, que celuy que les mondains ont de leurs biens, car ils ne s'embesongnent que pour l'amour d'eux-mesmes, et nous devons travailler pour l'amour de Dieu. Or comme l'amour de soy-mesme est un amour violent, turbulent, empressé : aussi le soin qu'on a pour luy, est plein de trouble, de chagrin, d'inquietude : et comme l'amour de Dieu est doux, paisible et tranquille ; aussi le soin qui en procede, quoy que ce soit pour les biens du monde, est amiable, doux et gratieux. Ayons donc ce soin gratieux de la conservation, voire de l'accroissement de nos biens temporels, lors que quelque juste occasion s'en presentera, et en tant que nostre condition le requiert ; car Dieu veut que nous fassions ainsi pour son amour.

Mais prenez garde que l'amour-propre ne vous

trompe. Car quelquesfois il contrefait si bien l'amour de Dieu, qu'on diroit que c'est luy. Or pour empescher qu'il ne vous deçoive, et que ce soin des biens temporels ne se convertisse en avarice, outre ce que j'ay dit au chapitre precedent, il nous faut practiquer bien souvent la pauvreté reelle et effectuelle, emmy toutes les facultez et richesses que Dieu nous a données.

Quittez donc tousjours quelque partie de vos moyens en les donnant aux pauvres de bon cœur : car donner ce qu'on a, c'est s'appauvrir d'autant, et plus vous donnerez, plus vous vous appauvrirez. Il est vray que Dieu vous le rendra, non seulement en l'autre monde, mais en cestuy-cy : car il n'y a rien qui fasse tant prosperer temporellement que l'aumosne : mais en attendant que Dieu vous le rende, vous serez tousjours appauvrie de cela. O le sainct et riche appauvrissement que celuy qui se fait par l'aumosne.

Aymez les pauvres et la pauvreté : car par cet amour vous deviendrez vrayement pauvre ; puis que (comme dit l'Escriture) « nous sommes faicts comme « les choses que nous aymons. » L'amour esgale les amans. « Qui est infirme avec lequel je ne sois in- « firme? » dit S. Paul. Il pouvoit dire, qui est pauvre avec lequel je ne sois pauvre, parce que l'amour le faisoit estre tel que ceux qu'il aimoit : si doncques vous aymez les pauvres, vous serez vrayement participante de leur pauvreté, et pauvre comme eux.

Or si vous aymez les pauvres, mettez-vous sou-

vent parmy eux, prenez plaisir à les voir chez vous,
et à les visiter chez eux : conversez volontiers avec
eux, soyez bien aise qu'ils vous approchent aux
eglises, aux ruës et ailleurs. Soyez pauvre de langue
avec eux, leur parlant comme leur compagne : mais
soyez riche des mains, leur departant de vos biens,
comme plus abondante.

Voulez-vous faire encore davantage, ma Philotée?
ne vous contentez pas d'estre pauvre, comme les
pauvres, mais soyez plus pauvre que les pauvres : et
comment cela? Le serviteur est moindre que son
maistre : rendez-vous doncques servante des pauvres : allez les servir dans leurs licts quand ils sont
malades : je dis de vos propres mains : soyez leur
cuisiniere, et à vos propres despens : soyez leur lin-
gere et blanchisseuse. O ma Philotée, ce service est
plus triomphant qu'une royauté. Je ne puis assez
admirer l'ardeur avec laquelle cet advis fut practiqué par S. Louys, l'un des grands roys que le soleil
ait veu : mais je dis grand roy en toute sorte de
grandeur : il servoit fort souvent à la table des pauvres qu'il nourrissoit, et en faisoit venir presque
tous les jours trois à la sienne, et souvent il mangeoit les restes de leur potage avec un amour nompareil. Quand il visitoit les hospitaux des malades
( ce qu'il faisoit fort souvent) il se mettoit ordinairement à servir ceux qui avoient les maux les plus
horribles, comme ladre, chancreux et autres semblables : et leur faisoit tout son service à teste nuë,
et les genoux à terre, respectant en leur personne

le Sauveur du monde, et les cherissant d'un amour aussi tendre qu'une douce mere eust sceu faire son enfant. S<sup>te</sup> Elizabeth fille du roy d'Hongrie se mesloit ordinairement avec les pauvres et pour se recreer, s'habilloit quelquesfois en pauvre femme parmy ses dames, leur disant, si j'estois pauvre, je m'habillerois ainsi. O mon Dieu, chere Philotée, que ce prince et cette princesse estoient pauvres en leurs richesses, et qu'ils estoient riches en leur pauvreté.

Bien-heureux sont ceux qui sont ainsi pauvres : car à eux appartient le royaume des cieux : « J'ay eu « faim, vous m'avez repeu : j'ay eu froid, vous m'a- « vez revestu : possedez le royaume qui vous a esté « preparé dès la constitution du monde », dira le Roy des pauvres et des roys, en son grand jugement.

Il n'est celuy qui en quelque occasion n'ait quelque manquement et defaut de commoditez. Il arrive quelquesfois chez nous un hoste que nous voudrions et devrions bien traiter, il n'y a pas moyen pour l'heure, on a ses beaux habits en un lieu, on en auroit besoin en un autre, où il seroit requis de paroistre.

Il arrive que tous les vins de la cave se poussent et tournent, il n'en reste plus que les mauvais et verds. On se treuve aux champs dans quelque bicoque, où tout manque, on n'a lict, ny chambre, ny table, ny service. Enfin il est facile d'avoir souvent besoin de quelque chose pour riche qu'on soit. Or cela c'est estre pauvre en effect, de ce qui nous manque. Philotée, soyez bien-aise de ces rencontres, acceptez-les de bon cœur, souffrez-les gayement.

Quand il vous arrivera des inconveniens qui vous appauvriront, ou de beaucoup, ou de peu, comme font les tempestes, les feux, les inondations, les sterilitez, les larcins, les procez : o c'est alors la vraye saison de practiquer la pauvreté, recevant avec douceur ces diminutions de facultez, et s'accommodant patiemment, et constamment à cet appauvrissement. Esaü se presenta à son pere avec ses mains toutes couvertes de poil, et Jacob en fit de mesme : mais parce que le poil qui estoit ès mains de Jacob ne tenoit pas à sa peau, ains à ses gans, on luy pouvoit oster son poil sans l'offenser ny escorcher. Au contraire parce que le poil des mains d'Esaü tenoit à sa peau qu'il avoit toute veluë de son naturel, qui luy eust voulu arracher son poil, luy eust bien donné de la douleur : il eust bien crié, il se fust bien eschauffé à la deffense. Quand nos moyens nous tiennent au cœur, si la tempeste, si le larron, si le chiquaneur nous en arrache quelque partie, quelles plaintes, quels troubles, quelles impatiences en avons-nous ? Mais quand nos biens ne tiennent qu'au soin que Dieu veut que nous en ayons, et non pas à nostre cœur, si on nous les arrache, nous n'en perdrons pourtant pas le sens ny la tranquillité. C'est la difference des bestes et des hommes quant à leurs robbes : car les robbes des bestes tiennent à leur

14

chair, et celles des hommes y sont seulement appli-
quées en sorte qu'ils puissent les mettre et oster
quand ils veulent.

## CHAPITRE XVI.

Pour practiquer la richesse d'esprit emmy la pauvreté reelle.

Mais si vous estes reellement pauvre, tres-chere
Philotée, ô Dieu! soyez-le encore d'esprit, faictes de
necessité vertu, et employez cette pierre precieuse
de la pauvreté pour ce qu'elle vaut. Son esclat n'est
pas descouvert en ce monde : mais si est-ce pourtant
qu'il est extremement beau et riche.

Ayez patience, vous estes en bonne compagnie,
Nostre-Seigneur, Nostre-Dame, les apostres, tant de
saincts et de sainctes ont esté pauvres, et pouvant
estre riches, ils ont mesprisé de l'estre. Combien y
a-t'il de grands mondains, qui avec beaucoup de
contradictions sont allez rechercher avec un soin
nompareil la saincte pauvreté dedans les cloistres et
les hospitaux. Ils ont pris beaucoup de peine pour
la trouver, tesmoin S. Alexis, Ste Paule, S. Paulin,
S. Angele, et tant d'autres; et voilà, Philotée, que
plus gratieuse en vostre endroict elle se vient presenter chez vous : vous l'avez rencontrée sans la
chercher et sans peine, embrassez-la doncques
comme la chere amie de Jesus-Christ, qui nasquit,
vesquit et mourut avec la pauvreté, qui fut sa nourrice toute sa vie.

Vostre pauvreté, Philotée, a deux grands privileges, par le moyen desquels elle vous peut beau-

coup faire meriter. Le premier est, qu'elle ne vous est point arrivée par vostre choix, mais par la seule volonté de Dieu, qui vous a faicte pauvre, sans qu'il y ait eu aucune concurrence de vostre volonté propre. Or ce que nous recevons purement de la volonté de Dieu, luy est tousjours tres-agreable, pourveu que nous le recevions de bon cœur et pour l'amour de sa saincte volonté : où il y a moins du nostre, il y a plus de Dieu : la simple et pure acception de la volonté de Dieu rend une souffrance extremement pure.

Le second privilege de ceste pauvreté, c'est qu'elle est une pauvreté vrayement pauvre. Une pauvreté loüée, caressée, estimée, secouruë et assistée : elle tient de la richesse, elle n'est pour le moins pas du tout pauvre : mais une pauvreté mesprisée, rejettée, reprochée, et abandonnée, elle est vrayement pauvre. Or telle est pour l'ordinaire la pauvreté des seculiers : car parce qu'ils ne sont pas pauvres par leur election, mais par necessité, on n'en tient pas grand conte. Et en ce qu'on n'en tient pas grand conte : leur pauvreté est plus pauvre que celle des religieux, bien que ceste-cy d'ailleurs ait une excellence fort grande et trop plus recommandable, à raison du vœu et de l'intention pour laquelle elle a esté choisie.

Ne vous plaignez donc pas, ma chere Philot●, de vostre pauvreté : car on ne se plaint que de ce qui desplait, et si la pauvreté vous desplait, vous n'estes plus pauvre d'esprit, ains riche d'affection.

14.

Ne vous desolez point de n'estre pas si bien secouruë qu'il seroit requis, car en cela consiste l'excellence de la pauvreté. Vouloir estre pauvre et n'en
recevoir point d'incommodité, c'est une trop grande
ambition; car c'est vouloir l'honneur de la pauvreté,
et la commodité des richesses.

N'ayez point de honte d'estre pauvre ny de demander l'aumosne en charité. Recevez celle qui
vous sera donnée avec humilité, et acceptez le refus
avec douceur. Ressouvenez-vous souvent du voyage
que Nostre-Dame fit en Egypte pour y porter son
cher enfant : et combien de mespris, de pauvretez, de
misere il luy convint supporter. Si vous vivez comme cela, vous serez tres-riche en vostre pauvreté.

## CHAPITRE XVII.

### De l'amitié, et premierement de la mauvaise et frivole.

L'amour tient le premier rang entre les passions
de l'ame : c'est le roy de tous les mouvemens du
cœur : il convertit tout le reste à soy, et nous rend
tels, que ce qu'il ayme. Prenés doncques bien garde,
ma Philotée, de n'en point avoir de mauvais : car
tout aussi-tost vous seriez toute mauvaise. Or l'a-
mitié est le plus dangereux amour de tous, parce
que les autres amours peuvent estre sans communication : mais l'amitié estant totalement fondée sur
icelle, on ne peut presques l'avoir avec une personne sans participer à ses qualitez.

Tout amour n'est pas amitié, car on peut aimer
sans estre aymé, et lors il y a de l'amour, mais non

pas de l'amitié, d'autant que l'amitié est un amour mutuel; et s'il n'est pas mutuel, ce n'est pas amitié. 2. Et ne suffit pas qu'il soit mutuel, mais il faut que les parties qui s'entraiment sçachent leur reciproque affection. Car si elles l'ignorent, elles auront de l'amour, mais non pas de l'amitié. 3. Il faut avec cela qu'il y ait entr'elles quelque sorte de communication qui soit le fondement de l'amitié.

Selon la diversité des communications, l'amitié est aussi diverse : et les communications sont differentes, selon la difference des biens qu'on s'entre-communique : si ce sont des biens faux et vains, l'amitié est fausse et vaine : si ce sont des vrays biens, l'amitié est vraye : et plus excellens seront les biens, plus excellente sera l'amitié : Car comme le miel est plus excellent quand il se cueille ès fleurons des fleurs plus exquises : ainsi l'amour fondé sur une plus exquise communication est le plus excellent. Et comme il y a du miel en Heraclée de Ponte, qui est veneneux, et fait devenir insencez ceux qui le mangent, parce qu'il est recueilly sur l'aconit, qui est abondant en ceste region là ! ainsi l'amitié fondée sur la communication des faux et vicieux biens, est toute fausse et mauvaise.

La communication des voluptez charnelles est une mutuelle propension et amorce brutale, laquelle ne peut non plus porter le nom d'amitié entre les hommes, que celles des asnes et chevaux pour semblables effects : et s'il n'y avoit nulle autre communication au mariage, il n'y auroit non plus nulle amitié : mais parce qu'outre celle-là il y a en iceluy la communication de la vie, de l'industrie, des biens, des affections, et d'une indissoluble fidelité, c'est pourquoy l'amitié du mariage est une vraye amitié et saincte.

L'amitié fondée sur la communication des plaisirs sensuels, est toute grossiere, indigne du nom d'amitié : comme aussi celle qui est fondée sur des vertus frivoles et vaines, parce que ces vertus dependent aussi des sens. J'appelle plaisirs sensuels ceux qui s'attachent immediatement, et principalement aux sens exterieurs, comme le plaisir de voir la beauté, d'ouïr une douce voix, de toucher, et semblables. J'appelle vertus frivoles, certaines habilités et qualitez vaines, que les foibles esprits appellent vertus et perfections. Oyez parler la plus-part des filles, des femmes, et des jeunes gens, ils ne se feindront nullement de dire; un tel gentil-homme est fort vertueux, il a beaucoup de perfections : car il danse bien, il joüe bien à toutes sortes de jeux, il s'habille bien, il chante bien, il cajole bien, il a bonne mine. Et les charlatans tiennent pour les plus vertueux d'entre-eux, ceux qui sont les plus grands bouffons. Or comme tout cela regarde les sens, aussi les amitiez qui en proviennent s'appellent sensuelles, vaines, et frivoles : et meritent plustost le nom de folastrerie que d'amitié. Ce sont ordinairement les amitiez des jeunes gens, qui se tiennent aux moustaches, aux cheveux, aux œillades, aux habits, à la morgue, à la babillerie :

amitiez dignes de l'aage des amans qui n'ont encore aucune vertu qu'en bourre, ny nul jugement qu'en bouton : aussi telles amitiez ne sont que passageres, et fondent comme la neige au soleil.

## CHAPITRE XVIII.
### Des amourettes.

Quand ces amitiez folastres se practiquent entre gens de divers sexe, et sans pretention du mariage, elles s'appellent amourettes : car n'estant que certains avortons, ou plustost fantosmes d'amitié, elles ne peuvent porter le nom, ny d'amitié, ny d'amour pour leur incomparable vanité et imperfection. Or par icelles les cœurs des hommes, et des femmes demeurent pris et engagez, et entrelacez les uns avec les autres, en vaines et folles affections, fondées sur ces frivoles communications et chetifs agréemens, desquels je viens de parler. Et bien que ces sottes amours vont ordinairement fondre et s'abysmer en des charnalitez, et lascivetez fort vilaines, si est-ce que ce n'est pas le premier dessein de ceux qui les exercent, autrement ce ne seroient plus amourettes, ains impudicitez manifestes. Ils se passeront mesmes quelquesfois plusieurs années sans qu'il arrive entre ceux qui sont atteints de ceste folie, aucune chose qui soit directement contraire à la chasteté du corps, iceux s'arrestant seulement à detremper leurs cœurs en souhaits, desirs, souspirs, mugueteries, et autres telles niaiseries et vanitez, et ce pour diverses pretensions.

Les uns n'ont autre dessein que d'assouvir leurs cœurs à donner et recevoir de l'amour, suyvant en cela leur inclination amoureuse, et ceux-cy ne regardent à rien pour le choix de leurs amours, sinon leur goust et instinct, si qu'à la rencontre d'un subjet agreable sans examiner l'interieur ny les deportemens d'iceluy, ils commenceront cette communication d'amourettes, et se fourreront dedans les miserables filez, desquels par apres ils auront peine de sortir. Les autres se laissent aller à cela par vanité, leur estant advis que ce ne soit pas peu de gloire de prendre et lier des cœurs par amour. Et ceux-cy faisant leur election pour la gloire, dressent leurs pieges, et tendent leurs toiles en des lieux specieux, relevez, rares et illustres. Les autres sont portez et par leur inclination amoureuse, et par la vanité tout ensemble : car encore qu'ils ayent le cœur contourné à l'amour, si ne veulent-ils pourtant pas en prendre qu'avec quelque advantage de gloire. Ces amitiez sont toutes mauvaises, folles et vaines : mauvaises, d'autant qu'elles abboutissent et se terminent en fin en peché de la chair, et qu'elles desrobent l'amour, et par consequent le cœur à Dieu, à la femme et au mary, à qui il estoit deub : folles, parce qu'elles n'ont ny fondement, ny raison : vaines, parce qu'elles ne rendent aucun profit, ny honneur, ny contentement. Au contraire elles perdent le temps, embarassent l'honneur, sans donner aucun plaisir, que celuy d'un empressement de pretendre et esperer sans sçavoir ce qu'on veut ny qu'on pre-

tend. Car il est tousjours advis à ces chetifs et foibles
esprits qu'il y a je ne sçay quoy à desirer ès tesmoi-
gnages qu'on leur rend de l'amour reciproque, et
ne sçauroient dire que c'est, dont leur desir ne peut
finir; mais va tousjours pressant leur cœur de perpetuelles deffiances, jalousies et inquietudes.

S. Gregoire Nazianzene escrivant contre les femmes vaines, dit merveilles sur ce subject : en voicy
une petite piece qu'il addresse voirement aux femmes, mais bonne encore pour les hommes : « Ta na-
« turelle beauté suffit pour ton mary, que si elle est
« pour plusieurs hommes, comme un filet estendu
« pour une trouppe d'oyseaux, qu'en arrivera-t-il? ce-
« luy-là te plaira qui se plaira en ta beauté : tu ren-
« dras œillade pour œillade, regard pour regard : sou-
« dain suivront les sousris, et petits mots d'amour,
« laschez à la desrobée pour le commencement :
« mais bien-tost on s'apprivoisera, et passera-t'on à la
« cajollerie manifeste. Garde bien, ô ma langue par-
« leuse, de dire ce qui arrivera par après; si diray-
« je neantmoins encore ceste verité. Rien de tout ce
« que les jeunes gens, et les femmes disent, ou font
« ensemble en ces folles complaisances, n'est exempt
« de grands esguillons. Tous les fatras d'amourettes
« se tiennent l'un à l'autre, et s'entresuivent tous ne
« plus ne moins qu'un fer tiré par l'aymant, en tire
« plusieurs autres consecutivement. »

O qu'il dict bien ce grand evesque : que pensez-
vous faire? donner de l'amour? non pas? mais personne n'en donne volontairement, qui n'en prenne

necessairement. Qui prend, est pris en ce jeu. L'herbe Aproxis reçoit et conçoit le feu aussitost qu'elle le void: nos cœurs en sont de mesme, soudain qu'ils voyent une ame enflammée d'amour pour eux, ils sont incontinent embrasez pour elle. J'en veux bien prendre, me dira quelqu'un, mais non pas fort avant. Helas! vous vous trompez, ce feu d'amour est plus actif et penetrant qu'il ne vous semble, vous cuiderez n'en recevoir qu'une estincelle, et vous serez tout estonné de voir qu'en un moment il aura saisi tout vostre cœur, reduit en cendre toutes vos resolutions, et en fumée vostre reputation. Le sage s'escrie : « Qui aura compassion « d'un enchanteur picqué par le serpent? » Et je m'escrie apres luy, ô fols et insensez, cuidez-vous charmer l'amour pour le pouvoir manier à vostre gré? Vous vous voulez joüer avec luy, il vous picquera et mordera mauvaisement, et sçavez-vous ce qu'on en dira? chascun se mocquera de vous, et on rira dequoy vous avez voulu enchanter l'amour, et que sur une fausse assurance vous avez voulu mettre dedans vostre sein une dangereuse couleuvre, qui vous a gasté et perdu d'ame et d'honneur.

O Dieu! quel aveuglement est cestuy-cy, de joüer ainsi à credit sur des gages si frivoles, la principale piece de nostre ame? Ouy, Philotée car Dieu ne veut l'homme que pour l'ame, ny l'ame que pour la volonté, ny la volonté que pour l'amour. Helas! nous n'avons pas d'amour à beaucoup pres de ce que nous avons besoin. Je veux dire, il

s'en faut infiniment que nous en ayons assez pour
aymer Dieu : et cependant miserables que nous
sommes, nous le prodiguons et espenchons en choses sottes et vaines et frivoles, comme si nous en
avions de reste. Ah! ce grand Dieu, qui s'estoit re-
servé le seul amour de nos ames, en recognoissance de leur creation, conservation et redemption,
exigera un compte bien estroit de ces folles deduites
que nous en faisons. Que s'il doit faire un examen
si exact des paroles oisives, qu'est-ce qu'il fera des
amitiez oiseuses, impertinentes, folles et pernicieuses?

Le noyer nuit grandement aux vignes et aux
champs, esquels il est planté, parce qu'estant si grand
il attire tout le suc de la terre, qui ne peut par apres
suffire à nourrir le reste des plantes : ses fueillages
sont si touffus, qu'ils font un ombrage grand et es-
pais, et enfin il attire les passans à soy, qui pour
abbatre son fruict, gastent et foulent tout autour.
Ces amourettes font les mesmes nuisances à l'ame :
car elles l'occupent tellement, et tirent si puissamment ses mouvemens, qu'elle ne peut pas apres suffire à aucune bonne œuvre : les fueilles, c'est à dire
les entretiens, amusemens, et muguetteries, sont si
frequentes, qu'elles dissipent tout le loisir. Et enfin
elles attirent tant de tentations, distractions, soupçons, et autres consequences, que tout le cœur en
est foulé et gasté. Bref ces amourettes bannissent
non seulement l'amour celeste, mais encore la
crainte de Dieu, enervent l'esprit, affoiblissent la

reputation : c'est en un mot le joüet des cours, mais la peste des cœurs.

## CHAPITRE XIX.

### Des vrayes amitiez.

O Philotée, aymez un chascun d'un grand amour charitable : mais n'ayez point d'amitié qu'avec ceux qui peuvent communiquer avec vous de choses vertueuses : et plus les vertus que vous mettrez en vostre commerce seront exquises, plus vostre amitié sera parfaicte. Si vous communiquez ès sciences, vostre amitié est certes fort loüable : plus encore si vous communiquez aux vertus, en la prudence, discretion, force et justice. Mais si vostre mutuelle et reciproque communication se fait de la charité, de la devotion, de la perfection chrestienne, ô Dieu que vostre amitié sera precieuse : Elle sera excellente, parce qu'elle vient de Dieu, excellente parce qu'elle tend à Dieu, excellente parce que son lien c'est Dieu, excellente parce qu'elle durera eternellement en Dieu. O qu'il faict bon aymer en terre comme l'on ayme au ciel, et apprendre à s'entrecherir en ce monde, comme nous ferons eternellement en l'autre. Je ne parle pas icy de l'amour simple de charité ; car il doit estre porté à tous les hommes ; mais je parle de l'amitié spirituelle, par laquelle deux ou trois, ou plusieurs ames se communiquent leur devotion, leurs affections spirituelles, et se rendent un seul esprit entre elles. Qu'à bon droict peuvent chanter telles heureuses ames : « O que voicy com-

« bien il est bon et agréable, que les freres habitent
« ensemble. » Ouy, car le baume delicieux de la
devotion distille de l'un des cœurs en l'autre, par
une continuelle participation, si qu'on peut dire
que Dieu a respandu sur cette amitié sa benediction,
et la vie jusques aux siecles des siecles.

Il m'est advis que toutes les autres amitiez ne
sont que des ombres au prix de celle-cy, et que leurs
liens ne sont que des chaines de verre ou de jayet,
en comparaison de ce grand lien de la saincte devotion, qui est tout d'or.

Ne faites point d'amitié d'autre sorte, je veux
dire des amitiez que vous faites : car il ne faut pas
ny quitter ny mespriser pour cela les amitiez que la
nature et les precedens devoirs vous obligent de
cultiver des parens, des alliez, des bien-faicteurs,
des voisins et autres; je parle de celles que vous
choisissez vous-mesme.

Plusieurs vous diront peut-estre qu'il ne faut avoir
aucune sorte de particuliere affection et amitié,
d'autant que cela occupe le cœur, distrait l'esprit,
engendre les envies, mais ils se trompent en leurs
conseils : car ils ont vu ès escrits de plusieurs saincts
et devots autheurs, que les amitiez particulieres et
affections extraordinaires, nuisent infiniment aux
religieux : ils cuident que c'en soit de mesme du
reste du monde, mais il y a bien à dire. Car attendu
qu'en un monastere bien reglé, le dessein commun
de tous tend à la vraye devotion, il n'est pas requis
d'y faire ces particulieres communications, de peur

que cherchant en particulier ce qui est commun, on ne passe des particularitez aux partialitez : mais quant à ceux qui sont entre les mondains, et qui embrassent la vraye vertu, il leur est necessaire de s'allier les uns aux autres par une saincte et sacrée amitié : car par le moyen d'icelle ils s'animent, ils s'aydent, ils s'entreportent au bien. Et comme ceux qui cheminent en la plaine n'ont pas besoin de se prester la main, mais ceux qui sont ès chemins scabreux et glissans s'entretiennent l'un l'autre pour cheminer plus seurement : ainsi ceux qui sont ès religions n'ont pas besoin des amitiez particulieres : mais ceux qui sont au monde en ont necessité pour s'asseurer et secourir les uns les autres parmy tant de mauvais passages qu'il leur faut franchir. Au monde tous ne conspirent pas à mesme fin, tous n'ont pas le mesme esprit : il faut donc sans doute se tirer à part, et faire des amitiez selon nostre pretension : et cette particularité fait voirement une partialité, mais une partialité saincte qui ne fait aucune division sinon celle du bien et du mal, des brebis et des chevres, des abeilles et des freslons, separation necessaire.

Certes on ne sçauroit nier que Nostre-Seigneur n'aimast d'une plus douce et plus speciale amitié, S. Jean, le Lazare, Marthe, Magdeleine, car l'Escriture le tesmoigne : on sçait que S. Pierre cherissoit tendrement S. Marc et S^te Petronille, comme S. Paul faisoit son Thimothée, et S^te Thecle. S. Gregoire Nazianzene se vante cent fois de l'amitié nompareille qu'il eut avec le grand S. Basile, et la descrit en cette sorte ; « Il sembloit qu'en l'un et l'autre « de nous il n'y eust qu'une seule ame portant deux « corps. Que s'il ne faut pas croire ceux qui disent « que toutes choses sont en toutes choses, si nous « faut-il pourtant adjouster foy que nous estions « tous deux en l'un de nous, et l'un en l'autre ; une « seule pretension avions-nous tous deux de cultiver « la vertu, et accommoder les desseins de nostre vie « aux esperances futures, sortant ainsi hors de la « terre mortelle avant que d'y mourir. » S. Augustin tesmoigne que S. Ambroise aymoit uniquement Ste Monique pour les rares vertus qu'il voyoit en elle, et qu'elle reciproquement le cherissoit comme un ange de Dieu.

Mais j'ay tort de vous amuser en chose si claire. S. Hierosme, S. Augustin, S. Gregoire, S. Bernard, et tous les plus grands serviteurs de Dieu ont eu de tres-particulieres amitiez sans interest de leur perfection. S. Paul reprochant le detraquement des Gentils, les accuse d'avoir esté gens sans affection, c'est à dire, qui n'avoient aucune amitié. Et S. Thomas, comme tous les bons philosophes, confesse que l'amitié est une vertu. Or il parle de l'amitié particuliere : puis que comme il dit, la parfaicte amitié ne peut s'estendre à beaucoup de personnes. La perfection doncques ne consiste pas à n'avoir point d'amitié, mais à n'en avoir point que de bonne, de saincte et sacrée.

## CHAPITRE XX.

### De la difference des vrayes et des vaines amitiez.

Voicy doncques le grand advertissement, ma Philotée, le miel d'Heraclée, qui est si veneneux, ressemble à l'autre qui est si salutaire : il y a grand danger de prendre l'un pour l'autre, ou de les prendre meslez : car la bonté de l'un n'empescheroit pas la nuisance de l'autre. Il faut estre sur sa garde pour n'estre point trompé en ces amitiez, notamment quand elles se contractent entre personnes de divers sexe : sous quel pretexte que ce soit : car bien souvent Satan donne le change à ceux qui aiment. On commence par l'amour vertueux, mais si on n'est fort sage, l'amour frivole se meslera, puis l'amour sensuel, puis l'amour charnel : ouy, mesme il y a danger en l'amour spirituel, si on n'est fort sur sa garde, bien qu'en cestuy-cy il soit plus difficile de prendre le change, parce que sa pureté et blancheur rendent plus cognoissables les soüilleures que Satan y veut mesler ; c'est pourquoy quand il l'entreprend, il fait cela plus finement, et essaye de glisser les impuretez presque insensiblement.

Vous cognoistrez l'amitié mondaine d'avec la saincte et vertueuse, comme l'on cognoist le miel d'Heraclée d'avec l'autre : le miel d'Heraclée est plus doux à la langue que le miel ordinaire, à raison de l'aconit qui luy donne un surcroist de douceur, et l'amitié mondaine produit ordinairement un grand amas de paroles emmiellées, une cajolerie

de petits mots passionnez, et de loüanges tirées de
la beauté, de la grace et des qualitez sensuelles :
mais l'amitié sacrée a un langage simple et franc,
ne peut loüer que la vertu et grace de Dieu, unique fondement sur lequel elle subsiste. Le miel
d'Heraclée estant avalé excite un tournoyement de
teste : et la fausse amitié provoque un tournoyement d'esprit, qui faict chanceller la personne en
la chasteté et devotion, la portant à des regards af-
fectez, mignards et immoderez : à des caresses sensuelles, à des souspirs desordonnez, à des petites
plaintes de n'estre pas aimée, à des petites, mais re-
cherchées, mais attrayantes contenances, galante-
ries, poursuite de baisers ; et autres privautez et
faveurs inciviles, presages certains et indubitables
d'une prochaine ruine de l'honnesteté : mais l'amitié saincte n'a des yeux que simples et pudiques, ny
des caresses que pures et franches, ny des souspirs
que pour le ciel, ny des privautez que pour l'esprit,
ny des plaintes, sinon quand Dieu n'est pas aymé,
marques infaillibles de l'honnesteté. Le miel d'Heraclée trouble la veuë, et cette amitié mondaine
trouble le jugement, en sorte que ceux qui en sont
atteints pensent bien faire en mal-faisant, et cuident que leurs excuses, pretextes et paroles soyent
des vrayes raisons. Ils craignent la lumiere, et ayment les tenebres : mais l'amitié saincte a les yeux
clair-voyans, et ne se cache point, ains paroist volontiers devant les gens de bien. Enfin le miel d'Heraclée donne une grande amertume en la bouche :

ainsi les fausses amitiez se convertissent et terminent en paroles et demandes charnelles et puantes : ou en cas de refus, à des injures, calomnies, impostures, tristesses, confusions et jalousies, qui aboutissent bien souvent en abrutissement, et forcenerie : mais la chaste amitié est tousjours esgalement honneste, civile et amiable, et jamais ne se convertit qu'en une plus parfaite et pure union d'esprits, image vive de l'amitié bien-heureuse que l'on exerce au ciel.

S. Gregoire Nazianzene dit que le paon faisant son cry, lors qu'il fait sa roüe et pavonade, excite grandement les femelles qui l'escoutent à la lubricité. Quand on voit un homme pavoner, se parer, et venir comme cela cajoler, chucheter et barguigner aux oreilles d'une femme ou d'une fille, sans pretention d'un juste mariage, ha ! sans doute ce n'est que pour la provoquer à quelque impudicité : et la femme d'honneur bouschera ses oreilles pour ne point ouyr le cry de ce paon, et la voix de l'enchanteur qui la veut enchanter finement : que si elle escoute, ô Dieu, quel mauvais augure de la future perte de son cœur.

Les jeunes gens qui font des contenances, grimaces et caresses, ou disent des paroles esquelles ils ne voudroyent pas estre surprins par leurs peres, meres, maris, femmes ou confesseurs, tesmoignent en cela qu'ils traitent d'autre chose que de l'honneur et de la conscience. Nostre-Dame se trouble voyant un ange en forme humaine, parce qu'elle estoit seule, et qu'il luy donnoit des extremes, quoy que celestes loüanges. O Sauveur du monde, la pureté craint un ange en forme humaine, et pourquoy doncques l'impureté ne craindra-t'elle un homme, encore qu'il fust en figure d'ange, quand il la loüe des loüanges sensuelles et humaines?

## CHAPITRE XXI.

### Advis et remedes contre les mauvaises amitiez.

Mais quels remedes contre cette engeance et formilliere de folles amours, folastreries, impuretés? soudain que vous en aurez les premiers ressentimens, tournés vous court de l'autre costé, et avec une detestation absoluë de cette vanité, courez à la croix du Sauveur, et prenez sa couronne d'espines pour en environner vostre cœur, à fin que ces petits renardeaux n'en approchent. Gardez bien de venir à aucune sorte de composition avec cet ennemy, ne dites pas, je l'escouteray, mais je ne feray rien de ce qu'il me dira. Je luy presteray l'oreille, mais je luy refuseray le cœur. O ma Philotée, pour Dieu soyez rigoureuse en telles occasions : le cœur et les oreilles s'entretiennent l'un à l'autre, et comme il est impossible d'empescher un torrent qui a pris sa descente par le pendant d'une montagne, aussi est-il difficile d'empescher que l'amour qui est tombé en l'oreille, ne fasse soudain sa cheute dans le cœur. Les chevres selon Alcmeon, haleinent par les oreilles, et non par les nazeaux : il est vray qu'Aristote le nie : or ne sçay-je ce que c'en est; mais je sçay bien pourtant que nostre cœur haleine par l'oreille, et que comme il aspire et exhale ses pensées par la langue, il respire aussi par l'oreille, par laquelle il reçoit les pensées des autres. Gardons donc soigneusement nos oreilles de l'air des folles paroles : car autrement soudain nostre cœur en seroit empesté. N'escoutez nulle sorte de propositions sous quel pretexte que ce soit, en ce seul cas il n'y a point de danger d'estre incivile et aggreste.

Ressouvenez-vous que vous avez voüé vostre cœur à Dieu, et que vostre amour luy estant sacrifié : ce seroit donc un sacrilege de luy en oster un seul brin : sacrifiez-le luy plustost derechef par mille resolutions et protestations, et vous tenant entre icelles, comme un cerf dans son fort ; reclamez Dieu, il vous secourera, et son amour prendra le vostre en sa protection, à fin qu'il vive uniquement pour luy.

Que si vous estes dejà prise dans les filets de ces folles amours, ô Dieu, quelle difficulté de vous en desprendre ! mettez-vous devant sa divine Majesté, cognoissez en sa presence la grandeur de vostre misere, vostre foiblesse et vanité, puis avec le plus grand effort de cœur qu'il vous sera possible, detestez ces amours commencées, abjurez la vaine profession que vous en avez faite, renoncez à toutes les promesses receuës ; et d'une grande et tres-absoluë volonté, arrestez en vostre cœur, et vous resolvez de ne jamais plus rentrer en ces jeux, et entretiens d'amour.

Si vous pouviez vous esloigner de l'object, je l'ap-

prouverois infiniment : car comme ceux qui ont esté
mordus des serpens ne peuvent pas aisement guerir
en la presence de ceux qui ont esté autrefois blessés
de la mesme morsure : aussi la personne qui est pic-
quée d'amour guerira difficilement de cette passion
tandis qu'elle sera proche de l'autre, qui aura esté
atteinte de la mesme picqueure. Le changement de
lieu sert extresmement pour appaiser les ardeurs et
inquietudes, soit de la douleur, soit de l'amour. Le
garçon duquel parle S. Ambroise, au livre second
de la penitence, ayant fait un long voyage revint
entierement delivré des folles amours qu'il avoit
exercées, et tellement changé, que la sotte amoureuse le rencontrant, et luy disant, ne me cognois-tu
pas ? je suis bien moy-mesme : Ouy dea, respondit-
il, mais moy je ne suis pas moy-mesme : l'absence
luy avoit apporté cette heureuse mutation. Et S. Augustin tesmoigne que pour alleger la douleur qu'il
eut en la mort de son amy, il s'osta de Tagaste, où
icelui estoit mort, et s'en alla à Carthage.

Mais qui ne peut s'esloigner, que doit-il faire ?
il faut absolument retrancher toute conversation
particuliere, tout entretien secret, toute douceur des
yeux, tout sousris, et generalement toutes sortes de
communications et amorces qui peuvent nourrir ce
feu puant et fumeux : ou pour le plus s'il est force
de parler au complice, que ce soit pour declarer
par une hardie, courte et severe protestation, le di-
vorce eternel que l'on a juré. Je crie tout haut à quiconque est tombé dans ces pieges d'amourettes,

taillez, tranchez, rompez, il ne faut pas s'amuser à
descoudre ces folles amitiez, il les faut deschirer : il
n'en faut pas desnoüer les liaisons, il les faut rompre ou couper, aussi bien les cordons et liens n'en
valent rien. Il ne faut point mesnager pour un amour
qui est si contraire à l'amour de Dieu.

Mais apres que j'auray ainsi rompu les chaisnes
de cet infasme esclavage, encore m'en restera-t'il
quelque ressentiment, et les marques et traces des
fers en demeureront encore imprimées en mes pieds,
c'est à dire, en mes affections. Non feront, Philotée,
si vous avez conceu autant de detestation de vostre
mal comme il merite : car si cela est, vous ne serez
plus agitée d'aucun mouvement que de celuy d'un
extresme horreur de cet infasme amour, et de tout
ce qui en despend : et demeurerez quitte de toute
autre affection envers l'objet abandonné, que de
celle d'une tres-pure charité pour Dieu : mais si
pour l'imperfection de vostre repentir, il vous reste
encore quelques mauvaises inclinations, procurez
pour vostre ame une solitude mentale, selon ce que
je vous ay enseigné cy-devant, et retirez-vous y le
plus que vous pourrez, et par mille reïterez eslancemens d'esprit, renoncez à toutes vos inclinations,
reniez-les de toutes vos forces ; lisez plus que l'ordinaire des saincts livres ; confessez-vous plus souvent
que de coustume, et vous communiez ; conferez humblement et naïfvement de toutes les suggestions et
tentations qui vous arriveront pour ce regard, avec
vostre directeur, si vous pouvez, ou au moins avec

quelque ame fidelle et prudente. Et ne doutez point
que Dieu ne vous affranchisse de toutes passions,
pourveu que vous continuiez fidellement en ces
exercices.

Ah ! ce me direz-vous, mais ne sera-ce point une
ingratitude de rompre si impiteusement une amitié ?
ô que bien-heureuse est l'ingratitude qui nous rend
agreables à Dieu ! non de par Dieu, Philotée, ce
ne sera pas ingratitude, ains un grand benefice que
vous ferez à l'amant : car en rompant vos liens, vous
romprez les siens, puis qu'ils vous estoient communs,
et bien que pour l'heure il ne s'apperçoive pas de
son bon-heur, il le recognoistra bientost apres, et
avec vous chantera pour action de grace : « O Sei-
« gneur, vous avez rompu mes liens, je vous sacrifie-
« ray l'hostie de loüange : et invoqueray vostre
« sainct nom. »

## CHAPITRE XXII.
### Quelques autres advis sur le subjet des amitiez.

L'amitié requiert une grande communication entre les amans, autrement elle ne peut ny naistre,
ny subsister. C'est pourquoy il arrive souvent qu'avec
la communication de l'amitié, plusieurs autres communications passent et se glissent insensiblement
de cœur en cœur par une mutuelle infusion et reciproque escoulement d'affections, d'inclinations et
d'impressions : Mais sur tout, cela arrive quand
nous estimons grandement celuy que nous aymons :
car alors nous ouvrons tellement le cœur à son

amitié, qu'avec icelle ses inclinations et impressions entrent aysément toutes entieres, soit qu'elles soient bonnes, ou qu'elles soient mauvaises. Certes, les abeilles qui amassent le miel d'Heraclée, ne cherchent que le miel, mais avec le miel elles succent insensiblement les qualitez veneneuses de l'aconit, sur lequel elles font leur cueillette. Or donc Philotée, il faut bien practiquer en ce subjet la parole que le Sauveur de nos ames souloit dire, ainsi que les anciens nous ont appris. Soyez bons changeurs et monnoyeurs : c'est à dire, ne recevez pas la fausse monnoye avec la bonne, ny le bas or avec le fin or: separez le precieux d'avec le chetif, ouy : car il n'y a presque celuy qui n'ait quelque imperfection. Et quelle raison y a-t'il de recevoir pesle-mesle les tares et imperfections de l'amy avec son amitié? Il le faut, certes, aimer nonobstant son imperfection, mais il ne faut ny aymer ny recevoir son imperfection : car l'amitié requiert la communication du bien et non pas du mal. Comme donc ceux qui tirent le gravier du Tage, en separent l'or qu'ils y trouvent pour l'emporter, et laissent le sable sur le rivage : de mesme ceux qui ont la communication de quelque bonne amitié, doivent en separer le sable des imperfections, et ne le point laisser entrer en leur ame. Certes, S. Gregoire Nazianzene, tesmoigne que plusieurs aimant et admirant S. Basile, s'estoient laissez porter à l'imiter, mesme en ses imperfections exterieures, en son parler lentement, et avec un esprit abstrait et pensif, en la forme de sa barbe, et en sa desmarche. Et nous voyons des maris, des femmes, des enfans, des amis, qui ayant en grande estime leurs amis, leurs peres, leurs maris, et leurs femmes, acquierent ou par condescendance, ou par imitation, mille mauvaises petites humeurs au commerce de l'amitié qu'ils ont ensemble. Or cela ne se doit aucunement faire, car chascun a bien assez de ses mauvaises inclinations, sans se surcharger de celles des autres : et non seulement l'amitié ne requiert pas cela, mais au contraire, elle nous oblige à nous entre-aider pour nous affranchir reciproquement de toutes sortes d'imperfections. Il faut sans doute supporter doucement l'amy en ses imperfections, mais non pas le porter en icelles, et beaucoup moins les transporter en nous.

Mais je ne parle que des imperfections : car quant aux pechez, il ne faut ny les porter ny les supporter en l'amy. C'est une amitié ou foible ou meschante de voir perir l'amy, et ne le point secourir, de le voir mourir d'une aposthème, et n'oser luy donner le coup du rasoir de la correction pour le sauver. La vraye et vivante amitié ne peut durer entre les pechez. On dit que la Salamandre esteint le feu dans lequel elle se couche, et le peché ruine l'amitié en laquelle il se loge : si c'est un peché passager, l'amitié luy donne soudain la fuite par la correction : mais s'il sejourne et arreste, tout aussi tost l'amitié perit : car elle ne peut subsister que sur la vraye vertu : combien moins donc doit-on pecher pour l'amitié? L'amy est ennemy quand il nous veut conduire au peché, et merite de perdre l'amitié, quand il veut perdre et damner l'a-my : ains c'est l'une des plus asseurées marques d'une fausse amitié, que de la voir practiquée envers une personne vicieuse : et de quelle sorte de peché que soit. Si celuy que nous aimons est vicieux, sans doute nostre amitié est vicieuse : car puis qu'elle ne peut regarder la vraye vertu, il est force qu'elle considere quelque vertu folastre, et quelque qualité sensuelle.

La societé faicte pour le profit temporel entre les marchands, n'a que l'image de la vraye amitié : car elle se fait, non pour l'amour des personnes, mais pour l'amour du gain.

Enfin ces deux divines paroles sont deux grandes colomnes pour bien asseurer la vie chrestienne; l'une est du sage : « Qui craint Dieu, aura pareil-« lement une bonne amitié. » L'autre est de S. Jacques, « l'amitié de ce monde est ennemie de Dieu. »

## CHAPITRE XXIII.

### Des exercices de la mortification exterieure.

Ceux qui traictent des choses rustiques et champestres, asseurent, que si on escrit quelque mot sur une amande bien entiere, et qu'on la remette dans son noyau, le pliant et serrant bien proprement, et le plantant ainsi, tout le fruict de l'arbre qui en viendra se trouvera escrit et gravé du mesme mot. Pour moy, Philotée, je n'ay jamais pu approuver la me-

thode de ceux qui pour reformer l'homme, commencent par l'exterieur, par les contenances, par
les habits, par les cheveux.

Il me semble au contraire, qu'il faut commencer
par l'interieur : « Convertissez-vous à moy, dit Dieu,
« de tout vostre cœur; mon enfant donne moy ton
« cœur. » Car aussi le cœur estant la source des actions elles sont telles qu'il est l'espoux divin, invitant
l'ame; « Mets-moy, dit-il, comme un cachet sur
« ton cœur, comme un cachet sur ton bras. » Ouy
vrayement : car quiconque a Jesus-Christ en son
cœur, il l'a bien tost apres en toutes ses actions exterieures. C'est pourquoy, chere Philotée, j'ay voulu avant toutes choses graver et inscrire sur vostre
cœur ce mot sainct et sacré, vive Jesus, asseuré que
je suis, qu'apres cela vostre vie, laquelle vient de
vostre cœur comme un amandier de son noyau,
produira toutes ses actions, qui sont ses fruicts, es-
crites et gravées du mesme mot de salut. Et que
comme ce doux Jesus vivra dedans vostre cœur, il
vivra aussi en tous vos deportemens, et paroistra en
vos yeux, en vostre bouche, en vos mains, voire
mesme en vos cheveux : et pourrez sainctement dire
à l'imitation de S. Paul : « je vis, mais non plus moy;
« ains, Jesus-Christ vit en moy. » Bref, qui a gaigné le cœur de l'homme, a gaigné tout l'homme.
Mais ce cœur mesme, par lequel nous voulons commencer, requiert qu'on l'instruise comme il doit for-
mer son train et maintien exterieur, afin que non
seulement on y voye la saincte devotion, mais aussi

une grande sagesse et discretion. Pour cela je vous vay briefvement donner plusieurs advis.

Si vous pouvez supporter le jeusne, vous ferez bien de jeusner quelques jours, outre les jeusnes que l'Eglise nous commande : car outre l'effet ordinaire du jeusne, d'eslever l'esprit, reprimer la chair, practiquer la vertu, et acquerir plus grande recompense au ciel : c'est un grand bien de se maintenir en la possession de gourmander la gourmandise mesme, et tenir l'appetit sensuel, et le corps subjet à la loy de l'Esprit : et bien qu'on ne jeusne pas beaucoup, l'ennemy neantmoins, nous craint davantage, quand il cognoist que nous sçavons jeusner. Les mercredy, vendredy, et samedy, sont les jours esquels les anciens chrestiens s'exerçoient le plus à l'abstinence. Prenez-en donc de ceux-là pour jeusner, autant que vostre devotion, et la discretion de vostre directeur vous le conseilleront.

Je dirois volontiers comme S. Hierosme dit à la bonne dame Leta. « Les jeusnes longs et immoderez « me desplaisent bien fort, sur-tout en ceux qui sont « en aage encore tendre. » « J'ay appris par expe- « rience, que le petit asnon estant las en chemin, « cherche de s'escarter » : c'est à dire, les jeunes gens portez à des infirmitez par l'excez des jeusnes, se convertissent aisement aux delicatesses. Les cerfs courent mal en deux temps, quand ils sont trop chargez de venaison, et quand ils sont trop maigres. Nous sommes grandement exposez aux tentations, quand nostre corps est trop nourry, et quand il est trop abattu : car l'un le rend insolent en son aise, et l'autre le rend desesperé en son mesaise. Et comme nous ne le pouvons porter quand il est trop gras, aussi ne nous peut-il porter quand il est trop maigre. Le defaut de cette moderation ès jeusnes, disciplines, haires èt aspretez, rend inutiles au service de la charité les meilleures années de plusieurs : comme il fit mesme à S. Bernard, qui se repentit d'avoir usé de trop d'austerité ; et d'autant qu'ils l'ont mal traicté au commencement, ils sont contraints de flatter à la fin. N'eussent-ils pas mieux faict de luy faire un traictement egal et proportionné aux offices et travaux auxquels leurs conditions les obligeoient.

Le jeusne et le travail mattent et abbattent la chair. Si le travail que vous ferez vous est necessaire ou fort utile à la gloire de Dieu, j'ayme mieux que vous souffriez la peine du travail, que celle du jeusne. C'est le sentiment de l'Eglise, laquelle pour les travaux utiles au service de Dieu et du prochain, descharge ceux qui les font du jeusne mesme commandé. L'un a de la peine à jeusner, l'autre en a à servir les malades, visiter les prisonniers, confesser, prescher, assister les desolez, prier, et semblables exercices : cette peine vaut mieux que celle-là. Car outre qu'elle matte esgalement, elle a des fruicts beaucoup plus desirables. Et partant generalement il est mieux de garder plus de forces corporelles qu'il n'est requis, que d'en ruiner plus qu'il ne faut. Car on peut tousjours les abattre quand on veut, mais on ne les peut pas reparer tousjours quand on veut.

Il me semble que nous devons avoir en grande reverence la parole que nostre Sauveur et Redempteur Jesus-Christ dit à ses disciples, « Mangez ce « qui sera mis devant vous. » C'est (comme je croy) une plus grande vertu de manger sans choix ce qu'on vous presente, et en mesme ordre qu'on vous le presente, ou qu'il soit à vostre goust, ou qu'il ne le soit pas, que de choisir tousjours le pire. Car encore que cette derniere façon de vivre semble plus austere, l'autre neantmoins a plus de resignation : car par icelle on ne renonce pas seulement à son goust, mais encore à son choix : et si ce n'est pas une petite austerité de tourner son goust à toute main, et le tenir subjet aux rencontres. Joint que cette sorte de mortification ne paroist point, n'incommode personne, et est uniquement propre pour la vie civile. Reculer une viande pour en prendre une autre, pincer et racler toutes choses, ne trouver jamais rien de bien appresté, ny de bien net, faire des mysteres à chaque morceau ; cela ressent un cœur mol, et attentif aux plats et aux escuelles. J'estime plus que S. Bernard beut de l'huile pour de l'eau ou du vin, que s'il eust beu de l'eau d'absynthe avec attention : car c'estoit signe qu'il ne pensoit pas à ce qu'il beuvoit. Et en cette nonchalance de ce qu'on doit manger et qu'on boit, gist la perfection de la practique de ce mot sacré ; « mangez ce qui sera « mis devant vous. » J'excepte neantmoins les viandes qui nuisent à la santé, ou qui mesme incommodent l'esprit, comme font à plusieurs les viandes chaudes, et espicées, fumeuses, ventéuses : et certaines occasions esquelles la nature a besoin d'estre recreée et aydée pour pouvoir soustenir quelque travail à la gloire de Dieu : une continuelle et moderée sobrieté est meilleure que les abstinences violentes faictes à diverses reprises, et entremeslées de grands relaschemens.

La discipline a une merveilleuse vertu pour recueillir l'appetit de la devotion estant prise moderement. La haire matte puissamment le corps, mais son usage n'est pas pour l'ordinaire propre, ny aux gens mariez, ny aux delicates complexions, ny à ceux qui ont à supporter d'autres grandes peines. Il est vray, qu'ès jours plus signalez de la penitence, on la peut employer avec l'advis du discret confesseur.

Il faut prendre de la nuict pour dormir, chascun selon sa complexion, autant qu'il est requis pour bien utilement veiller le jour. Et parce que l'Escriture saincte en cent façons, l'exemple des Saincts, et les raisons naturelles, nous recommandent grandement les matinées comme les meilleures et plus fructueuses pieces de nos jours : et que Nostre-Seigneur mesme est nommé soleil levant, et Nostre-Dame aube du jour : je pense que c'est un soin vertueux de prendre son sommeil devers le soir à bonne heure, pour pouvoir prendre son reveil, et faire son lever de bon matin : certes ce temps-là est le plus

gracieux, le plus doux, et le moins embarrassé; les
oyseaux mesmes nous provoquent en iceluy au reveil, et aux loüanges de Dieu, si que le lever matin
sert à la santé et à la saincteté.

Balaam monté sur son asnesse alloit trouver Balac,
mais parce qu'il n'avoit pas droicte intention, l'ange
l'attendit en chemin avec une espée en main pour
le tuer: l'asnesse qui voit l'ange s'arresta par trois
diverses fois, comme restifve: Balaam cependant la
frappoit cruellement de son baston pour la faire advancer: jusques à la troisiesme fois, qu'elle estant
couchée tout à fait sous Balaam, luy parla par un
grand miracle, disant: « Que t'ay-je fait, pourquoy
« m'as-tu battu desja par trois fois? » et tost apres
les yeux de Balaam furent ouverts, et il vid l'ange
qui luy dit: « Pourquoy as-tu battu ton asnesse? si
« elle ne se fust destournée de devant moy, je t'eusse
« tué, et l'eusse reservée. » Lors Balaam dit à l'ange,
« Seigneur, j'ay peché, car je ne sçavois pas que tu
« te misses contre moy en la voye. » Voyez-vous,
Philotée, Balaam est la cause du mal, et il frappe
et bat la pauvre asnesse, qui n'en peut mais. Il en
prend ainsi bien souvent en nos affaires: car cette
femme voit son mary ou son enfant malade, et soudain elle court au jeusne, à la haire, à la discipline,
comme fit David pour un pareil subjet: helas!
chere amie vous battez le pauvre asne, vous affligez vostre corps, et il ne peut mais de vostre mal,
ny dequoy Dieu a son espée desgainée sur vous.
Corrigez vostre cœur qui est idolatre de ce mary, et

qui permettoit mille vices à l'enfant, et le destinoit
à l'orgueil, à la vanité, et à l'ambition. Cet homme
voit que souvent il tombe lourdement au peché de
luxure : le reproche interieur vient contre sa conscience avec l'espée au poing pour l'outre-percer
d'une saincte crainte. Et soudain son cœur revenant
à soy : ah! felonne chair, dit-il, ah! corps desloyal,
tu m'as trahy. Et le voilà incontinent à des grands
coups sur cette chair, à des jeusnes immoderez, à
des disciplines demesurées, à des haires insupportables. O pauvre ame, si ta chair pouvoit parler
comme l'asnesse de Balaam, elle te diroit, pourquoy me frappes-tu, miserable? C'est contre toy, ô
mon ame, que Dieu arme sa vengeance, c'est toy
qui es la criminelle, pourquoy me conduis-tu aux
mauvaises conversations? pourquoy appliques-tu
mes yeux, mes mains, mes levres aux lascivetez?
pourquoy me troubles-tu par des mauvaises imaginations? Fay des bonnes pensées, et je n'auray pas
de mauvais mouvemens. Hante les gens pudiques,
et je ne seray point agitée de ma concupiscence :
helas! c'est toy qui me jettes dans le feu, et tu ne
veux pas que je brusle. Tu me jettes la fumée aux
yeux, et tu ne veux pas qu'ils s'enflamment. Et Dieu
sans doute vous dit en ces cas-là, battez, rompez,
fendez, froissez vos cœurs principalement : car c'est
contr'eux que mon courroux est animé. Certes pour
guerir la demangeaison, il n'est pas tant besoin de
se laver et baigner, comme de purifier le sang, et
rafraischir le foye : ainsi pour nous guerir de nos

vices, il est voirement bon de mortifier la chair, mais
il est sur-tout necessaire de bien purifier nos affections, et rafraischir nos cœurs ! or en tout et par-tout
il ne faut nullement entreprendre des austeritez
corporelles, qu'avec l'advis de nostre guide.

## CHAPITRE XXIV.

### Des conversations, et de la solitude.

Rechercher les conversations et les fuir, ce sont
deux extremitez blasmables en la devotion civile,
qui est celle de laquelle je vous parle. La fuite d'i-
celle tient du desdain et mespris du prochain, et
la recherche ressent l'oisiveté et l'inutilité. Il faut
aimer le prochain comme soy-mesme. Pour monstrer qu'on l'aime, il ne faut pas fuir d'estre avec luy;
et pour tesmoigner qu'on s'ayme soy-mesme, il se
faut plaire avec soy-mesme quand on y est. Or on
y est quand on est seul. « Pense à toy-mesme, dit
« S. Bernard, et puis aux autres. » Si doncques rien
vous presse d'aller en conversation, ou d'en recevoir
chez vous, demeurez en vous-mesmes, et vous en-
tretenez avec vostre cœur. Mais si la conversation
vous arrive, ou quelque juste subjet vous invite à
vous y rendre, allez de par Dieu, Philotée, et voyez
vostre prochain de bon cœur et de bon œil.

On appelle mauvaises conversations celles qui se
font pour quelques mauvaises intentions : ou bien
quand ceux qui entreviennent en icelles, sont vicieux, indiscrets et dissolus, et pour celles-là il s'en
faut destourner, comme les abeilles se destournent

de l'amas des tahons et freslons. Car comme ceux
qui ont esté mordus des chiens enragez, ont la sueur,
l'haleine, et la salive dangereuse, et principalement
pour les enfans et gens de delicate complexion : ains
ces vicieux et desbordez ne peuvent estre frequentez
qu'avec hazard et peril, sur tout par ceux qui sont
de devotion encore tendre et delicate.

Il y a des conversations inutiles à toute autre chose
qu'à la seule recreation, lesquelles se font par un
simple divertissement des occupations serieuses. Et
quant à celles-là, comme il ne faut pas s'y addonner, aussi peut-on leur donner le loisir destiné à la
recreation.

Les autres conversations ont pour leur fin l'honnesteté, comme sont les visites mutuelles, et certaines assemblées qui se font pour honorer le prochain.
Et quant à celles-là, comme il ne faut pas estre superstitieuse à les practiquer, aussi ne faut-il pas estre
du tout incivile à les mespriser, mais satisfaire avec
modestie au devoir que l'on y a, afin d'esviter égale-
ment la rusticité et la legereté.

Reste les conversations utiles, comme sont celles
des personnes devotes et vertueuses : ô Philotée, ce
vous sera tousjours un grand bien d'en rencontrer
souvent de telles ; la vigne plantée parmy les oli-
viers porte des raisins unctueux, et qui ont le goust
des olives ; une ame qui se treuve souvent parmy
les gens de vertu, ne peut qu'elle ne participe à
leurs qualitez : les bourdons seuls ne peuvent point
faire du miel ; mais avec les abeilles ils s'aydent

16.

à le faire. C'est un grand advantage pour nous bien exercer à la devotion, de converser avec les ames devotes.

En toutes conversations la naïfveté, simplicité, douceur et modestie sont tousjours preferées : il y a des gens qui ne font nulle sorte de contenance ny de mouvement, que avec tant d'artifice que chascun en est ennuyé. Et comme celuy qui ne voudroit jamais se pourmener qu'en contant ses pas, ny parler qu'en chantant, seroit fascheux au reste des hommes, ainsi ceux qui tiennent un maintien artificieux, et qui ne font rien qu'à cadence, importunent extresmement la conversation : et en cette sorte de gens il y a tousjours quelque espece de presomption. Il faut pour l'ordinaire qu'une joye moderée predomine en nostre conversation. S. Romüal et S. Anthoine sont extresmement loüez, dequoy nonobstant toutes les austeritez, ils avoient la face et les paroles ornées de joye, gayeté et civilité. « Rejoüissez-vous avec les joyeux : » je vous dis encore une fois avec l'apostre : « Soyez tousjours joyeuse, « mais en Nostre-Seigneur, et que vostre modestie « paroisse à tous les hommes. » Pour vous resjouir en Nostre-Seigneur, il faut que le subjet de vostre joye soit non seulement loisible, mais honneste : ce que je dis ; parce qu'il y a des choses loisibles, qui pourtant ne sont pas honnestes ; et afin que vostre modestie paroisse, gardez-vous des insolences, lesquelles sans doute, sont tousjours reprehensibles.

Faire tomber l'un, noircir l'autre, picquer le tiers, faire du mal à un fol, ce sont des risées et joyes sottes et insolentes.

Mais tousjours outre la solitude mentale, à laquelle vous vous pouvez retirer emmy les plus grandes conversations, ainsi que j'ay dit cy-dessus; vous devez aymer la solitude locale et reelle, non pas pour aller ès deserts, comme S^te Marie Egyptienne, S. Paul, S. Anthoine, Arsenius et les autres Peres solitaires : mais pour estre quelque peu en vostre chambre, en vostre jardin, et ailleurs, où plus à souhait vous puissiez tirer vostre esprit en vostre cœur, et recréer vostre ame par des bonnes cogitations et sainctes pensées, ou par un peu de bonne lecture, à l'exemple de ce grand evesque Nazianzene, qui parlant de soy-mesme : « Je me pourmenois, dit-il, « moy-mesme, avec moy-mesme sur le soleil cou- « chant, et passois le temps sur le rivage de la mer, « car j'ay accoustumé d'user de cette recreation pour « me relascher et secouer un peu des ennuis ordi- « naires. » Et là dessus il discourt de la bonne pensée qu'il fit, que je vous ay recitée ailleurs : et à l'exemple encore de S. Ambroise, duquel parlant S. Augustin, il dit, que souvent estant entré en sa chambre (car on ne refusoit l'entrée à personne) il le regardoit lire, et apres avoir attendu quelque temps, de peur de l'incommoder, il s'en retournoit sans mot dire, pensant que ce peu de temps qui restoit à ce grand pasteur pour revigorer et recréer son esprit, apres le tracas de tant d'affaires, ne luy devoit pas estre osté. Aussi apres que les apostres eurent un jour raconté à Nostre-Seigneur comme ils avoient presché et beaucoup fait : « Venez, leur dit-« il, en la solitude : et vous y reposez un peu. »

## CHAPITRE XXV.

### De la bienséance des habits.

S. Paul veut que les femmes devotes (il en faut autant dire des hommes) soient revestues d'habits bien-seants, se parant avec pudicité et sobrieté. Or la bien-seance des habits et autres ornemens depend de la matiere, de la forme, et de la netteté. Quant à la netteté, elle doit presque tousjours estre esgale en nos habits, sur lesquels tant qu'il est possible, nous ne devons laisser aucune sorte de soüillure et villenie. La netteté exterieure represente en quelque façon l'honnesteté interieure. Dieu mesme requiert l'honnesteté corporelle en ceux qui s'approchent de ses autels, et qui ont la chargé principale de la devotion.

Quant à la matiere et à la forme des habits : la bien-seance se considere par plusieurs circonstances, du temps, de l'aage, des qualitez, des compagnies, des occasions. On se pare ordinairement mieux ès jours de feste selon la grandeur du jour qui se celebre. En temps de penitence comme en caresme, on se demet bien fort : aux nopces on porte les robes nuptiales? et aux assemblées funebres les robes de dueil : aupres des princes on rehausse l'estat, lequel

on doit abbaisser entre les domestiques. La femme
mariée se peut et doit orner auprés de son mary,
quand il le desire : si elle en fait de mesme en estant
esloignée, on demandera quels yeux elle veut favoriser avec ce soin particulier. On permet plus d'affi-
quets aux filles, parce qu'elles peuvent loisiblement
desirer d'agréer à plusieurs, quoy que ce ne soit
qu'afin d'en gaigner un par un sainct mariage. On
ne treuve pas non plus mauvais que les vefves à marier se parent aucunement, pourveu qu'elles ne fassent point paroistre de folatrerie, d'autant qu'ayant
desjà esté meres de famille, et passé par les regrets
du vefvage, on tient leur esprit pour meur et attrem-
pé. Mais quant aux vrayes vefves, qui le sont, non
seulement de corps, mais aussi de cœur, nul ornement ne leur est convenable, sinon l'humilité, la
modestie et la devotion : Car si elles veulent donner
de l'amour aux hommes, elles ne sont pas vrayes
vefves : et si elles n'en veulent pas donner, pour quoy
en portent-elles les outils? Qui ne veut recevoir les
hostes, il faut qu'il oste l'enseigne de son logis. On se
mocque tousjours des vieilles gens quand ils veulent
faire les jolis : c'est une folie qui n'est supportable
qu'à la jeunesse.

Soyez propre, Philotée, qu'il ny ait rien sur vous
de trainant et mal agencé. C'est un mespris de ceux
avec lesquels on converse, d'aller entr'eux en habit
desagreable : mais gardez-vous bien des affaiteries,
vanitez, curiositez, et folastreries. Tenez-vous tousjours tant qu'il vous sera possible du costé de la sim-

plicité et modestie, qui est sans doute le plus grand ornement de la beauté, et la meilleure excuse pour la laideur. S. Pierre advertit principalement les jeunes femmes de ne porter point leurs cheveux tant crespez, frisez, annellez, et serpentez. Les hommes qui sont si lasches que de s'amuser à ces mugueteries, sont par-tout descriez comme hermaphrodites. Et les femmes vaines sont tenuës pour imbecilles en chasteté, au moins si elles en ont, elle n'est pas visible parmy tant de fatras et bagatelles. On dit qu'on ny pense pas mal; mais je replique comme j'ay fait ailleurs : que le diable y en pense tousjours. Pour moy je voudrois que mon devot et ma devote fussent tousjours les mieux habillez de la troupe, mais les moins pompeux et affaitez. Et comme il est dit au proverbe, qu'ils fussent parez de grace, bien-seance, et dignité. S. Louys dit en un mot que l'on se doit vestir selon son estat, en sorte que les sages et bons ne puissent dire, vous en faictes trop; ny les jeunes gens, vous en faictes trop peu. Mais en cas que les jeunes ne se vueillent pas contenter de la bien-seance; il se faut arrester à l'advis des sages.

## CHAPITRE XXVI.

De parler, et premierement comme il faut parler de Dieu.

Les medecins prennent une grande cognoissance de la santé ou maladie d'un homme par l'inspection de sa langue, et nos paroles sont les vrays indices des qualitez de nos ames : « Par tes paroles, dit le

Sauveur, « tu seras justifié, et par tes paroles tu se-
« ras condamné. » Nous portons soudain la main
sur la douleur que nous sentons, et la langue sur
l'amour que nous avons.

Si donc vous estes bien amoureuse de Dieu, Philotée, vous parlerez souvent de Dieu és devis familiers que vous ferez avec vos domestiques, amis
et voisins: Ouy; car, « La bouche du juste meditera
« la sapience, et sa langue parlera du jugement. »
Et comme les abeilles ne demeslent autre chose que
le miel avec leur petite bouchette, ainsi vostre langue sera tousjours emmiellée de son Dieu, et n'aura
point de plus grande suavité que de sentir couler
entre vos levres des loüanges et benedictions de son
nom, ainsi qu'on dit de S. François qui prononçant
le sainct nom du Seigneur, succoit et lechoit ses levres, comme pour en tirer la plus grande douceur
du monde.

Mais parlez tousjours de Dieu, comme de Dieu,
c'est à dire reveremment et devotement : non point
faisant la suffisante ny la prescheuse : mais avec
l'esprit de douceur, de charité et d'humilité, distillant autant que vous sçavez (comme il est dit de
l'Espouse au Cantique des Cantiques) le miel delicieux de la devotion et des choses divines, goutte à
goutte, tantost dedans l'aureille de l'un, tantost dedans l'aureille de l'autre : priant Dieu au secret de
vostre ame, qu'il luy plaise de faire passer ceste
saincte rosée jusques dans le cœur de ceux qui vous
escoutent.

Sur tout il faut faire cet office angelique doucement et souëfvement, non point par maniere de correction, mais par maniere d'inspiration : car c'est merveille combien la suavité et amiable proposition de quelque bonne chose est une puissante amorce pour attirer les cœurs.

Ne parlez donc jamais de Dieu, ny de la devotion par maniere d'acquit et d'entretien, mais tousjours avec attention et devotion, ce que je dis pour vous oster une remarquable vanité qui se treuve en plusieurs qui font profession de devotion, lesquels à tous propos disent des paroles sainctes et ferventes par maniere d'entregent, et sans y penser nullement; et apres les avoir dites, il leur est advis qu'ils sont tels que les paroles tesmoignent. Ce qui n'est pas.

## CHAPITRE XXVII.

### De l'honnesteté des paroles et du respect que l'on doit aux personnes.

« Si quelqu'un ne peche point en parole, dit « S. Jacques, il est homme parfait. » Gardez-vous soigneusement de lascher aucune parole deshonneste : car encore que vous ne les dissiez pas avec mauvaise intention, si est-ce que ceux qui les oyent, les peuvent recevoir d'une autre sorte. La parole deshonneste tombant dans un cœur foible, s'estend et se dilate comme une goutte d'huile sur le drap, et quelquefois elle saisit tellement le cœur, qu'elle le remplit de mille pensées et tentations lubriques.

Car comme le poison du corps entre par la bouche,
aussi celuy du cœur entre par l'oreille; et la langue
qui le produit est meurtriere, d'autant qu'encore
qu'à l'advanture le venin qu'elle a jetté n'ait pas fait
son effet, pour avoir trouvé les cœurs des auditeurs
munis de quelque contre-poison, si est-ce qu'il n'a
pas tenu à sa malice qu'elle ne les ait fait mourir.
Et que personne ne me die qu'il n'y pense pas : car
Nostre-Seigneur qui cognoist les pensées a dit, « que
« la bouche parle de l'abondance du cœur. » Et si
nous n'y pensions pas mal, le malin neantmoins en
pense beaucoup, et se sert tousjours secrettement
de ces mauvais mots, pour en transpercer le cœur
de quelqu'un. On dit que ceux qui ont mangé de
l'herbe qu'on appelle angelique, ont tousjours l'haleine douce et agreable : et ceux qui ont au cœur
l'honnesteté et chasteté, qui est la vertu angelique,
ont tousjours leurs paroles nettes, civiles et pudiques : quant aux choses indescentes et folles, l'apostre ne veut pas que seulement on les nomme, nous
asseurant que, « rien ne corrompt tant les bonnes
« mœurs que les mauvais devis. »

Si ces paroles deshonnestes sont dites à couvert,
avec affaiterie, et subtilité, elles sont infiniment plus
veneneuses : car comme plus un dard est pointu,
plus il entre aisement en nos corps, ainsi plus un
mauvais mot est aigu, plus il penetre en nos cœurs.
Et ceux qui pensent estre galans hommes à dire de
telles paroles en conversations, ne sçavent pas pourquoy les conversations sont faictes : car elles doivent

estre comme essaims d'abeilles, assemblées pour faire le miel de quelque doux et vertueux entretien, et non pas comme un tas de guespes, qui se joignent pour succer quelque pourriture. Si quelque sot vous dit des paroles messeantes, tesmoignez que vos oreilles en sont offensées, ou vous destournant ailleurs, ou par quelqu'autre moyen, selon que vostre prudence vous enseignera.

C'est une des plus mauvaises conditions qu'un esprit peut avoir, que d'estre mocqueur. Dieu hait extremement ce vice, et en a fait jadis des estranges punitions. Rien n'est si contraire à la charité, et beaucoup plus à la devotion, que le mespris et contemnement du prochain. Or la derision et mocquerie ne se fait jamais sans ce mespris : c'est pourquoy elle est un fort grand peché, en sorte que les docteurs ont raison de dire, que la mocquerie est la plus mauvaise sorte d'offense, que l'on puisse faire au prochain, par les paroles : parce que les autres offenses se font avec quelque estime de celuy qui est offensé, et celle-cy se fait avec mespris et contemnement.

Mais quant aux jeux de paroles, qui se font des uns aux autres, avec une modeste gayeté et joyeuseté, ils appartiennent à la vertu, nommée Eutrapelie par les Grecs, que nous pouvons appeller bonne conversation : et par iceux on prend une honneste et amiable recreation sur les occasions frivoles, que les imperfections humaines fournissent. Il se faut garder seulement de passer de cette honneste joyeu-

seté à la mocquerie. Or la mocquerie provoque à
rire par mespris et contemnement du prochain : mais
la gayeté et gausserie provoque à rire par une simple liberté, confiance et familiere franchise con-
joincte à la gentillesse de quelque mot. S. Louys
quand les religieux vouloient luy parler de choses
relevées apres disner : « Il n'est pas temps d'alleguer,
« disoit-il, mais de se recreer par quelque joyeuseté
« et quodlibets : que chascun die ce qu'il voudra
« honnestement. » Ce qu'il disoit, favorisant la noblesse qui estoit autour de luy, pour recevoir des caresses de sa Majesté. Mais, Philotée, passons tellement le temps par recreation, que nous conservions
la saincte eternité par devotion.

## CHAPITRE XXVIII.

### Des jugemens temeraires.

« Ne jugez point, et vous ne serez point jugez,
« dit le Sauveur de nos ames : Ne condamnez point,
« et vous ne serez point condamnez. » Non : dit le
sainct apostre : « Ne jugez pas avant le temps, jusques
« à ce que le Seigneur vienne, qui relevera le secret
« des tenebres, et manifestera les conseils des cœurs. »
O que les jugemens temeraires sont desagreables à
Dieu ! Les jugemens des enfans des hommes sont
temeraires, parce qu'ils ne sont pas juges les uns des
autres, et jugeant ils usurpent l'office de Nostre-Seigneur. Ils sont temeraires, parce que la principale
malice du peché despend de l'intention et conseil
du cœur, qui est le secret des tenebres pour nous. Ils

sont temeraires, parce qu'un chascun a assez à faire à se juger soy-mesme, sans entreprendre de juger son prochain. C'est chose esgalement necessaire pour n'estre point jugez, de ne point juger les autres, et de se juger soy-mesme. Car comme Nostre-Seigneur nous deffend l'un, l'apostre nous ordonne l'autre, disant : « Si nous nous jugions nous-mesmes, nous « ne serions point jugez. » Mais, ô Dieu ! nous faisons tout au contraire, car ce qui nous est deffendu, nous ne cessons de le faire, jugeant à tout propos le prochain : et ce qui nous est commandé, qui est de nous juger nous-mesmes, nous ne le faisons jamais.

Selon les causes des jugemens temeraires, il y faut remedier. Il y a des cœurs aigres, amers et aspres de leur nature, qui rendent pareillement aigre et amer tout ce qu'ils reçoivent ; « et convertissent, « comme dit le prophete, le jugement en absynte, « ne jugeant jamais du prochain qu'avec toute ri- « gueur et aspreté. » Ceux-cy ont grandement besoin de tomber entre les mains d'un bon medecin spirituel : car cette amertume de cœur leur estant naturelle, elle est mal-aisée à vaincre, et bien qu'en soy elle ne soit pas peché, ains seulement une imperfection, elle est neantmoins dangereuse, parce qu'elle introduit, et fait regner en l'ame le jugement temeraire et la mesdisance. Aucuns jugent temerairement non point par aigreur, mais par orgueil, leur estant advis qu'à mesure qu'ils depriment l'honneur d'autruy, ils relevent le leur propre. Esprits arrogans et presomptueux, qui s'admirent eux-mesmes, et se

colloquent si haut en leur propre estime, qu'ils
voyent tout le reste, comme chose petite et basse.
Je ne suis pas comme le reste des hommes, disoit ce
sot Pharisien. Quelques-uns n'ont pas cet orgueil
manifeste, ains seulement une certaine petite complaisance à considerer le mal d'autruy, pour savourer,
et faire savourer plus doucement le bien contraire
duquel ils s'estiment doüez : et cette complaisance
est si secrette et imperceptible, que si on n'a bonne
veuë, on ne la peut pas descouvrir, et ceux mesme
qui en sont atteints ne la cognoissent pas, si on ne
la leur monstre. Les autres pour se flatter et excuser envers eux-mesmes, et pour adoucir les remors
de leurs consciences, jugent fort volontiers que les
autres sont vicieux du vice auquel ils se sont voüez,
ou de quelqu'autre aussi grand : leur estant advis que
la multitude des criminels rend leur peché moins
blasmable. Plusieurs s'addonnent au jugement temeraire pour le seul plaisir qu'ils prennent à philo-
sopher et deviner des mœurs et humeurs des personnes par maniere d'exercice d'esprit. Que si par mal-
heur ils rencontrent quelquesfois la verité en leurs
jugemens, l'audace et l'appetit de continuer s'accroit
tellement en eux que l'on a peine de les en destourner. Les autres jugent par passion, et pensent tousjours bien de ce qu'ils ayment, et tousjours mal de
ce qu'ils haïssent, sinon en un cas admirable, et
neantmoins veritable, auquel l'excez de l'amour
provoque à faire mauvais jugement de ce qu'on
ayme : effect monstrueux, mais aussi provenant d'un

amour impur, imparfait, troublé, et malade, qui est la jalousie, laquelle comme chascun sçait, sur un simple regard, sur le moindre sousris du monde, condamne les personnes de perfidie et d'adultere. Enfin la crainte, l'ambition, telles autres foiblesses d'esprit, contribuent souvent beaucoup à la production de soupçon et jugement temeraire.

Mais quels remedes? ceux qui boivent le suc de l'herbe Ophiusa d'Ethiopie, cuident par-tout voir des serpens et choses effroyables: ceux qui ont avallé l'orgueil, l'envie, l'ambition, la haine, ne voyent rien qu'ils ne treuvent mauvais et blasmable: ceux-là pour estre gueris, doivent prendre du vin de palme: et j'en dis de mesme pour ceux-cy : beuvez le plus que vous pourrez le vin sacré de la charité, elle vous affranchira de ces mauvaises humeurs, qui vous font faire ces jugemens tortus. La charité craint de rencontrer le mal, tant s'en faut qu'elle l'aille chercher, et quand elle le rencontre, elle en destourne sa face et le dissimule : ains elle ferme ses yeux avant que de le voir, au premier bruit qu'elle en apperçoit: et puis croit par une saincte simplicité que ce n'estoit pas le mal, mais seulement l'ombre ou quelque fantosme de mal. Que si par force elle recognoist que c'est luy-mesme, elle s'en destourne tout incontinent, et tasche d'en oublier la figure: la charité est le grand remede à tous maux, mais specialement pour cettuy-cy. Toutes choses paroissent jaunes aux yeux des icteriques, et qui ont la grande jaunisse: l'on dit que pour les guerir de ce

mal, il leur faut faire porter de l'esclaire sous la
plante de leurs pieds. Certes, ce peché de jugement
temeraire, est une jaunisse spiritüelle, qui fait paroistre toutes choses mauvaises aux yeux de ceux qui
en sont atteints; mais qui en veut guerir, il faut
qu'il mette les remedes non aux yeux, non à l'entendement, mais aux affections qui sont les pieds de
l'ame. Si vos affections sont douces, vostre jugement
sera doux, si elles sont charitables vostre jugement
le sera de mesme. Je vous presente trois exemples
admirables. Isaac avoit dit que Rebecca estoit sa
sœur : Abimelech vit qu'il se joüoit avec elle, c'est à
dire, qu'il la carressoit tendrement, et il jugea soudain que c'estoit sa femme : un œil malin eut plustost jugé qu'elle estoit sa garce, ou que si elle estoit
sa sœur, qu'il eust esté un inceste : mais Abimelech
suit la plus charitable opinion qu'il pouvoit prendre
d'un tel faict. Il faut tousjours faire de mesme, Philotée, jugeant en faveur du prochain autant qu'il
nous sera possible. Que si une action pouvoit avoir
cent visages, il la faut regarder en celuy qui est le
plus beau. Nostre-Dame estoit grosse, S. Joseph le
voyoit clairement : mais parce que d'autre costé il la
voyoit toute saincte, toute pure, toute angelique, il
ne peut oncques croire qu'elle eut pris sa grossesse
contre son devoir, si qu'il se resolvoit en la laissant,
d'en laisser le jugement à Dieu : quoy que l'argument fut violent pour luy faire concevoir mauvaise
opinion de cette Vierge, si ne voulut-il jamais l'en
juger. Mais pourquoy, parce, dit l'Esprit de Dieu,

17

qu'il estoit juste : l'homme juste quand il ne peut plus excuser, ny le faict, ny l'intention de celuy que d'ailleurs il cognoist homme de bien, encore n'en veut-il pas juger; mais oste cela de son esprit, et en laisse le jugement à Dieu. Mais le Sauveur crucifié, ne pouvant excuser en tout le peché de ceux qui le crucifioient, au moins en amoindrit-il la malice, alleguant leur ignorance. Quand nous pouvons excuser le peché, rendons-le au moins digne de compassion, l'attribuant à la cause la plus supportable qu'il puisse avoir, comme à l'ignorance, ou à l'infirmité.

Mais ne peut-on donc jamais juger le prochain? non certes jamais : c'est Dieu, Philotée, qui juge les criminels en justice. Il est vray qu'il se sert de la voix des magistrats pour se rendre intelligible à nos oreilles : ils sont ses truchemens et interpretes, et ne doivent rien prononcer que ce qu'ils ont appris de luy, comme estant ses oracles. Que s'ils font autrement, suivant leurs propres passions, alors c'est vrayement eux qui jugent, et qui par consequent seront jugez. Car il est deffendu aux hommes, en qualité d'hommes, de juger les autres.

De voir ou cognoistre une chose, ce n'est pas en juger : car le jugement, au moins selon la phrase de l'Escriture, presuppose quelque petite ou grande, vraye ou apparente difficulté, qu'il faille vuider. C'est pourquoy elle dit, que ceux qui ne croient point, sont desja jugez, parce qu'il n'y a point de doute en leur damnation. Ce n'est donc pas mal fait de douter du prochain; non, car il n'est pas def-

fendu de douter, ains de juger, mais il n'est pourtant pas permis, ny de douter, ny de soupçonner,
sinon ric à ric, tout autant que les raisons et argu-
mens nous contraignent de douter : autrement les
doubtes et soupçons sont temeraires. Si quelque œil
mlin eust veu Jacob quand il baisa Rachel aupres du
puits, ou qu'il eust veu Rebecca accepter des brasse-
lets et pendans d'oreille d'Eliezer, homme incognu
en ce pays-là, il eust sans doute mal-pensé de ces
deux exemplaires de chasteté, mais sans raison et
fondement ; car quand une action est de soy-mesme
indifferente, c'est un soupçon temeraire d'en tirer
une mauvaise consequence, sinon que plusieurs circonstances donnent force à l'argument. C'est aussi
un jugement temeraire de tirer consequence d'un
acte pour blasmer la personne : mais cecy je le diray
tantost plus clairement.

Enfin ceux qui ont bien soin de leurs consciences,
ne sont gueres subjets au jugement temeraire. Car
comme les abeilles voyant les broüillards ou temps
nebuleux, se retirent en leurs ruches à mesnager le
miel : ainsi les cogitations des bonnes ames ne sortent pas sur des objets embroüillez, ny parmy les
actions nebuleuses des prochains : ains pour en eviter la rencontre, se ramassent les bonnes resolutions
de leur amendement propre.

C'est le faict d'une ame inutile, de s'amuser à
l'examen de la vie d'autruy, j'excepte ceux qui ont
charge des autres tant en la famille qu'en la republique : car une bonne partie de leur conscience

17.

consiste à regarder et veiller sur celle des autres.
Qu'ils fassent donc leur devoir avec amour : passé
cela, qu'ils se tiennent en eux-mesmes pour ce
regard.

## CHAPITRE XXIX.

### De la medisance.

Le jugement temeraire produit l'inquietude, le
mespris du prochain, l'orgueil et complaisance de
soy-mesme, et cent autres effets tres-pernicieux, entre lesquels la medisance tient des premiers rangs,
comme la vraye peste des conversations. O que
n'ay-je un des charbons du sainct autel pour toucher
les levres des hommes, afin que leur iniquité fust
ostée, et leur peché nettoyé, à l'imitation du sera-
phin, qui purifia la bouche d'Isaye ! Qui osteroit la
medisance du monde, en osteroit une grande partie
des pechez de l'iniquité.

Quiconque oste injustement la bonne renommée
à son prochain, outre le peché qu'il commet, il est
obligé à faire la reparation, quoy que diversement
selon la diversité des mesdisances : car nul ne peut
entrer au ciel avec le bien d'autruy, et entre tous les
biens exterieurs, la renommée est le meilleur. La
medisance est une espece de meurtre : car nous
avons trois vies, la spirituelle, qui gist en la grace
de Dieu, la corporelle qui gist en l'ame, et la civile,
qui consiste en la renommée. Le peché nous oste la
premiere, la mort nous oste la seconde, et la medisance nous oste la troisiesme : mais le medisant par

un seul coup de sa langue fait ordinairement trois
meurtres : il tuë son amé, et celle de celuy qui l'escoute d'un homicide spirituel, et oste la vie civile à
celuy duquel il medit. Car comme disoit S. Bernard, et celuy qui medit, et celuy qui escoute le
medisant, tous deux ont le diable sur eux ; mais l'un
l'a en la langue, et l'autre en l'oreille. David parlant
des medisans, « Ils ont affilé leurs langues, dit-il,
« comme un serpent. » Or le serpent a la langue
fourcheuë, et a deux poinctes, comme dit Aristote,
et telle est celle du medisant, qui d'un seul coup pic-
que et empoisonne l'oreille de l'escoutant, et la reputation de celuy de qui elle parle.

Je vous conjure donc, tres-chere Philotée, de ne
medire jamais de personne, ny directement, ny indirectement? gardez-vous d'imposer de faux crimes
et pechez au prochain, ny de découvrir ceux qui
son secrets, ny d'agrandir ceux qui sont manifestes,
ny d'interpreter en mal la bonne œuvre, ny de nier
le bien que vous sçavez estre en quelqu'un, ny le
dissimuler malicieusement, ny le diminuer par paroles : car en toutes ces façons vous offenseriez grandement Dieu : mais sur-tout accusant faussement,
et niant la verité au prejudice du prochain. Car
c'est double peché de mentir, et nuire tout ensemble
au prochain.

Ceux qui pour medire font des prefaces d'honneur, ou qui disent de petites gentillesses et gaus-
series entre deux, sont des plus fins et veneneux
medisans de tous. Je proteste, disent-ils, que je

l'ayme, et qu'au reste c'est un galand homme : mais
cependant il faut dire la verité, il eut tort de faire
une telle perfidie : c'est une fort vertueuse fille, mais
elle fut surprise; et semblables petits agencemens.
Ne voyez vous pas l'artifice? celuy qui veut tirer à
l'arc, tire tant qu'il peut sa fleche à soy, mais ce
n'est que pour la darder plus puissamment. Il semble que ceux-cy retirent leur medisance à eux; mais
ce n'est que pour la descocher plus fermement, afin
qu'elle penetre plus avant dedans les cœurs des escoutans. La medisance dite par forme de gausserie,
est encore plus cruelle que toutes : car comme la
ciguë n'est pas de soy un venin fort pressant, ains
assez lent, et auquel on peut aisement remedier,
mais estant pris avec le vin, il est irremediable : ainsi
la medisance qui de soy passeroit legerement par
une oreille, et sortiroit pas l'autre, comme l'on dit,
s'arreste fermement en la cervelle des escoutans,
quand elle est presentée dedans quelque mot subtil
et joyeux. « Ils ont, dit David, le venin de l'aspic en
« leurs levres. » L'aspic fait sa picqueure presque
imperceptible, et son venin d'abord rend une demangeaison delectable, au moyen dequoy le cœur
et les entrailles se dilatent et reçoivent le poison,
contre lequel par après il n'y a plus de remede.

Ne dites pas, un tel est un yvrongne, encore que
vous l'ayez veu yvre; ny il est adultere, pour l'avoir
veu en ce peché, ny il est inceste, pour l'avoir trouvé
en ce mal-heur, car un seul acte ne donne pas le
nom à la chose. Le soleil s'arresta une fois en faveur

de la victoire de Josué, et s'obscurcit une autre fois
en celle du Sauveur : nul ne dira pourtant qu'il soit
immobile ou obscur. Noë s'enyvra une fois, et Loth
une autre fois, et cestuy-cy de plus commit un
grand inceste : ils ne furent pourtant yvrongnes, ny
l'un, ny l'autre, ny le dernier ne fut pas inceste, ny
S. Pierre sanguinaire, pour avoir une fois respandu
du sang, ny blasphemateur, pour avoir une fois
blasphemé. Pour prendre le nom d'un vice ou d'une
vertu, il faut y avoir fait quelque progrez et habi-
tude : c'est donc une imposture de dire qu'un homme
est colere ou larron, pour l'avoir veu courroucer, ou
derober une fois. Encor qu'un homme ait esté vicieux longuement, on court fortune de mentir,
quand on le nomme vicieux. Simon le lepreux appelloit Magdelaine pecheresse, parce qu'elle l'avoit
esté n'agueres : il mentoit neantmoins, car elle ne
l'estoit plus ; mais une tres-saincte penitente : aussi
Nostre-Seigneur prend en protection sa cause.

Ce fol Pharisien tenoit le publicain pour grand
pecheur, ou peut-estre mesme pour injuste adultere, ravisseur, mais il se trompoit grandement : car
tout à l'heure mesme il estoit justifié. Helas ! puis
que la bonté de Dieu est si grande, qu'un seul moment suffit pour impetrer et recevoir sa grace, quelle
asseurance pouvons nous avoir, qu'un homme qui
estoit hier pecheur, le soit aujourd'huy ? Le jour
precedent ne doit pas juger le jour present, ny le
jour present, ne doit pas juger le jour precedent :
il n'y a que le dernier qui les juge tous.

Nous ne pouvons donc jamais dire qu'un homme soit meschant sans danger de mentir : ce que nous pouvons dire en cas qu'il faille parler, c'est qu'il fit un tel acte mauvais, il a mal vescu en tel temps, il fait mal maintenant : mais on ne peut tirer nulle consequence d'hier à ce jourd'huy, ny de ce jourd'huy au jour d'hier : et moins encore au jour de demain.

Encore qu'il faille estre extremement delicat à ne point mesdire du prochain, si faut-il se garder d'une extremité en laquelle quelques-uns tombent, qui pour esviter la medisance, loüent et disent bien du vice. S'il se treuve une personne vrayement medisante, ne dites pas pour l'excuser qu'elle est libre et franche : une personne manifestement vaine, ne dites pas qu'elle est genereuse et propre : et les privautez dangereuses, ne les appellez pas simplicitez, ou nayfvetez : ne fardez pas la desobeissance du nom de zele, ny l'arrogance du nom de franchise, ny la lasciveté du nom d'amitié : non chere Philotée, il ne faut pas, pensant fuir le vice de la medisance, favoriser, flatter, ou nourrir les autres ; ains faut dire rondement et franchement mal du mal, et blasmer les choses blasmables : ce que faisant nous glorifions Dieu, moyennant que ce soit avec les conditions suivantes.

Pour loüablement blasmer les vices d'autruy, il faut que l'utilité ou de celuy duquel on parle, ou de ceux à qui l'on parle, le requiere. On recite devant des filles, les privautez indiscrettes de tels et de telles, qui sont manifestement perilleuses : la dissolution d'un tel ou d'une telle en paroles, ou en contenances, qui sont manifestement lubriques: si je ne blasme librement ce mal, et que je le vueille excuser, ces tendres ames qui escoutent, prendront occasion de se relascher à quelque chose pareille : leur utilité donc requiert que tout franchement je blasme ces choses-là sur le champ, sinon que je puisse reserver à faire ce bon office plus à propos et avec moins d'interest de ceux de qui on parle, en une autre occasion.

Outre cela encore faut-il qu'il m'appartienne de parler sur ce subjet comme quand je suis des premiers de la compagnie, et que si je ne parle, il semblera que j'approuve le vice : que si je suis des moindres, je ne dois pas entreprendre de faire la censure; mais sur tout il faut que je sois exactement juste en mes paroles, pour ne dire pas un seul mot de trop. Par exemple, si je blasme la privauté de ce jeune homme, et de cette fille, parce qu'elle est trop indiscrette et perilleuse. O Dieu, Philotée, il faut que je tienne la balance bien juste pour ne point aggrandir la chose, pas mesme d'un seul brin : s'il n'y a qu'une foible apparence, je ne diray rien que cela: s'il n'y a qu'une simple imprudence, je ne diray rien davantage : s'il n'y a ny imprudence, ny vraye apparence du mal, ains seulement que quelque esprit malicieux en puisse tirer pretexte de mesdisance, ou je n'en diray rien du tout, ou je diray cela mesme. Ma langue, tandis que je parle du prochain, est en ma bouche, comme un rasoir en la main du chirurgien qui veut trencher entre les nerfs et les tendons. Il faut que le coup que je donneray soit si juste, que je ne die ni plus ny moins que ce qui en est. Et enfin il faut sur tout observer en blasmant le vice, d'espargner le plus que vous pourrez la personne, en laquelle il est.

Il est vray que des pecheurs infasmes, publics et manifestes, on en peut parler librement, pourveu que ce soit avec esprit de charité et de compassion, et non point avec arrogance et presomption, ny pour se plaire au mal d'autruy : car pour ce dernier, c'est le faict d'un cœur vil et abject. J'excepte entre tous, les ennemis declarez de Dieu et de son Eglise : car ceux-là il les faut descrier tant qu'on peut, comme sont les sectes des heretiques et chismatiques, et les chefs d'icelles : c'est charité de crier au loup quand il est entre les brebis, voire ou qu'il soit.

Chascun se donne liberté de juger et censurer les princes, et de mesdire des nations toutes entieres, selon la diversité des affections que l'on a en leur endroit. Philotée, ne faictes pas cette faute : car outre l'offense de Dieu, elle vous pourroit susciter mille sortes de querelles.

Quand vous oyez mal dire, rendez douteuse l'accusation, si vous le pouvez faire justement : si vous ne pouvez pas, excusez l'intention de l'accusé : que si cela ne se peut, tesmoignez de la compassion sur luy, escartez ce propos-là, vous ressouvenant et faisant ressouvenir la compagnie, que ceux qui ne tombent pas en faute, en doivent toute la grace à

Dieu. Rappellez à soy le medisant par quelque douce maniere : dites quelques autres biens de la personne offensée, si vous le sçavez.

## CHAPITRE XXX.

### Quelques autres advis pour le parler.

Que nostre langage soit doux, franc, sincere, rond, naif, et fidelle. Gardez-vous des duplicitéz, artifices et feintises, bien qu'il ne soit pas bon de dire tousjours toutes sortes de veritez, si n'est-il jamais permis de contrevenir à la verité : accoutumez-vous à ne jamais mentir à vostre escient, ny par excuse, ny autrement, vous ressouvenant que Dieu est le Dieu de verité. Si vous en dites par mesgarde, et vous pouvez le corriger sur le champ, par quelque explication ou reparation, corrigez-le; une excuse veritable a bien plus de grace et de force pour excuser que le mensonge.

Bien que quelquesfois on puisse discrettement et prudemment desguiser et couvrir la verité par quelque artifice de parole : si ne faut-il pas pratiquer cela, sinon en chose d'importance, quand la gloire et service de Dieu le requierent manifestement : hors de là, les artifices sont dangereux : car comme dit la sacrée parole, le Sainct-Esprit n'habite point en un esprit feint et double. Il n'y a nulle si bonne et desirable finesse que la simplicité. Les prudences mondaines et artifices charnels appartiennent aux enfans de ce siecle; mais les enfans de Dieu cheminent sans destour, et ont le cœur sans replis qui

chemine simplement, dit le sage, il chemine con-
fidemment : le mensonge, la duplicité, la simula-
tion tesmoignent tousjours un esprit foible et vil.

S. Augustin avoit dit au quatriesme livre de ses
confessions, que son ame, et celle de son amy n'estoient qu'une seule ame, et que cette vie luy estoit
en horreur apres le trepas de son amy, parce qu'il
ne vouloit pas vivre à moitié : et qu'aussi pour cela
mesme, il craignoit à l'adventure de mourir, afin
que son amy ne mourust du tout. Ces paroles luy
semblerent par après trop artificieuses et affectées,
si que il les revoque au livre de ses retractations, et
les appelle une ineptie. Voyez-vous, chere Philotée,
combien cette saincte belle ame est doüillette au
sentiment de l'affeterie des paroles. Certes, c'est un
grand ornement de la vie chrestienne que la fidelité,
rondeur et sincerité du langage : « j'ay dit, je pren-
« dray garde à mes voyes pour ne point pecher en
« ma langue. Hé ! Seigneur, mettez des gardes à ma
« bouche, et une porte qui ferme mes levres, » disoit David.

C'est un advis du roy S. Louys, de ne point desdire personne, sinon qu'il y eust peché ou grand
dommage à consentir : c'est afin d'esviter toutes con-
testes et disputes. Or quand il importe de contre-
dire à quelqu'un, et d'opposer son opinion à celle
d'un autre, il faut user de grande douceur et dex-
terité, sans vouloir violenter l'esprit d'autruy : car
aussi bien ne gaigne-on rien prenant les choses as-
prement.

Le parler peu, tant recommandé par les anciens sages, ne s'entend pas qu'il faille dire peu de paroles, mais de n'en dire pas beaucoup d'inutiles : car en matiere de parler, on ne regarde pas à la quantité, mais à la qualité : et me semble qu'il faut fuir les deux extremitez : car de faire trop l'entendu et le severe, refusant de contribuer aux devis familiers qui se font ès conversations ; il semble qu'il y ait, ou manquement de confiance, ou quelque sorte de desdain : de babiller aussi et cajoller tousjours, sans donner ny loisir, ny commodité aux autres de parler à souhait, cela tient de l'esventé et du leger.

S. Louys ne trouvoit pas bon qu'estant en compagnie l'on parlast en secret, et en conseil, et particulierement à table, afin que l'on ne donnast soupçon que l'on parlast des autres en mal : « Celuy, « disoit-il, qui est à table en bonne compagnie, qui « a à dire quelque chose joyeuse et plaisante, la « doit dire que tout le monde l'entende, si c'est « chose d'importance, on la doit taire, sans en « parler. »

## CHAPITRE XXXI.

### Des passe-temps et recreations, et premierement des loisibles et louables.

Il est force de relascher quelquesfois nostre esprit, et nostre corps encore à quelque sorte de recreation. S. Jean l'Evangeliste, comme dit Cassian, fut un jour trouvé par un chasseur, tenant une perdrix sur son poing, laquelle il caressoit par recreation : le

chasseur luy demanda pouquoy estant homme de
telle qualité, il passoit le temps en chose si basse et
vile, et S. Jean luy dit, pourquoy ne portes-tu ton
arc tousjours tendu? de peur, respondit le chasseur,
que demeurant tousjours courbé, il ne perde la
force de s'estendre, quand il en sera mestier. Ne
t'estonne pas donc, repliqua l'apostre, si je me de-
mets quelque peu de la rigueur et attention de mon
esprit, pour prendre un peu de recreation, afin de
m'employer par après plus vivement à la contemplation. C'est un vice sans doute que d'estre si rigoureux, agreste et sauvage, qu'on ne vueille prendre pour soy, ny permettre aux autres, aucune sorte
de recreation.

Prendre l'air, se promener, s'entretenir de devis
joyeux, et amiables, sonner du luth, ou autre ins-
trument, chanter en musique, aller à la chasse, ce
sont recreations si honnestes, que pour en bien user
il n'est besoin que de la commune prudence, qui
donne à toutes choses le rang, le temps, le lieu, et
la mesure.

Les jeux esquels le gain sert de prix et recompense à l'habilité et industrie du corps ou de l'esprit, comme les jeux de la paume, balon, pale-
maille, les courses à la bague, les eschets, les tables,
ce sont recreations de soy-mesme bonnes et loisibles. Il se faut seulement garder de l'excez, soit au
temps que l'on y employe, soit au prix que l'on y met,
car si l'on y employe trop de temps, ce n'est plus recreation, c'est occupation: on n'allege pas ny l'esprit,

ny le corps ; au contraire on l'estourdit, on l'accable.
Ayant joüé cinq, six heures aux eschets, au sortir on
est tout recreu et las d'esprit. Joüer longuement à
la paume, ce n'est pas recreer le corps, mais l'ac-
cabler ; or si le prix, c'est à dire, ce qu'on joüe est
trop grand, les affections des joüeurs se desreglent ;
et outre cela, c'est chose injuste de mettre de grand
prix à des habilitez et industries de si peu d'importance et si inutiles, comme sont les habilitez des
jeux. Mais sur tout prenez garde Philotée, de ne
point attacher vostre affection à tout cela : car pour
honneste que soit une recreation, c'est vice d'y mettre
son cœur et son affection. Je ne dis pas qu'il ne faille
prendre plaisir à joüer pendant que l'on joüe, car
autrement on ne se recréeroit pas ; mais je dis qu'il
ne faut pas y mettre son affection, pour le desirer,
pour s'y amuser et s'en empresser.

## CHAPITRE XXXII.

### Des jeux deffendus.

Les jeux des dez, des cartes et semblables, esquels
le gain despend principalement du hazard, ne sont
pas seulement des recreations dangereuses, comme
les danses, mais elles sont simplement et naturellement mauvaises et blasmables ! c'est pourquoy elles
sont deffenduës par les loix tant civiles qu'ecclesiastiques. Mais quel grand mal y a-t'il, me direz-vous ?
Le gain ne se fait pas en ces jeux selon la raison,
mais selon le sort qui tombe bien souvent à celuy
qui par habilité et industrie, ne meritoit rien ; la

raison est donc offensée en cela. Mais nous avons
ainsi convenu, me direz-vous? cela est bon pour
monstrer que celuy qui gaigne ne fait pas tort aux
autres; mais il ne s'ensuit pas que la convention
ne soit desraisonnable, et le jeu aussi; car le gain
qui doit estre le prix de l'industrie, est rendu le
prix du sort qui ne merite nul prix, puis qu'il ne
despend nullement de nous.

Outre cela ces jeux portent le nom de recreation,
et sont faits pour cela, et neantmoins ils ne le sont
nullement, mais des violentes occupations. Car
n'est-ce pas occupation, de tenir l'esprit bandé et
tendu par une attention continuelle, et agité de
perpetuelles inquietudes, apprehensions, et empressemens? Y a-t'il attention plus triste, plus sombre
et melancholique que celle des joüeurs? C'est pourquoy il ne faut pas parler sur le jeu, il ne faut pas
rire, il ne faut pas tousser, autrement les voylà à
despiter.

En fin il n'y a point de joye au jeu qu'en gaignant,
et cette joye n'est-elle pas inique, puis qu'elle ne se
peut avoir que par la perte et le desplaisir du compagnon? cette rejoüissance est certes infasme. Pour
ces trois raisons les jeux sont deffendus. Le grand
roy S. Louys sçachant que le comte d'Anjou son
frere, et messire Gautier de Nemours joüoyent, il
se leva malade qu'il estoit, et alla tout chancellant
en leur chambre, et là print les tables, les dez, et
une partie de l'argent, et les jetta par les fenestres
dans la mer, se courrouçant fort à eux. La saincte

et chaste damoisselle Sara parlant à Dieu de son innocence : vous sçavez, dit-elle, ô Seigneur, que jamais je n'ay conversé entre les joüeurs.

## CHAPITRE XXXIII.
### Des bals et passe-temps loisibles, mais dangereux.

Les danses et bals, sont choses indifferentes de leur nature; mais selon l'ordinaire façon, avec laquelle cet exercice se fait, il est fort penchant et incliné du costé du mal, et par consequent plein de danger et de peril. On les fait de nuict, et parmy les tenebres et obscuritez il est aisé de faire glisser plusieurs accidents tenebreux et vicieux en un subjet qui de soy-mesme est fort susceptible du mal : on y fait des grandes veilles, apres lesquelles on perd les matinées des jours suivans, et par consequent le moyen de servir Dieu en icelles. En un mot, c'est tousjours folie de changer le jour à la nuict, la lumiere aux tenebres, les bonnes œuvres à des folastreries. Chascun porte au bal de la vanité à l'envy; et la vanité est une si grande disposition aux mauvaises affections et aux aux amours dangereux et blasmables, qu'aisement tout cela s'engendre ès danses.

Je vous dis des danses, Philotée, comme les medecins disent des potirons et champignons : les meilleurs n'en valent rien, disent-ils, et je vous dis que les meilleurs bals ne sont gueres bons : si neantmoins il faut manger des potirons, prenez garde qu'ils soient bien apprestez. Si par quelque occasion, de laquelle vous ne puissiez pas vous bien excuser, il faut aller au bal, prenez garde que vostre danse soit bien apprestée. Mais comme faut-il qu'elle soit accommodée? de modestie, de dignité, et de bonne intention. Mangez-en peu, et peu souvent (disent les medecins, parlant des champignons:) car pour bien apprestez qu'ils soient la quantité leur sert de venin. Dansez peu, et peu souvent, Philotée; car faisant autrement vous vous mettez en danger de vous y affectionner.

Les champignons, selon Pline, estant spongieux et poreux, comme ils sont, attirent aisement toute l'infection qui leur est autour : si que estant pres des serpens, ils en reçoivent le venin : les bals, les danses, et telles assemblées tenebreuses attirent ordinairement les vices et pechez qui regnent en un lieu; les querelles, les envies, les mocqueries, les folles amours. Et comme ces exercices ouvrent les pores du corps de ceux qui les font, aussi ouvrent-ils les pores du cœur. Au moyen dequoy, si quelque serpent sur cela vient souffler aux oreilles quelque parole lascive, quelque mugueterie, quelque cajollerie; ou que quelque basilic vienne jetter des regards impudiques, des œillades d'amour; les cœurs sont fort aisez à se laisser saisir et empoisonner.

O Philotée, ces impertinentes recreations sont ordinairement dangereuses : elles dissipent l'esprit de devotion, allanguissent les forces, refroidissent la charité, et reveillent en l'ame mille sortes de mauvaises affections : c'est pourquoy il en faut user avec une grande prudence.

Mais surtout, on dit qu'apres les champignons il faut boire du vin precieux. Et je dis qu'apres les danses il faut user de quelques sainctes et bonnes considerations, qui empeschent les dangereuses impressions, que le vain plaisir qu'on a receu, pourroit donner à nos esprits. Mais quelles considerations?

1. A mesme temps que vous estiez au bal, plusieurs ames brusloient au feu d'enfer pour les pechez commis à la danse, ou à cause de la danse.

2. Plusieurs religieux et gens de devotion estoient à mesme heure devant Dieu, chantoient ses louanges et contemploient sa beauté. O que leur temps a esté bien plus heureusement employé que le vostre!

3. Tandis que vous avez dansé, plusieurs ames sont decedées en grande angoisse, mille milliers d'hommes et femmes ont souffert des grands travaux en leurs licts dans les hospitaux et ès ruës, la goutte, la gravelle, la fievre ardente. Helas! ils n'ont eu nul repos: aurez-vous point de compassion d'eux? Et pensez-vous point qu'un jour vous gemirez comme eux, tandis que d'autres danseront comme vous avez fait?

4. Nostre-Seigneur, Nostre-Dame, les anges et les Saincts vous ont veu au bal: ah! que vous leur avez fait grande pitié, voyant vostre cœur amusé à une si grande niaiserie, et attentif à cette fadaise.

5. Helas! tandis que vous estiez-là, le temps s'est passé, la mort s'est approchée; voyez qu'elle se mocque de vous, et qu'elle vous appelle à sa danse en laquelle les gemissemens de vos pechez serviront de

violon, et où vous ne ferez qu'un seul passage de la
vie à la mort : cette danse est le vray passe-temps des
mortels, puis qu'on y passe en un moment, du temps
à l'eternité, ou des biens, ou des peines. Je vous remarque ces petites considerations, mais Dieu vous
en suggerera bien d'autres à mesme effet, si vous
avez sa crainte.

## CHAPITRE XXXIV.

### Quand on peut joüer ou danser.

Pour jouer et danser loisiblement, il faut que ce
soit par recreation, et non par affection, pour peu
de temps, et non jusques à se laisser ou estourdir, et
que ce soit rarement. Car qui en fait ordinaire, il
convertira la recreation en occupation. Mais en quelle
occasion peut-on joüer et danser? Les justes occasions
de la danse et du jeu indifferent, sont plus frequentes. Celles des jeux deffendus sont plus rares, comme
aussi tels jeux sont beaucoup plus blasmables et
perilleux. Mais en un mot, dansez et jouez, selon
les conditions que je vous ay marquées, quand pour
condescendre et complaire à l'honneste conversation en laquelle vous serez, la prudence et discretion vous le conseilleront : car la condescendance,
comme surgeon de la charité, rend les choses indifferentes, bonnes, et les dangereuses, permises.
Elle oste mesme la malice à celles qui sont aucunement mauvaises : c'est pourquoy les jeux de hazard,
qui autrement seroient blasmables, ne le sont pas, si
quelquesfois la juste condescendance nous y porte.

J'ay esté consolé d'avoir leu en la vie de S. Charles Borromée, qu'il condescendoit avec les Suisses, en certaines choses esquelles d'ailleurs il estoit fort severe; et que le B. Ignace de Loyola estant invité à joüer l'accepta. Quant à S<sup>te</sup> Elisabeth de Hongrie, elle joüoit et dansoit par fois, se trouvant ès assemblées de passe-temps, sans interest de sa devotion, laquelle estoit bien enracinée dedans son ame, si que comme les rochers qui sont autour du lac de Riette, croissent estant battus des vagues; ainsi sa devotion croissoit parmy les pompes et vanitez, ausquelles sa condition l'exposoit. Ce sont les grands feux qui s'enflamment au vent, mais les petits s'esteignent si on ne les y porte à couvert.

## CHAPITRE XXXV.

### Qu'il faut estre fidele ès grandes et petites occasions.

L'Espoux sacré au Cantique des Cantiques, dit que son Espouse luy a ravy le cœur par un de ses yeux et l'un de ses cheveux. Or entre toutes les parties exterieures du corps humain, il n'y en a point de plus noble, soit pour l'artifice, soit pour l'activité, que l'œil : ny point de plus vile, que les cheveux. C'est pourquoy le divin Espoux veut faire entendre qu'il n'a pas seulement agreable les grandes œuvres des personnes devotes, mais aussi les moindres et plus basses, et que pour le servir à son goust il faut avoir grand soin de le bien servir aux choses grandes et hautes, et aux choses petites et abjectes, puis que nous pouvons esgalement, et par les unes et par les autres, luy desrober son cœur par amour.

Preparez-vous doncques, Philotée, à souffrir beaucoup de grandes afflictions pour Nostre-Seigneur, et mesme le martyre : resolvez-vous de luy donner tout ce qui vous est de plus precieux, s'il luy plaisoit de le prendre, pere, mere, frere, mary, femme, enfans, vos yeux mesme et vostre vie : car à tout cela vous devez apprester vostre cœur. Mais tandis que la divine Providence ne vous envoye pas des afflictions si sensibles et si grandes, et qu'il ne requiert pas de vous vos yeux, donnez luy pour le moins vos cheveux. Je veux dire, supportez tout doucement les menuës injures, ces petites incommoditez, ces pertes de peu d'importance, qui vous sont journalieres : car par le moyen de ces petites occasions, employées avec amour et dilection, vous gaignerez entierement son cœur, et le rendrez tout vostre : ces petites charitez quotidiennes, ce mal de teste, ce mal de dents, cette defluxion, cette bigearrerie du mary ou de la femme, ce cassement d'un verre, ce mespris ou cette mouë, cette perte de gands, d'une bague, d'un mouchoir, cette petite incommodité que l'on se fait d'aller coucher de bonne heure, et de se lever matin pour prier, pour se communier, cette petite honte que l'on a de faire certaines actions de devotion publiquement : bref, toutes ces petites souffrances estant prinses et embrassées avec amour, contentent extresmement la bonté divine, laquelle pour un seul verre d'eau a promis la mer de toute felicité à ses fideles; et parce que ces occasions se presentent à tout moment, c'est un grand moyen pour assembler beaucoup de richesses spirituelles, que de les bien employer.

Quand j'ay veu en la vie de S^te Catherine de Sienne, tant de ravissemens et d'elevations d'esprit, tant de paroles de sapience, et mesme des predications faictes par elle, je n'ay point douté qu'avec cet œil de contemplation, elle n'eust ravy le cœur de son espoux celeste : mais j'ay esté egalement consolé quand je l'ay veuë en la cuisine de son pere tourner humblement la broche, attiser le feu, apprester la viande, paistrir le pain, et faire tous les plus bas offices de la maison, avec un courage plein d'amour et de dilection envers son Dieu. Et n'estime pas moins la petite et basse meditation qu'elle faisoit parmy ces offices vils et abjects, que les extases et ravissemens qu'elle eut si souvent, qui ne luy furent peut-estre donnez qu'en recompense de cette humilité et abjection. Or sa meditation estoit telle : elle s'imaginoit qu'apprestant pour son pere, elle apprestoit pour Nostre-Seigneur comme une autre S^te Marthe; que sa mere tenoit la place de Nostre-Dame, et ses freres le lieu des apostres, s'excitant en cette sorte de servir en esprit toute la cour celeste; et s'employant à ces chetifs services avec une grande suavité, parce qu'elle sçavoit la volonté de Dieu estre telle. J'ay dit cet exemple, ma Philotée, afin que

vous sçachiez combien il importe de bien dresser
toutes nos actions, pour viles qu'elles soient, au service de sa divine majesté.

Pour cela je vous conseille, tant que je puis, d'i-
miter cette femme forte que le grand Salomon a
tant louée, laquelle, comme il dit, mettoit la main
à choses fortes, genereuses et relevées, et neantmoins ne laissoit pas de filer et tourner le fuseau ;
elle a mis la main à chose forte, et ses doigts ont
prins le fuseau : mettez la main à chose forte, vous
exerçant à l'oraison et meditation, à l'usage des sacremens, à donner de l'amour de Dieu aux ames, à
respandre de bonnes inspirations dedans les cœurs ;
et enfin à faire des œuvres grandes et d'importance,
selon vostre vacation ; mais n'oubliez pas aussi vostre fuseau et vostre quenouille ; c'est à dire practiquez ces petites et humbles vertus, lesquelles, comme
fleurs, croissent au pied de la croix, le service des
pauvres, la visitation des malades, le soin de la famille, avec les œuvres qui dependent d'iceluy, et
l'utile diligence qui ne vous laissera point oysive : et
parmy toutes ces choses-là, entrejettez des pareilles
considerations à celles que je viens de dire de S^te Catherine.

Les grandes occasions de servir Dieu se presentent rarement, mais les petites sont ordinaires : « Or
« qui sera fidelle en peu de chose, dit le Sauveur
« mesme, on l'establira sur beaucoup. » Faictes donc
toutes choses au nom de Dieu, et toutes choses seront bien faictes : soit que vous mangiez, soit que

vous beuviez, soit que vous dormiez, soit que vous
vous recreiez, soit que vous tourniez la broche, pourveu que vous sçachiez bien mesnager vos affaires,
vous profiterez beaucoup devant Dieu, faisant toutes
ces choses, parce que Dieu veut que vous les fassiez.

## CHAPITRE XXXVI.

### Qu'il faut avoir l'esprit juste et raisonnable.

Nous ne sommes hommes que par la raison, et
c'est pourtant chose rare de trouver des hommes
vrayement raisonnables, d'autant que l'amour-propre nous detraque ordinairement de la raison, nous
conduisant insensiblement à mille sortes de petites,
mais dangereuses injustices et iniquitez, qui comme
les petits renardeaux, desquels il est parlé aux cantiques, demolissent les vignes : car d'autant qu'ils
sont petits, on n'y prend pas garde, et parce qu'ils
sont en quantité, ils ne laissent pas de beaucoup
nuire. Ce que je m'en vais vous dire sont-ce pas iniquité et desraisons?

Nous accusons pour peu le prochain, et nous
nous excusons en beaucoup. Nous voulons vendre
fort cher, et achepter à bon marché. Nous voulons
que l'on fasse justice en la maison d'autruy, et chez
nous misericorde et connivence : nous voulons que
l'on prenne en bonne part nos paroles, et sommes
chatouilleux et douillets à celles d'autruy : nous voudrions que le prochain nous laschast son bien en le
payant, n'est-il pas plus juste qu'il le garde en nous
laissant nostre argent? nous luy sçavons mauvais

gré de quoy il ne nous veut pas accommoder : n'a-
t'il pas plus de raison d'estre fasché dequoy nous le
voulons incommoder.

Si nous affectionnons un exercice, nous mespri-
sons tout le reste, et contrerollons tout ce qui ne
vient pas à nostre goust. S'il y a quelqu'un de nos
inferieurs qui n'ait pas bonne grace, ou sur lequel
nous ayons une fois mis la dent, quoy qu'il fasse,
nous le recevons à mal, nous ne cessons de le con-
trister, et tousjours nous sommes à le calanger. Au
contraire, si quelqu'un nous est agreable d'une
grace sensuelle, il ne fait rien que nous n'excusions.
Il y a des enfans vertueux, que leurs peres et meres
ne peuvent presque voir pour quelque imperfection
corporelle. Il y en a des vicieux qui sont les favoris
pour quelque grace corporelle. En tout nous prefe-
rons les riches aux pauvres, quoy qu'ils ne soient ny
de meilleure condition, ny si vertueux : nous prefe-
rons mesme les mieux vestus ; nous voulons nos
droicts exactement, et que les autres soient courtois
en l'exaction des leurs : nous gardons nostre rang
pointilleusement, et voulons que les autres soient
humbles et condescendans : nous nous plaignons
aysément du prochain, et ne voulons qu'aucun se
plaigne de nous. Ce que nous faisons pour autruy
nous semble tousjours beaucoup : ce qu'il fait pour
nous n'est rien ce nous semble : bref, nous sommes
comme les perdrix de Paphlagonie qui ont deux
cœurs : car nous avons un cœur doux, gratieux et
courtois, en nostre endroict ; et un cœur dur, se-

vere et rigoureux envers le prochain. Nous avons deux poids, l'un pour peser nos commoditez, avec le plus d'avantage que nous pouvons : l'autre pour peser celles du prochain, avec le plus de desadvantage qu'il se peut. Or, comme dit l'Escriture, les levres trompeuses ont parlé en un cœur et un cœur, c'est à dire, elles ont deux cœurs : et d'avoir deux poids, l'un fort pour recevoir; et l'autre foible pour delivrer, c'est chose abominable devant Dieu.

Philotée, soyez egale et juste en vos actions · Mettez-vous tousjours en la place du prochain, et le mettez en la vostre, et ainsi vous jugerez bien : rendez-vous vendeuse en acheptant, et achepteuse en vendant, et vous vendrez et acheptérez justement. Toutes ces injustices sont petites, parce qu'elles n'obligent pas à restitution ; d'autant que nous demeurons seulement dans les termes de la rigueur en ce qui nous est favorable; mais elles ne laissent pas de nous obliger à nous amander; car ce sont des grands defauts de raison et de charité ; et au bout de là ce ne sont que tricheries : car on ne perd rien à vivre genereusement, noblement, courtoisement, et avec un cœur royal, egal et raisonnable. Ressouvenez-vous donc, ma Philotée, d'examiner souvent vostre cœur, s'il est tel envers le prochain, comme vous voudriez que le sien fust envers vous, si vous estiez en sa place : car voilà le poinct de la vraye raison. Trajan estant censuré par ses confidens, dequoy il rendoit à leur advis, la majesté imperiale trop accostable : ouy dea, dit-il, ne dois-je pas estre

tel empereur à l'endroit des particuliers, que je desirerois rencontrer un empereur, si j'estois particulier moy-mesme.

## CHAPITRE XXXVII.

### Des desirs.

Chascun sçait qu'il se faut garder des desirs des
choses vicieuses ; car le desir du mal nous rend mauvais. Mais je vous dis de plus, ma Philotée, ne desirez point les choses qui sont dangereuses à l'ame,
comme sont les bals, les jeux, et tels autres passe-
temps, ny les honneurs et charges, ny les visions
et extases. Car il y a beaucoup de peril, de vanité et
de tromperie en telles choses. Ne desirez pas les choses fort esloignées, c'est à dire, qui ne peuvent arriver de long-temps, comme font plusieurs qui par
ce moyen lassent et dissipent leurs cœurs inutile-
ment, et se mettent en danger de grande inquietude. Si un jeune homme desire fort d'estre pourveu de quelque office avant que le temps soit venu,
dequoy, je vous prie, luy sert ce desir? Si une
femme mariée desire d'estre religieuse, à quel propos? si je desire d'achepter le bien de mon voisin,
avant qu'il soit prest à le vendre, ne pers-je pas mon
temps en ce desir? Si estant malade je desire prescher ou dire la saincte messe, visiter les autres malades, et faire les exercices de ceux qui sont en santé,
ces desirs ne sont-ils pas vains, puis qu'en ce temps-
là il n'est pas en mon pouvoir de les effectuer? et
cependant ces desirs inutiles occupent la place des

autres que je devrois avoir: d'estre bien patient,
bien resigné, bien mortifié, bien obeissant, et bien
doux en mes souffrances, qui est ce que Dieu veut
que je practique pour lors : mais nous faisons ordinairement des desirs de femmes grosses qui veulent
des cerises fraisches en automne, et des raisins frais
au printemps.

Je n'approuve nullement qu'une personne atta-
chée à quelque devoir ou vacation, s'amuse à desirer
une autre sorte de vie, que celle qui est convenable
à son devoir, ny des exercices incompatibles à sa
condition presente ; car cela dissipe le cœur, et l'al-
languit ès exercices necessaires. Si je desire la solitude des chartreux, je perds mon temps, et ce desir
tient la place de celuy que je dois avoir, de me bien
employer à mon office present. Non, je ne voudrois pas mesmement que l'on desirast d'avoir meilleur esprit, ny meilleur jugement, car ces desirs
sont frivoles, et tiennent la place de celuy que chascun doit avoir de cultiver le sien tel qu'il est : ny que
l'on desire les moyens de servir Dieu que l'on n'a pas,
mais que l'on employe fidellement ceux qu'on a. Or
cela s'entend des desirs qui amusent le cœur : car
quand aux simples souhaits, ils ne font nulle nuisance, pourveu qu'ils ne soient pas frequents.

Ne desirez pas les croix, sinon à mesure que vous
aurez bien supporté celles qui se seront presentées ;
car c'est un abus de desirer le martyre, et n'avoir
pas le courage de supporter une injure. L'ennemy
nous procure souvent des grands desirs pour des

objets absens, et qui ne se presenteront jamais, afin de divertir nostre esprit des objets presens, esquels pour petits qu'ils soient, nous pourrions faire grand profit. Nous combattons les monstres d'Afrique en imagination, et nous nous laissons tuer en effet aux menus serpens qui sont en nostre chemin, à faute d'attention.

Ne desirez point les tentations, car ce seroit temerité : mais employez vostre cœur à les attendre courageusement, et à vous en defendre quand elles arriveront.

La varieté des viandes ( si principalement la quantité en est grande ) charge tousjours l'estomach, et si il est foible, elle le ruine. Ne remplissez pas vostre ame de beaucoup de desirs, ny mondains, car ceux-là vous gasteroient du tout; ny mesme spirituels, car ils vous embarasseroient. Quand nostre ame est purgée, se sentant deschargée de mauvaises humeurs, elle a un appetit fort grand des choses spirituelles, et comme toute affamée elle se met à desirer mille sortes d'exercices de pieté, de mortification, de penitence, d'humilité, de charité, et d'oraison. C'est bon signe, ma Philotée, d'avoir ainsi bon appetit; mais regardez si vous pourrez bien digerer tout ce que vous voulez manger. Choisissez donc par l'advis de vostre pere spirituel, entre tant de desirs, ceux qui peuvent estre practiquez, et executez maintenant ceux-là, faictes les bien valoir : cela fait, Dieu vous en envoyera d'autres, lesquels aussi en leurs saisons vous practiquerez, et ainsi vous ne perdrez pas le temps en desirs inutiles. Je ne dis pas qu'il faille perdre aucune sorte de bons desirs, mais je dis qu'il les faut produire par ordre, et ceux qui ne peuvent estre effectuez presentement, il les faut serrer en quelque coin du cœur, jusque à ce que leur temps soit venu, et cependant effectuer ceux qui sont meurs et de saison; ce que je ne dis pas seulement pour les spirituels, mais pour les mondains, sans cela nous ne sçaurions vivre qu'avec inquietude et empressement.

## CHAPITRE XXXVIII.

### Advis pour les gens mariez.

Le mariage est un grand sacrement, je dis en Jesus-Christ, et en son Eglise : il est honorable à tous, en tous, et en tout, c'est à dire en toutes ses parties. A tous : car les vierges mesmes le doivent honorer avec humilité. En tous, car il est esgalement sainct entre les pauvres comme entre les riches. En tout : car son origine, sa fin, ses utilitez, sa forme et sa matiere sont sainctes. C'est la pepiniere du christianisme, qui remplit la terre de fidelles, pour accomplir au ciel le nombre des esleus : si que la conservation du bien du mariage, est extresmement importante à la republique; car c'est la racine et la source de tous ses ruisseaux.

Pleust à Dieu que son fils bien-aymé, fust appellé à toutes les nopces comme il fut à celles de Cana, le vin des consolations et benedictions ny manqueroit jamais : car ce qu'il n'y en a pour l'ordinaire

qu'un peu au commencement, c'est d'autant qu'en
lieu de Nostre-Seigneur, on y fait venir Adonis ; et
Venus, en lieu de Nostre-Dame. Qui veut avoir des
agnelets beaux et mouchetez, comme Jacob, il faut
comme luy presenter aux brebis quand elles s'assem-
blent pour parier, de belles baguettes de diverses couleurs : et qui veut avoir un heureux succez au mariage,
devroit en ses nopces se representer la saincteté et
dignité de ce sacrement ; mais en lieu de cela il y
arrive mille desreglemens en passe-temps, festins
et paro●. Ce n'est donc pas merveille si les effets
en sont desreglez.

J'exhorte sur tout les mariez à l'amour mutuel
que le S. Esprit leur recommande tant en l'Escriture : ô mariez, ce n'est rien de dire, aimez-vous
l'un l'autre de l'amour naturel ; car les paires de tour-
terelles font bien cela : ny de dire aymez-vous d'un
amour humain ; car les payens ont bien practiqué
cet amour-là : mais je vous dis apres le grand apostre : « Marys aymez vos femmes, comme Jesus-Christ
« ayme son Eglise ? O femmes aymez vos marys,
« comme l'Eglise ayme son Sauveur. » Ce fut Dieu
qui amena Eve à nostre premier pere Adam, et la
luy donna à femme : c'est aussi Dieu, mes amis, qui
de sa main invisible a fait le nœud du sacré lien de
vostre mariage, et qui vous a donné les uns aux autres : pourquoy ne vous cherissez-vous d'un amour
tout sainct, tout sacré, tout divin ?

Le premier effet de cet amour, c'est l'union indissoluble de vos cœurs. Si on colle deux pieces de

sapin ensemble, pourveu que la colle soit fine, l'union en sera si forte qu'on fendroit beaucoup plustost les pieces ès autres endroits qu'en l'endroit de leur conjonction : mais Dieu conjoint le mary à la femme en son propre sang, c'est pourquoy cette union est si forte que plustost l'ame se doit separer du corps de l'un et de l'autre, que non pas le mary de la femme. Or cette union ne s'entend pas principalement du corps, ains du cœur, de l'affection et de l'amour.

Le second effet de cet amour doit estre la fidelité inviolable de l'un à l'autre. Les cachets estoient anciennement gravez ès anneaux que l'on portoit aux doigts, comme mesme l'Escriture saincte tesmoigne : voicy doncques le secret de la ceremonie que l'on fait ès nopces : l'Eglise par la main du prestre benit un anneau, et le donnant premierement à l'homme, tesmoigne qu'elle scelle et cachette son cœur par ce sacrement, afin que jamais plus ny le nom, ny l'amour d'aucune autre femme ne puisse entrer en iceluy, tandis que celle-là vivra, laquelle luy a esté donnée. Puis l'espoux remet l'anneau en la main de la mesme espouse, afin que reciproquement elle sçache que jamais son cœur ne doit recevoir de l'affection pour aucun autre homme, tandis que celuy vivra sur terre, que Nostre-Seigneur vient de luy donner.

Le troisiesme fruict du mariage, c'est la production et legitime nourriture des enfans. Ce vous est grand honneur, ô mariez, dequoy Dieu voulant multiplier les ames qui le puissent benir et loüer à

toute eternité, il vous rend les cooperateurs d'une si
digne besongne, par la production des corps, dans
lesquels il respand, comme gouttes celestes, les
ames en les creant, comme il les crée en les infusant
dedans les corps.

Conservez doncques, ô maris, un tendre, constant et cordial amour envers vos femmes : pour
cela la femme fut tirée du costé plus proche du
cœur du premier homme, afin qu'elle fust aymée
de luy cordialement et tendrement. Les imbecilli-
tez et infirmitez, soit du corps, soit de l'esprit de vos
femmes ne vous doivent provoquer à nulle sorte de
desdain, ains plustost à une douce et amoureuse
compassion, puis que Dieu les a creées telles, afin
que dependant de vous, vous en receussiez plus
d'honneur et de respect, et que vous les eussiez tellement pour compagnes, que vous en fussiez neantmoins les chefs et superieurs. Et vous, ô femmes,
aymez tendrement, cordialement, mais d'un amour
respectueux et plein de reverence, les maris que
Dieu vous a donnez : car vrayement Dieu pour cela
les a creez d'un sexe plus vigoureux et predominant,
et a voulu que la femme fust une dependance de
l'homme, un os de ses os, une chair de sa chair, et
qu'elle fust produite d'une coste d'iceluy, tirée de
dessous ses bras, pour monstrer qu'elle doit estre
sous la main et conduite du mary : et toute l'Escriture saincte vous recommande estroitement cette
subjection, laquelle neantmoins la mesme Escriture vous rend douce, non seulement voulant que

vous vous y accommodiez avec amour, mais ordonnant à vos maris qu'ils l'exercent avec grande dilection, tendreté et suavité : « Maris, dit S. Piérre, portez-vous discrettement avec vos femmes, comme avec un vaisseau plus fragile, leur portant honneur. »

Mais tandis que je vous exhorte d'agrandir de plus en plus ce reciproque amour que vous vous devez, prenez garde qu'il ne se convertisse point en aucune sorte de jalousie : car il arrive souvent que comme le ver s'engendre de la pomme la plus delicate et la plus meure, aussi la jalousie naist en l'amour le plus ardent et pressant des mariez, duquel neantmoins il gaste et corrompt la substance : car petit à petit il engendre les noises, dissensions et divorces. Certes la jalousie n'arrive jamais où l'amitié est reciproquement fondée sur la vraye vertu : c'est pourquoy elle est une marque indubitable d'un amour aucunement sensuel, grossier, et qui s'est adressé en un lieu où il a rencontré une vertu manque, inconstante, et subjette à defiance. C'est doncques une sotte ventance d'amitié que de la vouloir exalter par la jalousie : car la jalousie est voirement marque de la grandeur et grosseur de l'amitié, mais non pas de la bonté, pureté et perfection d'icelle, puisque la perfection de l'amitié presuppose l'asseurance de la vertu de la chose qu'on ayme; et la jalousie en presuppose l'incertitude.

Si vous voulez, ô maris, que vos femmes vous soient fidelles, faites-leur en voir la leçon par vostre

exemple : « Avec quel front, dit S. Gregoire Nazian-
« zene, voulez-vous exiger la pudicité de vos fem-
« mes, si vous-mesmes vivez en impudicité? comme
« leur demandez-vous ce que vous ne leur donnez
« pas. Voulez-vous qu'elles soient chastes? compor-
« tez-vous chastement envers elles » : Et comme dit
S. Paul, « Qu'un chascun sçache posseder son vais-
« seau en sanctification. Que si au contraire vous-
« mesmes leur apprenez les fripponneries, ce n'est
« pas merveilles que vous ayez du des-honneur en
« leur perte : mais vous, ô femmes, desquelles l'hon-
« neur est inseparablement conjoint avec la pudicité
« et honesteté, conservez jalousement vostre gloire,
« et ne permettez qu'aucune sorte de dissolution
« ternisse la blancheur de vostre reputation. »

Craignez toutes sortes d'attaques pour petites
qu'elles soient : ne permettez jamais aucune mugueterie autour de vous. Quiconque vient loüer vostre
beauté et vostre grace vous doit estre suspect : car
quiconque loüe une marchandise qu'il ne peut
achepter, il est pour l'ordinaire grandement tenté
de la derober. Mais si à vostre loüange quelqu'un
adjouste le mespris de vostre mary, il vous offense
infiniment : car la chose est si claire, que non seulement il vous veut perdre, mais vous tient desja pour
demy perduë, puisque la moitié du marché est fait
avec le second marchand, quand on est degousté du
premier. Les dames, tant anciennes que modernes,
ont accoustumé de pendre des perles en nombre à
leurs oreilles, pour le plaisir, dit Pline, qu'elles ont

à les sentir grilloter s'entre-touchant l'une l'autre. Mais quand à moy, qui sçay que le grand amy de Dieu Isaac envoya des pendans d'oreilles pour les premieres arrhes de ses amours à la chaste Rebecca, je croy que cet ornement mystique signifie que la premiere partie qu'un mary doit avoir d'une femme, et que la femme luy doit fidellement garder, c'est l'oreille, afin que nul langage ou bruit n'y puisse entrer, sinon le doux et amiable grillotis des paroles chastes et pudiques, qui sont les perles orientales de l'Evangile. Car il se faut tousjours ressouvenir que l'on empoisonne les ames par l'oreille, comme les corps par la bouche.

L'amour et la fidelité jointes ensemble engen-drent tousjours la privauté et confiance : c'est pour-quoy les Saincts et Sainctes ont usé de beaucoup de reciproques caresses en leur mariage; caresses vraye-ment amoureuses, mais chastes, mais tendres, mais sinceres. Ainsi Isaac et Rebecca, le plus chaste pair des mariez de l'ancien temps, furent veus par la fe-nestre se caresser, en telle sorte qu'encore qu'il n'y eust rien de des-honneste, Abimelech connut bien qu'ils ne pouvoient estre sinon mary et femme. Le grand S. Louis esgalement rigoureux à sa chair et tendre en l'amour de sa femme, fut presque blasmé d'estre abondant en telles caresses; bien qu'en verité il meritast plustost loüanges de sçavoir demettre son esprit martial et courageux à ces menus offices re-quis à la conservation de l'amour conjugal : car bien que ces petites demonstrations de pure et franche amitié ne lient pas les cœurs, elles les approchent neantmoins, et servent d'un ageancement agreable à la mutuelle conversation.

S^te Monique estant grosse du grand S. Augustin le dedia par plusieurs offres à la religion chrestienne et au service de la gloire de Dieu, ainsi que luy-mesme le tesmoigne, disant « que desja il avoit « gousté le sel de Dieu dans le ventre de sa mere. » C'est un grand enseignement pour les femmes chrestiennes d'offrir à la divine Majesté les fruicts de leurs ventres, mesme avant qu'ils en soient sortis : car Dieu, qui accepte les oblations d'un cœur humble et volontaire, seconde pour l'ordinaire les bonnes affections des meres en ce temps-là, tesmoins Samuël, S. Thomas d'Aquin, S. André de Fiesole, et plusieurs autres. La mere de S. Bernard, digne mere d'un tel fils, prenant ses enfans en ses bras incontinent qu'ils estoient nez, les offroit à Jesus-Christ, et dès-lors les aimoit avec respect, comme chose sacrée et que Dieu luy avoit confiée; ce qui luy reüssit si heureusement, qu'enfin ils furent tous sept tres-saincts. Mais les enfans estant venus au monde, et commençans à se servir de la raison, les peres et meres doivent avoir un grand soin de leur imprimer la crainte de Dieu au cœur. La bonne reyne Blanche fit ardemment cet office à l'endroict du roy S. Louis son fils : car elle luy disoit souventesfois : « J'aymerois trop mieux, mon cher enfant, « vous voir mourir devant mes yeux, que de vous « voir commettre un seul peché mortel. » Ce qui demeura tellement gravé en l'ame de ce sainct fils, que comme luy-mesme racontoit il ne fut jour de sa vie auquel il ne luy en souvint, mettant peine, tant qu'il luy estoit possible, de bien garder cette divine doctrine. Certes, les races et generations sont appellées en nostre langage, maisons; et les Hebreux mesmes appellent la generation des enfans, edification de maison. Car c'est en ce sens qu'il est dit que Dieu edifia des maisons aux sages-femmes d'Egypte. Or c'est pour monstrer que ce n'est pas faire une bonne maison, de fourrer beaucoup de biens mondains en icelle, mais de bien eslever les enfans en la crainte de Dieu, et en la vertu.

En quoy on ne doit espargner aucune sorte de peine ny de travaux, puis que les enfans sont la couronne du pere et de la mere.

Ainsi S$^{te}$ Monique combattit avec tant de ferveur et de constance les mauvaises inclinations de S. Augustin, que l'ayant suivy par mer et par terre, elle le rendit plus heureusement enfant de ses larmes par la conversion de son ame, qu'il n'avoit esté enfant de son sang par la generation de son corps.

S. Paul laisse en partage aux femmes le soin de la maison : c'est pourquoy plusieurs ont cette veritable opinion que leur devotion est plus fructueuse à la famille que celle des maris, qui ne faisant pas une si ordinaire residence entre les domestiques, ne peuvent pas par consequent les adresser si aysément à la vertu. A cette consideration Salomon en ses proverbes fait dependre le bon-heur de toute la maison du soin et industrie de cette femme forte qu'il descrit.

Il est dit en la Genese qu'Isaac voyant sa femme. Rebecca sterile pria le Seigneur pour elle; ou selon les Hebreux, il pria le Seigneur vis-à-vis d'elle, parce que l'un prioit d'un costé de l'oratoire, et l'autre de l'autre : aussi l'oraison du mary faite en cette façon fut exaucée. C'est la plus grande et plus fructueuse union du mary et de la femme que celle qui se fait en la saincte devotion, à laquelle ils se doivent entre-porter l'un l'autre à l'envy. Il y a des fruicts, comme le coing, qui pour l'aspreté de leur suc ne sont gueres agreables qu'en confiture. Il y en a d'autres, qui pour leur tendreté et delicatesse ne peuvent durer s'ils ne sont aussi confits, comme les cerises et abricots : ainsi les femmes doivent souhaiter que leurs maris soient confits au sucre de la devotion ; car l'homme sans la devotion est un animal severe, aspre et rude : et les maris doivent souhaiter que leurs femmes soient devotes ; car sans la devotion la femme est grandement fragile et subjette à decheoir ou ternir en la vertu. S. Paul a dit « que « l'homme infidele est sanctifié par la femme fidelle, « et la femme infidelle par l'homme fidele »; parce qu'en cette estroite alliance du mariage l'un peut aysement tirer l'autre à la vertu. Mais quelle benediction est-ce quand l'homme et la femme fidelles se sanctifient l'un l'autre en une vraye crainte du Seigneur.

Au demeurant, le support mutuel de l'un pour

l'autre doit estre si grand, que jamais tous deux ne soient courroucez ensemble, et tout à coup, afin qu'entr'eux il ne se voye de la dissension, et du debat. Les mouches à miel ne peuvent s'arrester en lieu où les echos, retentissemens, et redoublemens de voix se font; ny le Sainct-Esprit certes en une maison en laquelle il y ait du debat, des repliques et redoublemens, crieries et altercations.

S. Gregoire Nazianzene tesmoigne que de son temps les mariez faisoient feste au jour anniversaire de leurs mariages. Certes j'approuverois que cette coustume s'introduisit, pourveu que ce ne fust point avec des appareils de recreations mondaines et sensuelles: mais que les maris et femmes confessez et communiez en ce jour-là, recommandassent à Dieu plus fervemment qu'à l'ordinaire le progrès de leur mariage, renouvellant les bons propos de le sanctifier de plus en plus par une reciproque amitié et fidelité; et reprenant haleine en Nostre-Seigneur pour le support des charges de leur vocation.

## CHAPITRE XXXIX.

### De l'honnesteté du lit nuptial.

Le lit nuptial doit estre immaculé, comme l'apostre l'appelle, c'est à dire exempt d'impudicitez, et autres soüilleures prophanes. Aussi le sainct mariage fut premierement institué dedans le paradis terrestre, où jamais jusques à l'heure il n'y avoit eu aucun dereglement de la concupiscence, ny chose deshonneste.

Il y a quelque ressemblance entre les voluptez honteuses, et celles du manger : car toutes deux regardent la chair, bien que les premieres, à raison de leur vehemence brutale, s'appellent simplement charnelles. J'expliqueray doncques ce que je ne puis pas dire des unes par ce que je diray des autres.

1. Le manger est ordonné pour conserver les personnes : or comme manger simplement pour nourrir et conserver la personne est une bonne chose, saincte et commandée ; aussi ce qui est requis au mariage pour la production des enfans et la multiplication des personnes, est une bonne chose et tres-saincte ; car c'est la fin principale des nopces.

2. Manger, non point pour conserver la vie, mais pour conserver la mutuelle conversation et condescendance que nous nous devons les uns aux autres, c'est chose grandement juste et honneste : et de mesme la reciproque et legitime satisfaction des parties au sainct mariage, est appellée par S. Paul devoir ; mais devoir si grand, qu'il ne veut pas que l'une des parties s'en puisse exempter sans le libre et volontaire consentement de l'autre, non pas mesme pour les exercices de la devotion ; ce qui m'a fait dire le mot que j'ay mis au chapitre de la saincte communion pour ce regard : combien moins donc peut-on s'en exempter pour des capricieuses pretentions de vertu, ou pour les coleres et dedains.

3. Comme ceux qui mangent pour le devoir de la mutuelle conversation doivent manger librement, et non comme par force ; et de plus s'essayer de

tesmoigner de l'appetit : aussi le devoir nuptial doit estre tousjours rendu fidellement, franchement, et tout de mesme comme si c'estoit avec esperance de la production des enfans, encore que pour quelque occasion on n'eust pas telle esperance.

4. Manger, non point pour les deux premieres raisons; mais simplement pour contenter l'appetit, c'est chose supportable, mais non pas pourtant loüable. Car le simple plaisir de l'appetit sensuel ne peut estre un objet suffisant pour rendre une action loüable, il suffit bien si elle est supportable.

5. Manger, non point par simple appetit; mais par excez et dereglement, c'est chose plus ou moins vituperable, selon que l'excez est grand ou petit.

6. Or l'excez du manger ne consiste pas seulement en la trop grande quantité, mais aussi en la façon et maniere de manger. C'est grand cas, chere Philotée, que le miel si propre et salutaire aux abeilles, leur puisse neantmoins estre si nuisible, que quelquesfois il les rend malades, comme quand elles en mangent trop au printemps : car cela leur donne le flux de ventre, et quelquesfois il les fait mourir inevitablement, comme quand elles sont emmiellées par le devant de leur teste et de leurs aislerons. A la verité, le commerce nuptial qui est si sainct, si juste, si recommandable, si utile à la republique, est neantmoins en certain cas dangereux à ceux qui le practiquent : car quelquesfois il rend leurs ames grandement malades de peché veniel, comme il arrive par les simples excez; et quel-

quesfois il les fait mourir par le peché mortel,
comme il arrive lors que l'ordre estably pour la production des enfans est violé et perverty ; auquel cas,
selon qu'on s'egare plus ou moins de cet ordre, les
pechez se trouvent plus ou moins execrables, mais
tousjours mortels. Car d'autant que la procreation
des enfans est la premiere et principale fin du mariage, jamais on ne peut loisiblement se departir de
l'ordre qu'elle requiert ; quoy que pour quelqu'autre
accident elle ne puisse pas pour lors estre effectuée,
comme il arrive quand la sterilité, ou la grossesse
desja survenuë empeschent la production et generation. Car en ces occurrences le commerce corporel
ne laisse pas de pouvoir estre juste et sainct, moyennant que les regles de la generation soient suivies ;
aucun accident ne pouvant jamais prejudicier à la
loy, que la fin principale du mariage a imposée.
Certes, l'infame et execrable action qu'Onam faisoit en son mariage, estoit detestable devant Dieu,
ainsi que dit le sacré texte du 38e chapitre de la
Genese. Et bien que quelques heretiques de nostre
age, cent fois plus blasmables que les cyniques
(desquels parle S. Hierosme sur l'epistre aux Ephe-
siens) ayent voulu dire que c'estoit la perverse intention de ce meschant qui desplaisoit à Dieu ; l'Escriture toutesfois parle autrement, et asseure en
particulier que la chose mesme qu'il faisoit estoit
detestable et abominable devant Dieu.

7. C'est une vraye marque d'un esprit truand,
vilain, abjet et infasme, de penser aux viandes et à

la mangeaille avant le temps du repas; et encore
plus, quand apres iceluy on s'amuse au plaisir que
l'on a pris à manger, s'y entretenant par paroles et
pensées, et veautrant son esprit dedans le souvenir
de la volupté que l'on a euë en avallant les mor-
ceaux, comme font ceux qui devant disner tiennent
leur esprit en broche, et apres disner dans les plats :
gens dignes d'estre soüillards de cuisine, « qui font,
comme dit S. Paul, un Dieu de leur ventre : » les
gens d'honneur ne pensent à la table qu'en s'asseant,
et apres le repas se lavent les mains et la bouche,
pour n'avoir plus ny le goust, ny l'odeur de ce qu'ils
ont mangé. L'elephant n'est qu'une grosse beste,
mais la plus digne qui vive sur la terre, et qui a le
plus de sens : je vous veux dire un trait de son honnesteté : Il ne change jamais de femelle, et ayme
tendrement celle qu'il a choisie, avec laquelle neantmoins il ne parie que de trois ans en trois ans, et
cela pour cinq jours seulement, et si secretement,
que jamais il n'est veu en cet acte : mais il est bien
veu pourtant le sixiesme jour, auquel avant toute
chose il va droict à quelque riviere, en laquelle il
se lave entierement tout le corps, sans vouloir aucunement retourner au troupeau, qu'il ne se soit
auparavant purifié. Ne sont-ce pas de belles et honnestes humeurs d'un tel animal, par lesquelles il
invite les mariez à ne point demeurer engagez d'affection aux sensualitez et voluptez que selon leur
vocation ils auront exercées? mais icelles passées,
de s'en laver le cœur et l'affection et de s'en purifier

au plustost, pour par apres avec toute liberté d'esprit pratiquer les autres actions plus pures et relevés. En cet avis consiste la parfaite pratique de l'excellente doctrine que S. Paul donne aux Corinthiens : « Le temps est court, dit-il, reste que ceux qui ont « des femmes soient comme n'en ayant point. » Car selon S. Gregoire, celuy a une femme comme n'en ayant point, qui prend tellement les consolations corporelles avec elle, que pour cela il n'est point détourné des pretentions spirituelles. Or ce qui se se dit du mary, s'entend reciproquement de la femme : « Que ceux qui usent du monde, dit le mesme apostre, soient comme n'en usant point. » Que tous doncques usent du monde, un chascun selon sa vocation : mais en telle sorte, que n'y engageant point l'affection, on soit aussi libre et prompt à servir Dieu, comme si l'on n'en usoit point. C'est le grand mal de l'homme, dit S. Augustin, de vouloir joüir des choses, desquelles il doit seulement user ; et de vouloir user de celles desquelles il doit seulement joüir : nous devons joüir des choses spirituelles et seulement user des corporelles, desquelles quand l'usage est converty en joüissance, nostre ame raisonnable est aussi convertie en ame brutale et bestiale. Je pense avoir tout dit ce que je voulois dire, et fait entendre sans le dire, ce que je ne voulois pas dire.

## CHAPITRE XL.

### Advis pour les vefves.

S. Paul instruit tous les prelats en la personne de son Timothée, disant : « Honore les vefves qui sont « vrayement vefves. » Or pour estre vrayement vefve, ces choses sont requises.

1. Que non seulement la vefve soit vefve de corps, mais aussi de cœur, c'est à dire qu'elle soit resoluë d'une resolution inviolable de se conserver en l'estat d'une chaste viduité. Car les vefves qui ne le sont qu'en attendant l'occasion de se remarier, ne sont separées des hommes que selon la volupté du corps, mais elles sont desja conjointes avec eux selon la volonté du cœur. Que si la vraye vefve pour se confirmer en l'estat de viduité, veut offrir à Dieu en vœu son corps et sa chasteté, elle adjoustera un grand ornement à sa viduité, et mettra en grande assurance sa resolution ; car voyant qu'apres le vœu il n'est plus en son pouvoir de quitter sa chasteté sans quitter le paradis, elle sera si jalouse de son dessein, qu'elle ne permettra pas seulement aux plus simples pensées de mariage d'arrester en son cœur un seul moment, si que ce vœu sacré mettra une forte barriere entre son ame et toute sorte de projets contraires à sa resolution. Certes, S. Augustin conseille extrememeqt ce vœu à la vefve chrestienne ; et l'ancien et docte Origene passe bien plus avant, car il conseille aux femmes mariées de se voüer et destiner à la chasteté viduale, en cas que

leurs maris viennent à trepasser devant elles, afin
qu'entre les plaisirs sensuels qu'elles pourront avoir
en leur mariage, elles puissent neantmoins joüir
du merite d'une chaste viduité, par le moyen de
cette promesse anticipée. Le vœu rend les œuvres
faites en suite d'iceluy plus agreables à Dieu, fortifie le courage pour les faire, et ne donne pas seulement à Dieu les œuvres, qui sont comme les fruits
de nostre bonne volonté, mais luy dedie encore la volonté mesme, qui est comme l'arbre de nos actions.
Par la simple chasteté nous prestons nostre corps à
Dieu, retenant pourtant la liberté de le sousmettre
d'autre-fois aux plaisirs sensuels : mais par le vœu de
chasteté nous luy en faisons un don absolu et irrevocable, sans nous reserver aucun pouvoir de nous en
dedire, nous rendant ainsi heureusement esclave de
celuy, la servitude duquel est meilleure que toute
royauté. Or comme j'approuve infiniment les advis
de ces deux grands personnages, aussi desirerois-je
que les ames, qui seront si heureuses que de les vouloir employer, le fissent prudemment, sainctement
et solidement, ayant bien examiné leurs courages,
invoqué l'inspiration celeste, et pris le conseil de
quelque sage et devot directeur : car ainsi tout se
fera plus fructueusement.

2. Outre cela, il faut que ce renoncement de secondes nopces se fasse purement et simplement,
pour avec plus de pureté contourner toutes ses affections en Dieu, et joindre de toutes parts son cœur
avec celuy de sa divine Majesté : Car si le desir de

laisser les enfans riches, ou quelqu'autre sorte de
pretention mondaine, arreste la vefve en viduité,
elle en aura peut-estre la loüange; mais non pas
certes devant Dieu, puisque devant Dieu rien ne
peut avoir une veritable loüange, que ce qui est fait
pour Dieu.

Il faut de plus que la vefve, pour estre vrayement
vefve, soit separée et volontairement destituée des
contentemens profanes. « La vefve qui vit en delices,
« dit S. Paul, est morte en vivant. » Vouloir estre
vefve, et se plaire neantmoins d'estre muguetée,
caressée, cajolée; se vouloir trouver aux bals, aux
danses et aux festins; vouloir estre parfumée, at-
tifée et mignardée, c'est estre une vefve vivante
quant au corps, mais morte quant à l'ame. Qu'im-
porte-t'il, je vous prie, que l'enseigne du logis d'A-
donis, et de l'amour prophane, soit faite d'aigrettes
blanches perchées en guise de pennache, ou d'un
crespe estendu en guise de rets autour du visage :
ains souvent le noir est mis avec avantage de vanité
sur le blanc, pour en rehausser la couleur : la vefve
ayant fait essay de la façon avec laquelle les femmes
peuvent plaire aux hommes, jettent de plus dangereuses amorces dedans leurs esprits. La vefve donc
qui vit en ses folles delices, vivante est morte, et
n'est à proprement parler qu'une idole de viduité.

« Le temps de retrancher est venu, la voix de la
« tourterelle a esté oüie en nostre terre, » dit le cantique; le retranchement des superfluitez mondaines
est requis à quiconque veut vivre pieusement; mais

il est sur tout necessaire à la vraye vefve, qui comme une chaste tourterelle vient tout fraichement de pleurer, gemir et lamenter la perte de son mary. Quand Noëmy revint de Moab en Bethleem, les femmes de la ville qui l'avoit connuë au commencement de son mariage s'entredisoient l'une à l'autre : n'est-ce point icy Noëmy? mais elle respondit : « Ne m'appellez point je vous prie, Noëmy (car Noëmy veut dire gracieuse et belle) « ains appellez-« moy Mara; car le Seigneur a remplie mon ame « d'amertume; » ce qu'elle disoit, dautant que son mary luy estoit mort : Ainsi la vefve devote ne veut jamais estre appellée et estimée ny belle, ny gracieuse, se contentant d'estre ce que Dieu veut qu'elle soit, c'est à dire, humble et abjecte à ses yeux.

Les lampes desquelles l'huile est aromatique, jettent une plus suave odeur quand on esteint leurs flammes : ainsi les vefves, desquelles l'amour a esté pur en leur mariage, respandent un plus grand parfum de vertu et chasteté quand leur lumiere, c'est à dire leur mary, est esteinte par la mort : d'aymer le mary tandis qu'il est en vie, c'est chose assez triviale entre les femmes : mais l'aymer tant; qu'apres la mort d'iceluy on n'en vüeille point d'autre, c'est un rang d'amour qui n'appartient qu'aux vrayes vefves. Esperer en Dieu, tandis que le mary sert de support, ce n'est pas chose si rare; mais d'esperer en Dieu quand on est destitué de cet appuy, c'est chose digne de grande loüange. C'est pourquoy on connoist plus aysement en la viduité la perfection des vertus que l'on a euës au mariage.

La vefve laquelle a des enfans qui ont besoin de son adresse et conduite, et principalement en ce qui regarde leur ame et l'establissement de leur vie, ne peut, ny ne doit en façon quelconque les abandonner; car l'apostre S. Paul dit clairement qu'elles sont obligées à ce soin-là pour rendre la pareille à leurs peres et meres; et d'autant encore que si quelqu'un n'a soin des siens, et principalement de ceux de sa famille, il est pire qu'un infidelle; mais si les enfans sont en estat de n'avoir pas besoin d'estre conduits, la vefve alors doit ramasser toutes ses affections et cogitations, pour les appliquer plus purement à son avancement en l'amour de Dieu. Si quelque force forcée n'oblige la conscience de la vraye vefve aux embarassemens exterieurs, tels que sont les procez; je luy conseille de s'en abstenir du tout, et suivre la methode de conduire ses affaires qui sera plus paisible et tranquille, quoy qu'il ne semblast pas que ce fust la plus fructueuse. Car il faut que les fruits du tracas soient bien grands pour estre comparables au bien d'une saincte tranquillité, laissant à part que le procez et telles broüilleries dissipent le cœur, et ouvrent souventesfois la porte aux ennemis de la chasteté, tandis que pour complaire à ceux, de la faveur desquels on a besoin, on se met en des contenances indevotes et desagreables à Dieu.

20.

L'oraison soit le continuel exercice de la vefve : car ne devant plus avoir d'amour que pour Dieu, elle ne doit non plus presque avoir des paroles que pour Dieu; et comme le fer, qui estant empesché de suivre l'attraction de l'aymant à cause de la presence du diamant, s'elance vers le mesmé aymant soudain que le diamant est esloigné : ainsi le cœur de la vefve qui ne pouvoit bonnement s'elancer du tout en Dieu, ny suivre les attraits de son divin amour pendant la vie de son mary, doit soudain après le trepas d'iceluy courir ardemment à l'odeur des parfums celestes, comme disant, à l'imitation de l'espouse sacrée : ô Seigneur, maintenant que je suis toute mienne, recevez-moy pour toute vostre, tirezmoy après vous, nous courrons à l'odeur de vos onguents.

L'exercice des vertus propres à la saincte vefve sont la parfaite modestie, le renoncement aux honneurs, aux rangs, aux ssemblées, aux titres, et à telle sorte de vanité : le service des pauvres et des malades, la consolation des affligez, l'introduction des filles à la vie devote, et de se rendre un parfait exemplaire de toutes vertus aux jeunes femmes : la necessité et la simplicité sont les deux ornemens de leurs habits : l'humilité et la charité les deux ornemens de leurs actions : l'honnesteté et debonnaireté les deux ornemens de leur langage : la modestie et la pudicité l'ornement de leurs yeux : et Jesus-Christ crucifié l'unique amour de leur cœur.

Bref, la vraye vefve est en l'Eglise une petite vio-

lette de Mars, qui respand une suavité nompareille
par l'odeur de sa devotion, et se tient presque tousjours cachée sous les larges füeilles de son abjection;
et par sa couleur moins esclatante tesmoigne la mortification : elle vient ès lieux frais, et non cultivez,
ne voulant estre pressée de la conversation des mondains, pour mieux conserver la fraischeur de son
cœur contre toutes les chaleurs que le desir des
biens, des honneurs, ou mesme des amours luy
pourroient apporter. « Elle sera bien-heureuse, dit
le sainct apostre, si elle persevere en cette sorte. »

J'aurois beaucoup d'autres choses à dire sur ce
subject, mais j'auray tout dit quand j'auray dit que
la vefve jalouse de l'honneur de sa condition lise attentivement les belles Epistres, que le grand S. Hierosme escrit à Furia et à Salvia, et à toutes ces autres dames qui furent si heureuses que d'estre filles
spirituelles d'un si grand pere; car il ne se peut rien
adjouster à ce qu'il leur dit, sinon cet advertissement, que la vraye vefve ne doit jamais ny blasmer,
ny censurer celles qui passent aux secondes, ou
mesmes troisiesmes et quatriesmes nopces; car en
certains cas Dieu en dispose ainsi pour sa plus
grande gloire. Et faut tousjours avoir devant les
yeux cette doctrine des anciens, que ny la viduité ny
la virginité, n'ont point de rang au ciel, que celuy
qui leur est assigné par l'humilité.

## CHAPITRE XLI.

### Un mot aux vierges.

O vierges ! je n'ay à vous dire que ces trois mots ; car vous trouverez le reste ailleurs. Si vous pretendez au mariage temporel, gardez donc jalousement vostre premier amour pour votre premier mary. Je pense que c'est une grande tromperie de presenter en lieu d'un cœur entier et sincere, un cœur tout usé, frelaté et tracassé d'amour. Mais si vostre bonheur vous appelle aux chastes et virginales nopces spirituelles, et qu'à jamais vous veüilliez conserver vostre virginité : ô Dieu ! conservez vostre amour le plus delicatement que vous pourrez pour cet espoux divin, qui estant la pureté mesme, n'ayme rien tant que la pureté, et à qui les premices de toutes choses sont deuës, mais principalement celle de l'amour : les epistres de S. Hierosme vous fourniront tous les advis qui vous sont nécessaires. Et puisque vostre condition vous oblige à l'obeïssance, choisissez une guide soûs la conduite de laquelle vous puissiez plus sainctement dedier vostre cœur et vostre corps à sa divine majesté.

# QUATRIESME PARTIE,

Contenant les advis necessaires contre les tentations
plus ordinaires.

---

## CHAPITRE PREMIER.

Qu'il ne faut point s'amuser aux paroles des enfans du monde.

TOUT aussi-tost que les mondains s'appercevront
que vous voulez suivre la vie devote, ils decocheront
sur vous mille traits de leur cajollerie et medisance :
les plus malins calomnieront vostre changement
d'hypocrisie, bigotterie et artifice : ils diront que le
monde vous a fait mauvais visage, et qu'à son refus
vous recourez à Dieu : vos amis s'empresseront à
vous faire un monde de remonstrances fort pruden-
tes, et charitables à leur advis. Vous tomberez (di-
ront-ils) en quelque humeur melancholique, vous
perdrez credit au monde, vous vous rendrez insupportable, vous envieillirez devant le temps, vos affaires domestiques en patiront : il faut vivre au
monde comme au monde, on peut bien faire son
salut sans tant de mysteres, et mille telles bagatelles.

Ma Philotée, tout cela n'est qu'un sot et vain ba-
bil : ces gens-là n'ont nul soin ny de vostre santé, ny
de vos affaires : « Si vous estiez du monde, dit le

« Sauveur, le monde aymeroit tout ce qui est sien ;
« mais parce que vous n'estes pas du monde, pour-
« tant il vous haït. » Nous avons veu des gentils-
hommes et des dames passer la nuit entiere, ains
plusieurs nuicts de suite à joüer aux echecs et aux
cartes : y a-t'il une attention plus chagrine, plus
melancholique et plus sombre que celle-là? les mondains neantmoins ne disoient mot; les amis ne se
mettoient point en peine : et pour la meditation
d'une heure, ou pour nous voir lever un peu plus
matin qu'à l'ordinaire pour nous preparer à la communion, chascun court au medecin pour nous faire
guerir de l'humeur hypocondriaque, et de la jaunisse. On passera trente nuits à danser, nul ne s'en
plaint; et pour la veille seule de la nuit de Noël
chascun tousse et crie au ventre le jour suivant. Qui
ne voit que le monde est un juge inique, gracieux
et favorable pour ses enfans; mais aspre et rigoureux aux enfans de Dieu?

Nous ne sçaurions estre bien avec le monde qu'en
nous perdant avec luy. Il n'est pas possible que nous
le contentions, car il est trop bigearre : « Jean est
« venu, dit le Sauveur, ne mangeant ny ne beu-
« vant, et vous dites qu'il est endiablé : le Fils de
« l'homme est venu en mangeant et beuvant, et
« vous dites qu'il est Samaritain. » Il est vray, Philotée, si nous nous relaschons par condescendance
à rire, joüer, danser avec le monde, il s'en scanda-
lisera, si nous ne le faisons pas, il nous accusera
d'hypocrisie ou melancholie ; si nous nous parons,

il l'interpretera à quelque dessein ; si nous nous demettons, ce sera pour luy vilité de cœur : nos gayetez seront par luy nommées dissolutions, et nos mortifications tristesses ; et nous regardant ainsi de mauvais œil, jamais nous ne pouvons luy estre agreable. Il agrandit nos imperfections, et publie que ce sont des pechez ; de nos pechez veniels il en fait des mortels, et nos pechez d'infirmitez il les convertit en pechez de malice ; en lieu que, comme dit S. Paul, « la charité est benigne, au contraire le « monde est malin » : au lieu que la charité ne pense point de mal, au contraire le monde pense tousjours mal : et quand il ne peut accuser nos actions, il accuse nos intentions : soit que les moutons ayent des cornes, ou qu'ils n'en ayent point, qu'ils soient blancs ou qu'ils soient noirs, le loup ne laissera pas de les manger s'il peut.

Quoy que nous fassions, le monde nous fera tousjours la guerre : si nous sommes longuement devant le confesseur, il demandera que c'est que nous pouvons tant dire : si nous y sommes peu, il dira que nous ne disons pas tout : il epiera tous nos mouvemens ; et pour une seule petite parole de colere il protestera que nous sommes insupportables ; le soin de nos affaires luy semblera avarice, et nostre douceur niaizerie : et quant aux enfans du monde, leurs coleres sont generositez : leurs avarices, mesnages : leurs privautez, entretiens honorables : les araignées gastent tousjours l'ouvrage des abeilles.

Laissons cet aveugle, Philotée, qu'il crie tant

qu'il voudra, comme un chat-hüant pour inquieter les oyseaux du jour : soyons fermes en nos desseins, invariables en nos resolutions, la perseverance fera bien voir si c'est certes et tout de bon que nous sommes sacrifiez à Dieu, et rangez à la vie devote. Les cometes et les planetes sont presque egalement lumineuses en apparence, mais les cometes disparoissent en peu de temps, n'estant que de certains feux passagers; et les planetes ont une clarté perpetuelle. Ainsi l'hypocrisie et là vraye vertu ont beaucoup de ressemblance en l'exterieur, mais on recognoist aysement l'une d'avec l'autre, parce que l'hypocrisie n'a point de durée, et se dissipe comme la fumée en montant; mais la vraye vertu est tousjours ferme et constante. Ce ne nous est pas une petite commodité pour bien asseurer le commencement de nostre devotion, que d'en recevoir de l'opprobre et de la calomnie : car nous evitons par ce moyen le peril de la vanité et de l'orgueil, qui sont comme les sages-femmes d'Egypte, ausquelles le Pharaon infernal a ordonné de tüer les enfans masles d'Israël le mesme jour de leur naissance. Nous sommes crucifiez au monde, et le monde nous doit estre crucifié : il nous tient pour fols, tenons-le pour insensé.

## CHAPITRE II.

### Qu'il faut avoir bon courage.

La lumiere, quoy que belle et desirable à nos yeux, les eblouit neantmoins après qu'ils ont esté en

des longues tenebres; et devant que l'on se voye
apprivoisé avec les habitans de quelques pays, pour
courtois et gracieux qu'ils soient, on s'y trouve aucunement estonné. Il se pourra bien faire, ma chere
Philotée, qu'à ce changement de vie plusieurs sous-
levemens se feront en vostre interieur : et que ce
grand et general adieu que vous avez dit aux folies
et niaizeries du monde, vous donnera quelque ressentiment de tristesse et descouragement : si cela
vous arrive, ayez un peu de patience, je vous prie,
car ce ne sera rien; ce n'est qu'un peu d'estonne-
ment que la nouveauté vous apporte; passé cela,
vous recevrez dix mille consolations. Il vous fas-
chera peut-estre d'abord de quitter la gloire que les
fols et mocqueurs vous donnoient en vos vanitez :
mais, ô Dieu! voudriez-vous bien perdre l'eternelle
que Dieu vous donnera en verité. Les vains amusemens et passe-temps esquels vous avez employé les
années passées se representeront encore à vostre
cœur, pour l'appaster et faire retourner de leur
costé : mais auriez-vous bien le courage de renoncer à cette heureuse eternité pour des si trompeuses
legeretez? Croyez-moy, si vous perseverez vous ne
tarderez pas de recevoir des douceurs cordiales si
delicieuses et agreables, que vous confesserez que le
monde n'a rien que du fiel en comparaison de ce
miel; et qu'un seul jour de devotion vaut mieux
que mille années de la vie mondaine.

Mais vous voyez que la montagne de la perfection chrestienne est extremement haute : Hé! mon

Dieu, ce dites-vous, comment pourray-je monter?
Courage, Philotée, quand les petits mouschons des
abeilles commencent à prendre forme, on les appelle nymphes, et lors ils ne sçauroient encore voler
sur les fleurs, ny sur les monts, ny sur les collines
voisines pour amasser le miel ; mais petit à petit se
nourrissant du miel que leurs meres ont preparé,
ces petites nymphes prennent des aisles et se forti-
fient en sorte que par après ils volent à la queste par
tout le paysage. Il est vray, nous sommes encore
de petits mouschons en la devotion, nous ne sçaurions monter selon nostre dessein, qui n'est rien
moindre que d'atteindre à la cime de la perfection
chrestienne : mais si commençons-nous à prendre
forme par nos desirs et resolutions ; les aisles nous
commencent à sortir : il faut doncques esperer qu'un
jour nous serons abeilles spirituelles, et que nous
volerons ; et tandis, vivons du miel de tant d'enseignemens que les anciens devots nous ont laissé, et
prions Dieu qu'il nous donne des plumes comme de
colombe, afin que non seulement nous puissions
voler au temps de la vie presente, mais aussi nous
reposer en l'eternité de la future.

## CHAPITRE III.

De la nature des tentations, et de la difference qu'il y a entre sentir la tentation, et consentir à icelle.

Imaginez-vous, Philotée, une jeune princesse extremement aymée de son espoux, et que quelque
meschant pour la desbaucher, et soüiller son lit

nuptial, luy envoyé quelque infame messager d'amour pour traitter avec elle son malheureux dessein. Premierement, ce messager propose à cette princesse l'intention de son maistre. Secondement, la princesse agrée ou desagrée la proposition et l'ambassade. En troisiesme lieu, ou elle consent, ou elle refuse. Ainsi Satan, le monde et la chair, voyant une ame espousée au Fils de Dieu, luy envoyent des tentations et suggestions, par lesquelles, 1. Le peché luy est proposé. 2. Et sur icelle elle se plaist ou elle se desplaist. 3. Enfin elle consent, ou elle refuse : qui sont en somme les trois degrez pour descendre à l'iniquité, la tentation, la delectation et le consentement. Et bien que ces trois actions ne se connoissent pas si manifestement en toutes autres sortes de pechez, si est-ce qu'elles se connoissent palpablement aux grands et enormes pechez.

Quand la tentation de quelque peché que ce soit dureroit toute nostre vie, elle ne sçauroit nous rendre desagreable à la divine Majesté pourveu qu'elle ne nous plaise pas, et que nous n'y consentions pas; la raison est, parce qu'en la tentation nous n'agissons pas, mais nous souffrons : et puis que nous n'y prenons point plaisir, nous ne pouvons aussi en avoir aucune sorte de coulpe. S. Paul souffrit longuement les tentations de la chair : et tant s'en faut que pour cela il fust desagreable à Dieu, qu'au contraire Dieu estoit glorifié par icelles. La bien-heureuse Angele de Foligny sentoit des tentations charnelles si cruelles, qu'elle fait pitié quand elle les raconte :

grandes furent aussi les tentations que souffrit
S. François et S. Benoist, lors que l'un se jetta dans
les espines, et l'autre dans la neige pour les mitiger:
et neantmoins ils ne perdirent rien de la grace de
Dieu pour tout cela, ains l'augmenterent de beaucoup.

Il faut donc estre fort courageuse, Philotée, emmy
les tentations, et ne se tenir jamais pour vaincuë
pendant qu'elles vous desplairont, en bien observant
cette difference qu'il y a entre sentir et consentir,
qui est qu'on les peut sentir encore qu'elles nous
desplaisent, mais on ne peut consentir sans qu'elles
nous plaisent, puisque le plaisir pour l'ordinaire
sert de degré pour venir au consentement. Que
doncques les ennemis de nostre salut nous presentent tant qu'ils voudront d'amorces et d'appas, qu'ils
demeurent tousjours à la porte de nostre cœur pour
entrer, qu'ils nous fassent tant de propositions qu'ils
voudront: mais tandis que nous aurons resolution
de ne point nous plaire en tout cela, il n'est pas
possible que nous offensions Dieu, non plus que le
prince espoux de la princesse que j'ay representée
ne luy peut sçavoir mauvais gré du message qui luy
est envoyé, si elle n'y a prins aucune sorte de plaisir. Il y a neantmoins cette difference entre l'ame et
cette princesse pour ce subjet, que la princesse
ayant oüy la proposition deshonneste peut, si bon
luy semble, chasser le messager, et ne le plus oüyr:
mais il n'est pas tousjours au pouvoir de l'ame de ne
point sentir la tentation, bien qu'il soit tousjours en

son pouvoir de n'y point consentir : c'est pourquoy,
encore que la tentation dure et persevere long-
temps, elle ne peut nous nuire tandis qn'elle nous
est desagreable.

Mais quant à la delectation qui peut suivre la
tentation, pour autant que nous avons deux parties
en nostre ame, l'une inferieure, et l'autre superieure, et que l'inferieure ne suit pas tousjours la
superieure, ains fait son cas à part : il arrive maintesfois que la partie inferieure se plaist en la tentation sans le consentement, ains contre le gré de la
superieure : c'est la dispute et la guerre que l'apostre
S. Paul descrit, quand il dit que sa chair convoite
contre son esprit, qu'il y a une loy des membres, et
une loy de l'esprit, et semblables choses.

Avez-vous jamais veu, Philotée, un grand brasier
de feu couvert de cendres ; quand on vient dix ou
douze heures après pour y chercher du feu, on n'en
trouve qu'un peu au milieu du foyer, et encore on
a peine de le trouver. Il y estoit neantmoins puis
qu'on l'y trouve : et avec iceluy on peut rallumer
tous les autres charbons desja esteints. C'en est de
mesme de la charité, qui est nostre vie spirituelle,
parmy les grandes et violentes tentations. Car la
tentation jettant sa 'delectation en la partie inferieure, couvre, ce semble, toute l'ame de cendre et
reduit l'amour de Dieu au petit pied : car il ne paroist plus en nulle part, sinon au milieu du cœur,
au fin fond de l'esprit : encore semble-t'il qu'il ny
soit pas, et a-t'on peine de le trouver. Il y est

neantmoins en verité, puisque quoy que tout soit en trouble en nostre ame et en nostre corps, nous avons la resolution de ne point consentir au peché, ny à la tentation, et que la delectation, qui plaist à nostre homme exterieur, desplaist à l'interieur; et quoy qu'elle soit tout autour de nostre volonté, si n'est-elle pas dans icelle; en quoy l'on voit que telle delectation est involontaire, et estant telle ne peut estre peché.

## CHAPITRE IV.

### Deux beaux exemples sur ce subjet.

Il vous importe tant de bien entendre cecy, que je ne feray nulle difficulté de m'estendre à l'expliquer. Le jeune homme duquel parle S. Hierosme, qui couché et attaché avec des escharpes de soye, bien delicatement, sur un lit mollet, estoit provoqué par toutes sortes de vilains attouchemens et attraits d'une impudique femme qui estoit couchée avec luy, exprez pour ebranler sa constance; ne devoit-il pas sentir d'estranges accidens? ses sens ne devoient-ils pas estre saisis de la delectation, et son imagination extremement occupée de cette presence des objets voluptueux? Sans doute, et neantmoins parmy tant de troubles, emmy un si terrible orage de tentations, et entre tant de voluptez qui sont tout autour de luy, il tesmoigne que son cœur n'est point vaincu, et que sa volonté n'y consent nullement: puisque son esprit voyant tout rebellé contre luy, et n'ayant plus aucune des parties de son corps à son

commandement, sinon la langue, il se la coupa
avec les dents, et la cracha sur le visage de cette
vilaine ame, qui tourmentoit la sienne plus cruellement par la volupté, que les bourreaux n'eussent
jamais sceu faire par les tourmens : aussi le tyran
qui se defioit de la vaincre par les douleurs, pensoit
la surmonter par ces plaisirs.

L'histoire du combat de S$^{te}$ Catherine de Sienne
en un pareil subjet est du tout admirable : en voicy
le sommaire. Le malin esprit eut congé de Dieu
d'assaillir la pudicité de cette saincte vierge avec la
plus grande rage qu'il pourroit, pourveu toutesfois
qu'il ne la touchast point : il fit donc toutes sortes d'impudiques suggestions à son cœur : et pour
tant plus l'emouvoir, venant avec ses compagnons
en forme d'hommes et de femmes, il faisoit mille
et mille sortes de charnalitez et lubricitez à sa veuë,
adjoustant des paroles et semonces tres-deshonnes-
tes : et bien que toutes ces choses fussent exterieures,
si est-ce que par le moyen des sens elles penetroient
bien avant dedans le cœur de la vierge, lequel,
comme elle confessoit elle-mesme, en estoit tout
plein, ne luy restant plus que la fine pure volonté
superieure qui ne fust agitée de cette tempeste de
vilenie et delectation charnelle : ce qui dura fort
longuement : jusques à tant qu'un jour Nostre-Seigneur luy apparut, et elle luy dit : Où estiez-vous,
mon doux Seigneur, quand mon cœur estoit plein
de tant de tenebres et d'ordures ? A quoy il respondit : J'estois dedans ton cœur, ma fille ? Et comment,

21

repliqua-t'elle, habitiez-vous dedans mon cœur, dans
lequel il y avoit tant de vilenies ? habitez-vous doncques en des lieux si deshonnestes ? Et Nostre-Seigneur luy dit : Dis-moy, ces tiennes sales cogitations
de ton cœur te donnoient-elles plaisir ou tristesse,
amertume ou delectation ? Et elle dit, Extreme
amertume et tristesse. Et il luy repliqua : Qui estoit
iceluy qui mettoit cette grande amertume et tristesse dedans ton cœur, sinon moy, qui demeurois
caché dedans le milieu de ton ame ? Croy, ma fille,
que si je n'eusse pas esté present, ces pensées qui
estoient autour de ta volonté, et ne pouvoient l'expugner, l'eussent sans doute surmontée, et seroient
entrées dedans, et eussent esté receuës avec plaisir
par ton liberal arbitre, et ainsi eussent donné la
mort à ton ame : mais parce que j'estois dedans, je
mettois ce deplaisir et cette resistance en ton cœur,
par laquelle il se refusoit tant qu'il pouvoit à la tentation : et ne pouvant pas tant qu'il vouloit, il en
sentoit un plus grand desplaisir, et une plus grande
haine contre icelle, et contre soy-mesme : et ainsi
ces peines estoient un grand merite, et un grand
gain pour toy, et un grand accroissement de ta vertu
et de ta force.

Voyez-vous, Philotée, comme ce feu estoit couvert de la cendre, et que la tentation et delectation estoit mesme entrée dedans le cœur, et avoit
environné la volonté, laquelle seule assistée de son
Sauveur resistoit par des amertumes, des desplaisirs et detestations du mal qui luy estoit suggeré,

refusant perpetuellement son consentement au peché qui l'environnoit. O Dieu ! quelle detresse à
une ame qui ayme Dieu, de ne sçavoir seulement
pas si il est en elle, ou non? Et si l'amour divin,
pour lequel elle combat, est du tout esteint en elle,
ou non : mais c'est la fine fleur de la perfection de
l'amour celeste, que de faire souffrir et combattre
l'amant pour l'amour, sans sçavoir s'il a l'amour
pour lequel et par lequel il combat.

## CHAPITRE V.

### Encouragement à l'ame qui est ès tentations.

Ma Philotée, ces grands assauts, et ces tentations
si puissantes ne sont jamais permises de Dieu, que
contre les ames lesquelles il veut eslever à son pur
et excellent amour : mais il ne s'ensuit pas pourtant
qu'après cela elles soient asseurées d'y parvenir ; car
il est arrivé maintesfois que ceux qui avoient esté
constans en de si violentes attaques, ne correspon-
dant pas par après fidellement à la faveur divine, se
sont trouvez vaincus en des bien petites tentations.
Ce que je dis, afin que s'il vous arrive jamais d'estre
affligée de si grande tentation, vous sçachiez que
Dieu vous favorise d'une faveur extraordinaire, par
laquelle il declare qu'il vous veut agrandir devant
sa face, et que neantmoins vous soyez tousjours
humble et craintive, ne vous asseurant pas de pouvoir vaincre les menuës tentations après avoir surmonté les grandes, sinon par une continuelle fidelité à l'endroit de sa majesté.

Quelques tentations doncques qui vous arrivent, et quelque delectation qui s'ensuive, tandis que vostre volonté refusera son consentement, non seulement à la tentation, mais encore à la delectation, ne vous troublez nullement, car Dieu n'en est point offensé. Quand un homme est pasmé, et qu'il ne rend plus aucun tesmoignage de vie, on luy met la main sur le cœur, et pour peu que l'on y sente de mouvement, on juge qu'il est en vie, et que par le moyen de quelque eau precieuse, et de quelque epitheme, on peut luy faire reprendre force et sentiment : ainsi arrive-t'il quelquesfois que par la violence des tentations il semble que nostre ame est tombée en une defaillance totale de ses forces, et que comme pasmée elle n'a plus ny vie spirituelle ny mouvement : mais si nous voulons connoistre ce qui en est, mettons la main sur le cœur. Considerons si le cœur et la volonté ont encore leur mouvement spirituel, c'est à dire, s'ils font leur devoir à refuser de consentir, et suivre la tentation et delectation ; car pendant que le mouvement du refus est dedans nostre cœur, nous sommes asseurez que la charité, vie de nostre ame, est en nous, et que Jesus-Christ nostre Sauveur se trouve dans nostre ame, quoy que caché et couvert, si que moyennant l'exercice continuel de l'oraison, des sacremens, et de la confiance en Dieu, nos forces reviendront en nous, et nous vivrons d'une vie entiere et delectable.

## CHAPITRE VI.

Comme la tentation et delectation peuvent estre peché.

La princesse, de laquelle nous avons parlé, ne peut mais de la recherche déshonneste qui luy est faite, puisque, comme nous avons presupposé, elle luy arrive contre son gré : mais si au contraire elle avoit par quelques attraits donné subjet à la recherche, ayant voulu donner de l'amour à celuy qui la muguette, indubitablement elle seroit coupable de la recherche mesme : et quoy qu'elle en fist la delicate, elle ne laisseroit pas d'en meriter du blasme et de la punition. Ainsi arrive-t'il quelquesfois que la seule tentation nous met en peché, parce que nous sommes cause d'icelle. Par exemple, je sçay que joüant j'entre volontiers en rage et blaspheme, et que le jeu me sert de tentation à cela, je pesche toutesfois et quantes que je joüeray, et suis coupable de toutes les tentations qui m'arriveront au jeu. De mesme si je sçay que quelque conversation m'apporte de la tentation et de la cheute, et j'y vay volontairement, je suis indubitablement coupable de toutes les tentations que j'y recevray.

Quand la delectation qui arrive de la tentation peut estre evitée, c'est tousjours peché de la recevoir selon que le plaisir que l'on y prend, et le consentement que l'on y donne, est grand ou petit, de longue ou de petite durée ; c'est tousjours chose blasmable à la jeune princesse, de laquelle nous avons parlé, si non seulement elle escoute la proposition

sale et deshonneste qui luy est faite : mais encore,
si après l'avoir oüye elle prend plaisir en icelle, entretenant son cœur avec contentement sur cet objet :
car bien qu'elle ne veuille pas consentir à l'exécu-
tion reelle de ce qui luy est proposé, elle consent
neantmoins à l'application spirituelle de son cœur
par le contentement qu'elle y prend, et c'est tousjours chose deshonneste d'appliquer ou le cœur, ou
le corps à chose deshonneste : ains la deshonnesteté
consiste tellement à l'application du cœur, que sans
icelle l'application du corps ne peut estre peché.

Quand doncques vous serez tentée de quelque
peché, considerez si vous avez donné volontairement subjet d'estre tentée ; et lors la tentation mesme
vous met en estat de peché, pour le hazard auquel
vous vous estes jettée, et cela s'entend si vous avez
pu eviter commodement l'occasion, et que vous
ayez preveu, ou deu prevoir l'arrivée de la tentation :
mais si vous n'avez donné nul subjet à la tentation, elle ne peut aucunement vous estre imputée à
peché.

Quand la delectation qui suit la tentation a pu
estre evitée, et que neantmoins on ne l'a pas evitée, il y a tousjours quelque sorte de peché selon
que l'on y a peu ou prou arresté, et selon la cause
du plaisir que nous y avons pris. Une femme, laquelle n'ayant point donné subjet d'estre muguet-
tée, prend neantmoins plaisir à l'estre, ne laisse pas
d'estre blasmable, si le plaisir qu'elle y prend n'a
point d'autre cause que la muguetterie. Par exem-

ple, si le galand qui luy veut donner de l'amour
sonnoit exquisement bien du luth, et qu'elle y prist
plaisir, non pas à la recherche qui est faite de son
amour, mais à l'harmonie et douceur du son du
luth; il n'y auroit point de peché, bien qu'elle ne
devroit pas continuer longuement en ce plaisir, de
peur de faire passage d'iceluy à la delectation de la
recherche. De mesme doncques, si quelqu'un me
propose quelque stratageme plein d'invention et
d'artifice pour me venger de mon ennemy, et que
je ne prenne pas plaisir, ny ne donne aucun consentement à la vengeance qui m'est proposée, mais
seulement à la subtilité de l'invention de l'artifice,
sans doute je ne peche point : bien qu'il ne soit pas
expedient que je m'amuse beaucoup à ce plaisir, de
peur que petit à petit il ne me porte à quelque delectation de la vengeance mesme.

On est quelquesfois surpris de quelque chatoüil-
lement de delectation qui suit immediatement la
tentation, devant que bonnement on s'en soit pris
garde ; et cela ne peut estre pour le plus qu'un bien
leger peché veniel, lequel se rend plus grand, si
après que l'on s'est apperceu du mal où l'on est, on
demeure par negligence quelque temps à marchander avec la delectation, si l'on doit l'accepter ou la refuser : et encore plus grand, si en s'en appercevant
on demeure en icelle quelque temps par vraye negligence, sans nulle sorte de propos de la rejetter :
mais lors que volontairement et de propos deliberé
nous sommes resolus de nous plaire en telles delec-

tations, ce propos mesme deliberé est un grand peché, si l'objet pour lequel nous avons delectation
est notablement mauvais. C'est un grand vice à une
femme de vouloir entretenir des mauvaises amours,
quoy qu'elle ne vüeille jamais s'addonner reellement à l'amoureux.

## CHAPITRE VII.

### Remedes aux grandes occasions.

Si-tost que vous sentez en vous quelques tentations, faites comme les petits enfans quand ils
voyent le loup ou l'ours en la campagne. Car tout
aussi-tost ils courent entre les bras de leur pere et
de leur mere, ou pour le moins les appellent à leur
aide et secours. Recourez de mesme à Dieu, recla-
mant sa misericorde et son secours : c'est le remede
que Nostre-Seigneur enseigne. « Priez afin que vous
« n'entriez point en tentation. »

Si vous voyez que neantmoins la tentation persevere, ou qu'elle accroisse, courez en esprit embrasser la saincte croix, comme si vous voyiez Jesus-
Christ crucifié devant vous. Protestez que vous ne
consentirez point à la tentation ; et demandez-luy
secours contre icelle : et continuez tousjours à protester de ne vouloir point consentir tandis que la tentation durera.

Mais en faisant ces protestations et ces refus de
consentement, ne regardez point au visage de la
tentation : ains seulement regardez Nostre-Seigneur;
car si vous regardez la tentation, principalement

quand elle est forte, elle pourroit ebranler vostre courage.

Divertissez vostre esprit par quelques occupations bonnes et loüables : car ces occupations entrant dedans vostre cœur, et y prenant place, elles chasseront les tentations et suggestions malignes.

Le grand remede contre toutes tentations, grandes ou petites, c'est de deployer son cœur, et de communiquer les suggestions, ressentimens et affections que nous avons, à nostre directeur : car notez que la premiere condition que le malin fait avec l'ame qu'il veut seduire, c'est du silence, comme font ceux qui veulent seduire les femmes et les filles, qui de prime abord defendent qu'elles ne communiquent point les propositions aux peres, ny aux maris : ou au contraire Dieu en ses inspirations demande sur toutes choses, que nous les fassions reconnoistre par nos superieurs et conducteurs.

Que si après tout cela la tentation s'opiniastre à nous travailler et persecuter, nous n'avons rien à faire, sinon à nous opiniastrer de nostre costé en la protestation de ne vouloir point consentir; car comme les filles ne peuvent estre mariées pendant qu'elles disent que non : ainsi l'ame, quoy que troublée, ne peut jamais estre offensée pendant qu'elle dit que non.

Ne disputez point avec vostre ennemy, et ne luy respondez jamais une seule parole, sinon celle que Nostre-Seigneur luy respondit, avec laquelle il le confondit : « Arriere, ô Sathan, tu adoreras le Sei-

« gneur ton Dieu, et à luy seul serviras. » Et comme la chaste femme ne doit respondre un seul mot, ny regarder en face le vilain poursuivant, qui luy propose quelque deshonnesteté; mais le quittant tout court doit à mesme instant retourner son cœur du costé de son espoux, et rejurer la fidelité qu'elle luy a promise, sans s'amuser à barguigner : ainsi la devote ame se voyant assaillie de quelque tentation ne doit nullement s'amuser à disputer ny respondre; mais tout simplement se retourner du costé de Jesus-Christ son espoux, et luy protester derechef de sa fidelité, et de vouloir estre à jamais uniquement toute sienne.

## CHAPITRE VIII.

### Qu'il faut resister aux menuës tentations.

Quoy qu'il faille combattre les grandes tentations avec un courage invincible, et que la victoire que nous en rapportons nous soit extremement utile, si est-ce neantmoins qu'à l'adventure on fait plus de profit à bien combattre les petites. Car comme les grandes surpassent en qualité, les petites aussi surpassent si demesurement en nombre, que la victoire d'icelles peut estre comparable à celle des plus grandes. Les loups et les ours sont sans doute plus dangereux que les mouches : mais si ne nous font-ils pas tant d'importunité et d'ennuy, n'y exercent pas tant nostre patience. C'est chose bien-aysée que de s'empescher de meurtre; mais c'est chose difficile d'eviter les menuës coleres, desquelles les occasions se presentent à tout moment. C'est chose bien-aysée à un homme ou à une femme de s'empescher de l'adultere : mais ce n'est pas chose si facile de s'empescher des œillades, de donner ou recevoir de l'amour, de procurer des graces et menuës faveurs, de dire et recevoir des paroles de cajolleries. Il est bien-aysé de ne point donner de corrival au mary, ny de corrival à la femme quant au corps; mais il n'est pas si aysé de n'en point donner quant au cœur : bien-aysé de ne point soüiller le lit de mariage, mais bien mal-aysé de ne point interesser l'amour du mariage : bien-aysé de ne point desrober le bien d'autruy, mais mal-aysé de ne point le muguetter et convoiter : bien-aysé de ne point dire de faux tesmoignagnes en jugement, mais mal-aysé de ne point mentir en conversation : bien-aysé de ne point s'enyvrer, mais mal-aysé d'estre sobre : bienaysé de ne point desirer la mort d'autruy, mais mal-aysé de ne point desirer son incommodité : bien-aysé de ne le point diffamer, mais mal-aysé de ne le point mespriser. Bref, ces menuës tentations de coleres, de soupçons, de jalousie, d'envie, d'amourettes, de folastrerie, de vanitez, de duplicitez, d'affeteries, d'artifices, de cogitations deshonnestes, ce sont les continuels exercices de ceux mesmes qui sont plus devots et resolus : c'est pourquoy, ma chere Philotée, il faut qu'avec grand soin et diligence nous nous preparions à ce combat : et soyez asseurée qu'autant de victoires que nous remportons contre ces petits ennemis, autant de pierres pre-

cieuses seront mises en la couronne de gloire, que
Dieu nous prepare en son paradis : c'est pourquoy
je dis qu'attendant de bien et vaillamment combattre les grandes tentations, si elles viennent, il nous
faut bien et diligemment deffendre de ces menuës
et foibles attaques.

## CHAPITRE IX.

### Comme il faut remedier aux menuës tentations.

Or donc, quant à ces menuës tentations de vanité, de soupçon, de chagrin, de jalousie, d'envie,
d'amourettes, et semblables tricheries, qui comme
mouches et moucherons viennent passer devant nos
yeux, et tantost nous picquer sur la jouë, tantost
sur le nez, parce qu'il est impossible d'estre tout à
fait exempt de leur importunité : la meilleure resistance qu'on leur puisse faire, c'est de ne s'en point
tourmenter : car tout cela ne peut nuire, quoy qu'il
puisse faire de l'ennuy, pourveu que l'on soit bien
resolu de vouloir servir Dieu.

Mesprisez doncques ces menuës attaques, et ne
daignez pas seulement penser à ce qu'elles veulent
dire : mais laissez-les bourdonner autour de vos
oreilles tant qu'elles voudront; et courir çà et là autour de vous, comme l'on fait des mouches : et
quand elles viendront vous picquer, et que vous les
verrez aucunement s'arrester en vostre cœur, ne
faites autre chose que tout simplement les oster;
non point combattant contre elles, ny leur respondre, mais faisant des actions contraires quelles qu'el-

les soient, et specialement de l'amour de Dieu. Car
si vous me croyez, vous ne vous opiniastrerez pas à
vouloir opposer la vertu contraire à la tentation que
vous sentez, parce que ce seroit quasi vouloir disputer avec elles : mais après avoir fait une action de
cette vertu directement contraire, si vous avez eu le
loisir de reconnoistre la qualité de la tentation, vous
ferez un simple retour de vostre cœur du costé de
Jesus-Christ crucifié, et par une action d'amour en
son endroit, vous luy baiserez les pieds. C'est le
meilleur moyen de vaincre l'ennemy, tant ès petites
qu'ès grandes tentations : car l'amour de Dieu contenant en soy toutes les perfections de toutes les vertus, et plus excellemment que les vertus mesmes, il
est aussi un plus souverain remede contre tous vices,
et vostre esprit s'accoustumant en toutes tentations
de recourir à ce rendez-vous general, ne sera point
obligé de regarder et examiner quelles tentations
il a; mais simplement se sentant troublé, il s'accoi-
sera en ce grand remede, lequel outre cela est si
epouvantable au malin esprit, que quand il voit que
ses tentations nous provoquent à ce divin amour, il
cesse de nous en faire.

Et voilà quant aux menuës et frequentes tentations, avec lesquelles qui voudroit s'amuser par le
menu, il se morfondroit et ne feroit rien.

## CHAPITRE X.

Comme il faut fortifier son cœur contre les tentations.

Considerez de temps en temps quelles passions dominent le plus en vostre ame, et les ayant descouvertes, prenez une façon de vie qui leur soit toute contraire en pensée, en paroles et en œuvres. Par exemple, si vous vous sentez inclinée à la passion de la vanité, faites souvent des pensées de la misere de cette vie humaine, combien ces vanitez seront ennuyeuses à la conscience au jour de la mort, combien elles sont indignes d'un cœur genereux, que ce ne sont que badineries et amusemens de petits enfans, et semblables choses. Parlez souvent contre la vanité, et encore qu'il vous semble que ce soit à contre-cœur, ne laissez pas de la bien mespriser : car par ce moyen vous vous engagerez, mesme de reputation, au party contraire. Et à force de dire contre quelque chose, nous nous esmouvons à la haïr, bien qu'au commencement nous luy eussions de l'affection. Faites des œuvres d'abjection et d'humilité le plus que vous pourrez, encore qu'il vous semble que ce soit à regret : car par ce moyen vous vous habituez à l'humilité, et affoiblissez vostre vanité, en sorte que quand la tentation viendra, vostre inclination ne la pourra pas tant favoriser, et vous aurez plus de force pour la combattre. Si vous estes inclinée à l'avarice, pensez souvent à la folie de ce peché, qui nous rend esclave de ce qui n'est creé que pour nous servir : qu'à la mort aussi bien faudra-t'il tout quitter, et le laisser entre les mains de tel qui les dissipera, ou auquel cela servira de rüine et de damnation, et semblables pensées. Parlez fort contre l'avarice, loüez fort le mespris du monde, violentez-vous à faire souvent des aumosnes et des charitez, et à laisser escouler quelques occasions d'assembler.

Si vous estes subjettes à vouloir donner ou recevoir de l'amour, pensez souvent combien cet amusement est dangereux, tant pour vous que pour les autres : combien c'est une chose indigne de prophaner et employer à passe-temps la plus noble affecıion qui soit en nostre ame, combien cela est subjet au blasme d'une extreme legereté d'esprit, parlez souvent en faveur de la pureté et simplicité de cœur, et faites aussi le plus qu'il vous sera possible des actions conformes à cela, evitant toutes affetteries et muguetteries.

En somme, en temps de paix, c'est à dire, lors que les tentations du peché auquel vous estes subjette ne vous presseront pas, faites forces actions de la vertu contraire, et si les occasions ne se presentent, allez au devant d'elles pour les rencontrer. Car par ce moyen vous renforcerez vostre cœur contre la tentation future.

## CHAPITRE XI.
### De l'inquietude.

L'inquietude n'est pas une simple tentation, mais une source, de laquelle, et par laquelle plusieurs tentations arrivent. J'en diray donc quelque chose. La tristesse n'est autre chose que la douleur d'esprit que nous avons du mal qui est en nous contre nostre gré, soit que le mal soit exterieur, comme pauvreté, maladie et mespris; soit qu'il soit interieur, comme ignorance, secheresse, respugnance et tentation. Quand doncques l'ame sent qu'elle a quelque mal, elle se desplaist de l'avoir, et voilà la tristesse; et tout incontinent elle desire d'en estre quitte, et d'avoir les moyens de s'en defaire; et jusques icy elle a raison; car naturellement chascun desire le bien, et fuit ce qu'il pense estre mal.

Si l'ame cherche les moyens d'estre delivrée de son mal pour l'amour de Dieu, elle les cherchera avec patience, douceur, humilité et tranquillité; attendant sa delivrance plus de la bonté et providence de Dieu, que de la peine, industrie ou diligence : si elle cherche sa delivrance pour l'amour-propre, elle s'empressera et s'eschauffera à la queste des moyens, comme si ce bien dependoit plus d'elle que de Dieu. Je ne dis pas qu'elle pense cela : mais je dis qu'elle s'empresse comme si elle le pensoit.

Que si elle ne rencontre pas soudain ce qu'elle desire, elle entre en de grandes inquietudes et impatiences, lesquelles n'ostant pas le mal precedent, ains au contraire l'empirant, l'ame entre en une angoisse et detresse demesurée, avec une defaillance de courage et de force, telle qu'il luy semble que son mal n'ait plus de remede. Vous voyez doncques que la tristesse, laquelle au commencement est juste, engendre l'inquietude, et l'inquietude engendre par après un surcroist de tristesse, qui est extremement dangereux.

L'inquietude est le plus grand mal qui arrive en l'ame, excepté le peché. Car comme les seditions et troubles interieurs d'une republique la ruïnent entierement, et l'empeschent qu'elle ne puisse resister à l'estranger : ainsi nostre cœur estant troublé et inquieté en soy-mesme, perd la force de maintenir les vertus qu'il avoit acquises, et quant et quant le moyen de resister aux tentations de l'ennemy, lequel fait alors toutes sortes d'efforts pour pescher, comme l'on dit, en eau trouble.

L'inquietude provient d'un desir dereglé d'estre delivré du mal que l'on sent, ou d'acquerir le bien que l'on espere. Et neantmoins il n'y a rien qui empire plus le mal, et qui eloigne plus le bien, que l'inquietude et empressement. Les oyseaux demeurent pris dedans les filets et lacs, parce que s'y trouvant engagez ils se debattent et remuënt dereglement pour en sortir; ce que faisant ils s'enveloppent tousjours tant plus. Quand doncques vous serez pressée du desir d'estre delivrée de quelque mal, ou de parvenir à quelque bien, avant toutes choses mettez vostre esprit en repos et tranquillité, faites rasseoir vostre jugement et vostre volonté; et puis tout bellement et doucement pourchassez l'issuë de vostre desir, prenant par ordre les moyens qui seront convenables : et quand je dis tout bellement, je ne veux pas dire negligemment; mais sans empressement, trouble et inquietude : autrement en lieu d'avoir l'effet de vostre desir, vous gasterez tout, et vous vous embarasserez plus fort.

« Mon ame est tousjours en mes mains, ô Seigneur, et je n'ay point oublié vostre loy », disoit David. Examinez plus d'une fois le jour, mais au moins le soir et le matin, si vous avez vostre ame en vos mains, ou si quelque passion ou inquietude ne vous l'a point ravie. Considerez si vous avez vostre cœur à vostre commandement, ou bien s'il n'est point echappé de vos mains pour s'engager à quelque affection dereglée d'amour, de haine, d'envie, de convoitise, de crainte, d'ennuy et de joye. Que s'il s'est egaré, avant toutes choses cherchez-le, et le ramenez tout bellement en la presence de Dieu, remettant vos affections et desirs sous l'obeïssance et conduite de sa divine volonté. Car comme ceux qui craignent de perdre quelque chose qui leur est precieuse, la tiennent bien serrée en leur main : ainsi à l'imitation de ce grand roy, nous devons tousjours dire, ô mon Dieu, mon ame est au hazard, c'est pourquoy je la porte tousjours en mes mains, et en cette sorte je n'ay point oublié vostre saincte loy.

Ne permettez pas à vos desirs, pour petits qu'ils soient et de petite importance, qu'ils vous inquietent : car apres les petits, les grands et plus importans trouveraient vostre cœur plus disposé au trouble et dereglement. Quand vous sentirez arriver l'in-

quietude, recommandez-vous à Dieu, et resolvez-
vous de ne rien faire du tout de ce que vostre desir
requiert de vous, que l'inquietude ne soit totalement passée : sinon que ce fust chose qui ne se peust
differer, et alors il faut avec un doux et tranquille
effort retenir le courant de vostre desir, l'attrempant
et moderant tant qu'il vous sera possible : et sur
cela faire la chose, non selon vostre desir, mais selon la raison.

Si vous pouvez descouvrir vostre inquietude à
celuy qui conduit vostre ame, ou au moins à quelque confident et devot amy, ne doutez point que
tout aussi-tost vous ne soyez accoisée : car la communication des douleurs du cœur fait le mesme
effet en l'ame, que la saignée fait au corps de celuy
qui est en fievre continuë, c'est le remede des remedes. Aussi le roy S. Louys donna cet advis à son
fils : si tu as en ton cœur aucun mal-aise, dis-le incontinent à ton confesseur, ou à aucune bonne
personne, et ainsi pourras ton mal legerement porter par le reconfort qu'il te donnera.

## CHAPITRE XII.
### De la tristesse.

« La tristesse qui est selon Dieu, dit S. Paul,
« opere la penitence pour le salut : la tristesse du
« monde opere la mort. » La tristesse doncques peut
estre bonne et mauvaise selon les diverses produc-
tions qu'elle fait en nous. Il est vray qu'elle en fait
plus de mauvaises que de bonnes, car elle n'en fait

que deux bonnes, à sçavoir misericorde et penitence : et il y en a six mauvaises, à sçavoir, angoisse, paresse, indignation, jalousie, envie et im-
patience ; ce qui a fait dire au sage : « La tristesse
« en tuë beaucoup, et n'y a point de profit en icelle » :
parce que pour deux bons ruisseaux qui proviennent de la source de tristesse, il y en a six qui sont
bien mauvais.

L'ennemy se sert de la tristesse pour exercer ses
tentations à l'endroit des bons : car comme il tasche
de faire resjoüir les mauvais en leur peché, aussi
tasche-t'il d'attrister les bons en leurs bonnes œuvres : et comme il ne peut procurer le mal qu'en le
faisant trouver agreable, aussi ne peut-il destourner
du bien qu'en le faisant trouver desagreable. Le
malin se plaist en la tristesse et melancholie, parce
qu'il est triste et melancholique, et le sera eternellement, dont il voudroit que chascun fust comme
luy.

La mauvaise tristesse trouble l'ame, la met en
inquietude, donne des craintes dereglées, degouste
de l'oraison, assoupit et accable le cerveau, prive
l'ame de conseil, de resolution, de jugement et de
courage, et abbat les forces : bref, elle est comme
un dur hyver, qui fauche toute la beauté de la
terre, et engourdit tous les animaux : car elle oste
toute suavité de l'ame, et la rend presque percluse
et impuissante en toutes ses facultez.

Si jamais il vous arrivoit, Philotée, d'estre atteinte de cette mauvaise tristesse, pratiquez les re-

medes suivans. « Quelqu'un est-il triste, dit S. Jac-
« ques, qu'il prie. » La priere est un souverain remede, car elle esleve l'esprit en Dieu, qui est nostre
unique joye et consolation : mais en priant usez
d'affection et paroles, soit interieures soit exterieures, qui tendent à la confiance et amour de Dieu :
comme, ô Dieu de misericorde, mon tres-bon Dieu,
mon Sauveur debonnaire, Dieu de mon cœur, ma
joye, mon esperance, mon cher espoux, le bien-
aymé de mon ame, et semblables.

Contrariez vivement aux inclinations de la tristesse, et bien qu'il semble que tout ce que vous ferez en ce temps-là se fasse froidement, tristement et
laschement, ne laissez pourtant pas de le faire. Car
l'ennemy qui pretend de nous allanguir aux bonnes
œuvres par la tristesse, voyant que nous ne laissons
pas de les faire, et qu'estant faites avec resistance
elles en valent mieux, il cesse de nous affliger.

Chantez des cantiques spirituels, car le malin a
souvent cessé son operation par ce moyen, tesmoin
l'esprit qui affligeoit ou possedoit Saül, duquel la
violence estoit reprimée par la psalmodie.

Il est bon de s'employer aux œuvres exterieures,
et les diversifier le plus que l'on peut, pour divertir
l'ame de l'objet triste, purifier et eschauffer les esprits, la tristesse estant une passion de la complexion froide et seiche.

Faites des actions exterieures de ferveur, quoy
que sans goust, embrassant l'image du crucifix, la
serrant sur la poitrine, luy baisant les pieds et les

mains, levant vos yeux et vos mains au ciel, eslan-
çant vostre voix en Dieu par des paroles d'amour et
de confiance, comme sont celles-cy : « Mon bien-
« aymé est- à moy, et moy à luy; mon bien-aymé
« m'est un bouquet de myrrhe, il demeurera entre
« mes mammelles. Mes yeux se fondent sur vous,
« ô mon Dieu, disant quand me consolerez-vous? »
ô Jesus, soyez-moy Jesus : vive Jesus, et mon ame
vivra. « Qui me separera de l'amour de mon Dieu?»
et semblables.

La discipline moderée est bonne contre la tristesse, parce que cette volontaire affliction exterieure
impetre la consolation interieure, et l'ame sentant
des douleurs de dehors, se divertit de celles qui sont
au dedans : la frequentation de la saincte communion est excellente, car ce pain celeste affermit le
cœur, et resjoüit l'esprit.

Descouvrez tous les ressentimens, affections et
suggestions qui proviennent de vostre tristesse, à
vostre conducteur et confesseur, humblement et
fidellement : cherchez les conversations des personnes spirituelles, et les hantez le plus que vous pourrez pendant ce temps-là. Et enfin finale, resignez-
vous entre les mains de Dieu, vous preparant à souffrir cette ennuyeuse tristesse patiemment, comme
juste punition de vos vaines allegresses. Et ne doutez nullement que Dieu, apres vous avoir esprou-
vée, ne vous delivre de ce mal.

## CHAPITRE XIII.

Des consolations spirituelles et sensibles, et comme il se faut
comporter en icelles.

Dieu continuë l'estre de ce grand monde en une
perpetuelle vicissitude, par laquelle le jour se change
tousjours en nuit, le printemps en esté, l'esté en
automne, l'automne en hyver, et l'hyver en printemps ; et l'un des jours ne ressemble jamais parfaitement à l'autre : on en voit de nebuleux, de plu-
vieux, de secs et de venteux : varieté qui donne une
grande beauté à cet univers. Il en est de mesme de
l'homme, qui est, selon le dire des anciens, un
abregé du monde. Car jamais il n'est en un mesme
estat ; et sa vie ecoule sur cette terre comme les
eaux, flottant et ondoyant en une perpetuelle diversité de mouvemens, qui tantost l'eslevent aux esperances, tantost l'abbaissent par la crainte, tantost le
plient à droicte par la consolation, tantost à gauche
par l'affliction, et jamais une seule de ses journées,
ny mesme une de ses heures, n'est entierement pareille à l'autre.

C'est un grand advertissement que celuy-cy : il
nous faut tascher d'avoir une continuelle et inviolable egalité de cœur en une si grande inegalité
d'accidens. Et quoy que toutes choses se tournent et
varient diversement autour de nous, il nous faut
demeurer constamment immobiles à tousjours regarder, tendre et pretendre à nostre Dieu. Que la
navire prenne telle route qu'on voudra, qu'elle cin-

gle au ponant ou levant, au midy ou septentrion,
et quelque vent que ce soit qui la porte; jamais
pourtant son eguille marine ne regardera que sa
belle estoille, et le pole. Que tout se renverse sens
dessus dessous, je ne dis pas seulement autour de
nous, mais je dis en nous; c'est à dire, que nostre
ame soit triste, joyeuse, en douceur, en amertume,
en paix, en trouble, en clarté, en tenebres, en tentations, en repos, en goust, en degoust, en seicheresse, en tendreté : que le soleil la brusle, ou que la
rosée la rafraischisse : ha! si faut-il pourtant qu'à
jamais et tousjours la pointe de nostre cœur, de nostre esprit, de nostre volonté superieure, qui est nostre boussole, regarde incessamment, et tende perpetuellement à l'amour de Dieu son Createur, son
Sauveur, son unique et souverain bien : « Ou que
« nous vivions, ou que nous mourions, dit l'apostre,
« si sommes-nous à Dieu. Qui nous separera de l'a-
« mour et charité de Dieu? » Non, jamais rien ne
nous separera de cet amour, ny la tribulation, ny
l'angoisse, ny la mort, ny la vie, ny la douleur presente, ny la crainte des accidens futurs, ny les artifices des malins esprits, ny la hauteur des consolations, ny la profondité des afflictions, ny la tendreté, ny la secheresse, ne nous doit jamais separer
de cette saincte charité, qui est fondée en Jesus-
Christ.

Cette resolution si absoluë de ne jamais abandonner Dieu, ny quitter son doux amour, sert de
contre-poids à nos ames, pour les tenir en la saincte

egalité, parmy l'inegalité des divers mouvemens
que la condition de cette vie luy apporte. Car comme
les avettes se voyant surprises du vent en la campagne, embrassent des pierres pour se pouvoir balan-
cer en l'air, et n'estre pas si aysement transportées
à la mercy de l'orage : ainsi nostre ame ayant vivement embrassé par resolution le precieux amour de
son Dieu, demeure constante parmy l'inconstance
et vicissitude des consolations et afflictions, tant
spirituelles que temporelles, exterieures qu'interieures.

Mais outre cette generale doctrine, nous avons
besoin de quelques documens particuliers.

1. Je dis donc que la devotion ne consiste pas en
la douceur, suavité, consolation et tendreté sensible
du cœur, qui nous provoque aux larmes et souspirs,
et nous donne une certaine satisfaction agreable et
savoureuse en quelques exercices spirituels. Non,
chere Philotée, la devotion et cela ne sont pas une
mesme chose : car il y a beaucoup d'ames qui ont
de ces tendretez et consolations, qui neantmoins ne
laissent pas d'estre fort vicieuses, et par consequent
n'ont aucun vray amour de Dieu, et beaucoup
moins aucune vraye devotion. Saül poursuivant à
mort le pauvre David, qui fuyoit devant luy ès deserts d'Engaddi, entra tout seul en une caverne, en
laquelle David avec ses gens estoient cachez : David,
qui en cette occasion l'eust pu mille fois tuer, luy
donna la vie, et ne voulut seulement pas luy faire
peur, ains l'ayant laissé sortir à son ayse, l'appella

par après pour luy remonstrer son innocence, et
luy faire connoistre qu'il avoit esté à sa mercy. Or
sur cela qu'est-ce que ne fit pas Saül, pour tesmoigner que son cœur estoit amolly envers David? Il le
nomma son enfant, il se mit à pleurer tout haut,
à le loüer, à confesser sa debonnaireté, à prier Dieu
pour luy, à presager sa future grandeur, et à luy
recommander la posterité qu'il devoit laisser après
soy. Quelle plus grande douceur et tendreté de
cœur pouvoit-il faire paroistre? et pour tout cela
neantmoins il n'avoit point changé son ame, ne
laissant pas de continüer sa persecution contre David aussi crüellement qu'auparavant. Ainsi se trouve-
t'il des personnes, qui considerant la bonté de Dieu,
et la passion du Sauveur, sentent des grands atten-
drissemens de cœur qui leur font jetter des souspirs,
des larmes, des prieres et actions de graces fort sensibles, si qu'on diroit qu'elles ont le cœur saisi d'une
bien grande devotion : mais quand ce vient à l'essay, on treuve que comme les pluyes passageres
d'un esté bien chaud, qui tombent à grosses gouttes
sur la terre, ne la penetrent point et ne servent qu'à
la production des champignons : ainsi ces larmes et
tendretez tombant sur un cœur vicieux, et ne le penetrant point, luy sont tout-à-fait inutiles : car pour
tout cela les pauvres gens ne quitteroient pas un
seul liard du bien mal acquis qu'ils possedent, ne
renonceroient pas à une seule de leurs perverses
affections, et ne voudroient pas avoir pris la moindre incommodité du monde pour le service du Sau-

veur sur lequel ils ont pleuré; en sorte que les bons
mouvemens qu'ils ont eu ne sont que des certains
champignons spirituels, qui non seulement ne sont
pas la vraye devotion, mais bien souvent sont des
grandes ruses de l'ennemy, qui amusant les ames à
ces menuës consolations, les fait demeurer contentes et satisfaites en cela, à ce qu'elles ne cherchent
plus la vraye et solide devotion, qui consiste en une
volonté constante, resoluë, prompte et active, d'executer ce que l'on sçait estre agreable à Dieu.

Un enfant pleurera tendrement s'il voit donner
un coup de lancette à sa mere qu'on saigne : mais si
à mesme temps sa mere, pour laquelle il pleuroit,
luy demande une pomme, ou un cornet de dragée
qu'il tient en sa main, il ne le voudra nullement
lascher. Telles sont la pluspart de nos tendres devo-
tions : voyant donner un coup de lance qui trans-
perce le cœur de Jesus-Christ crucifié, nous pleu-
rons tendrement. Helas! Philotée, c'est bien fait de
pleurer sur cette mort et passion douloureuse de
nostre Pere et Redempteur: mais pourquoy donc
ne luy donnons-nous tout de bon la pomme que
nous avons en nos mains, et qu'il nous demande si
instamment; à sçavoir nostre cœur, unique pomme
d'amour que ce cher Sauveur requiert de nous. Que
ne luy resignons-nous tant de menuës affections,
delectations, complaisances qu'il nous veut arracher
des mains, et ne peut, parce que c'est nostre dragée, de laquelle nous sommes plus frians, que desireux de sa celeste grace : Ha ! ce sont des amitiez

de petits enfans que cela, tendres, mais foibles, mais fantasques, mais sans effet : la devotion donc ne gist pas en ces tendretez et sensibles affections, qui quelquefois procedent de la nature, qui est ainsi molle et susceptible de l'impression qu'on luy veut donner, et quelquesfois vient de l'ennemy, qui pour nous amuser à cela, excite nostre imagination à l'apprehension propre pour tels effets.

2. Ces tendretez et affectueuses douceurs sont neantmoins quelquesfois tres-bonnes et utiles, car elles excitent l'appetit de l'ame, confortent l'esprit, et adjoustent à la promptitude de la devotion une saincte gayeté et allegresse, qui rend nos actions belles et agreables, mesme en l'exterieur. C'est ce goust que l'on a ès choses divines, pour lequel David s'escrioit : « O Seigneur, que vos paroles sont « douces à mon palais ! elles sont plus douces que le « miel à ma bouche. » Et certes la moindre petite consolation de devotion que nous recevons vaut mieux de toute façon que les plus excellentes re-creations du monde. Les mammelles et le lait, c'est à dire, les faveurs du divin espoux, sont meilleures à l'ame que le vin le plus precieux des plaisirs de la terre : qui en a gousté, tient tout le reste des autres consolations pour du fiel et de l'absynthe. Et comme ceux qui ont l'herbe scitique en la bouche, en reçoi-vent une si extreme douceur qu'ils ne sentent ny faim ny soif : ainsi ceux à qui Dieu a donné cette manne celeste des suavitez et consolations interieu-res, ne peuvent desirer ny recevoir les consolations du

monde, pour au moins y prendre goust, et y amuser leurs affections. Ce sont des petits avant-gousts des suavitez immortelles que Dieu donne aux ames qui le cherchent : ce sont des grains sucrez qu'il donne à ses petits enfans pour les amorcer : ce sont des eaux cordiales qu'il leur presente pour les conforter, ce sont aussi quelquesfois des arrhes des recompenses eternelles. On dit qu'Alexandre le grand singlant en haute mer, descouvrit premierement l'Arabie heureuse, par le sentiment qu'il eut des suaves odeurs que le vent luy donnoit ; et sur cela se donna du courage, et à tous ses compagnons : ainsi nous recevons souvent des douceurs et suavitez en cette mer de la vie mortelle, qui sans doute nous font pressentir les delices de cette patrie heureuse et celeste, à laquelle nous tendons et aspirons.

3. Mais, ce me direz-vous, puis qu'il y a des consolations sensibles qui sont bonnes et viennent de Dieu, et que neantmoins il y en a des inutiles, dangereuses, voire pernicieuses, qui viennent ou de la nature, ou mesme de l'ennemy, comment pourray-je discerner les unes des autres, et connoistre les mauvaises, ou inutiles, entre les bonnes ? C'est une generale doctrine, tres-chere Philotée, pour les affections et passions de nos ames, que nous les devons connoistre par leurs fruicts : nos cœurs sont des arbres, les affections et passions sont leurs branches, et leurs œuvres ou actions sont les fruicts. Le cœur est bon qui a de bonnes affections, et les affections et passions sont bonnes, qui produisent en

nous de bons effets et sainctes actions. Si les douceurs, tendretez et consolations nous rendent plus
humbles, patiens, traitables, charitables et compa-
tissans à l'endroit du prochain; plus fervens à mortifier nos concupiscences et mauvaises inclinations,
plus constans en nos exercices, plus maniables et
souples à ceux à qui nous devons obeïr, plus simples en nostre vie : sans doute, Philotée, qu'elles
sont de Dieu : mais si ces douceurs n'ont de la douceur que pour nous, qu'elles nous rendent curieux,
aigres, pointilleux, impatiens, opiniastres, fiers,
presomptueux, durs à l'endroit du prochain, et que
pensant desja estre de petits saincts, nous ne voulons plus estre subjets à la direction, ny à la correction ; indubitablement ce sont des consolations fausses et pernicieuses. Un bon arbre ne produit que des
bons fruicts.

3. Quand nous aurons de ces douceurs et consolations, il nous faut beaucoup humilier devant
Dieu : gardons-nous bien de dire pour ces douceurs : O que je suis bon ! Non, Philotée, ce sont
des biens qui ne nous rendent pas meilleurs : car,
comme j'ay dit, la devotion ne consiste pas en cela :
mais disons, ô que Dieu est bon à ceux qui espe-
rent en luy, et à l'ame qui le recherche. Qui a le
sucre en bouche, ne peut pas dire que sa bouche
soit douce, mais oüy bien que le sucre est doux :
ainsi encore que cette douceur spirituelle est fort
bonne, et Dieu qui nous la donne est tres-bon, il ne
s'ensuit pas que celuy qui la reçoit soit bon. 2. Con-

noissons que nous sommes encore de petits enfans, qui avons besoin de laict, et que ces grains sucrez nous sont donnez parce que nous avons encore l'esprit tendre et delicat, qui a besoin d'amorces et d'appas pour estre attirez à l'amour de Dieu. 3. Mais apres cela, parlant generalement, et pour l'ordinaire, recevons humblement ces graces et faveurs, et les estimons extremement grandes, non tant parce qu'elles le sont en elles-mesmes, comme parce que c'est la main de Dieu qui nous les met au cœur, comme feroit une mere qui pour amadoüer son enfant, luy mettroit elle-mesme les grains de dragée en la bouche l'un après l'autre : car si l'enfant avoit de l'esprit, il priseroit plus la douceur de la mignardise et caresse que sa mere luy fait, que la douceur de la dragée mesme. Et ainsi c'est beaucoup, Philotée, d'avoir les douceurs, mais c'est la douceur des douceurs, de considerer que Dieu de sa main amoureuse et maternelle nous les met en la bouche, au cœur, en l'ame, et en l'esprit. 4. Les ayant receuës ainsi humblement, employons-les soigneusement selon l'intention de celuy qui nous les donne. Pourquoy pensons-nous que Dieu nous donne ces douceurs? pour nous rendre doux envers un chascun, et amoureux envers luy. La mere donne la dragée à l'enfant afin qu'il la baise; baisons donc ce Sauveur qui nous donne ces douceurs. Or baiser le Sauveur, c'est luy obeïr, garder ses commandemens, faire ses volontez, suivre ses desirs: bref, l'embrasser tendrement avec obeïssance et fidelité.

Quand donc nous aurons receu quelque consolation spirituelle, il faut ce jour-là se rendre plus diligens à bien faire, et à nous humilier. 5. Il faut outre tout cela renoncer de temps en temps à telles douceurs, tendretez et consolations, separant nostre cœur d'icelle, et protestant qu'encore que nous les acceptions humblement et les aymions, parce que Dieu nous les envoye, et qu'elles nous provoquent à son amour, ce ne sont neantmoins pas elles que nous cherchons, mais Dieu et son sainct amour: non la consolation, mais le consolateur: non la douceur, mais le doux Sauveur : non la tendreté, mais celuy qui est la suavité du ciel et de la terre : et en cette affection nous nous devons disposer à demeurer fermes au sainct amour de Dieu, quoy que de nostre vie nous ne deussions jamais avoir aucune consolation; et de vouloir dire egalement sur le mont de Calvaire, comme sur celuy de Thabor : O Seigneur, il m'est bon d'estre avec vous, ou que vous soyez en croix, ou que vous soyez en gloire. 6. Finalement je vous advertis que s'il vous arrivoit quelque notable abondance de telles consolations, tendretez, larmes et douceurs, ou quelque chose d'extraordinaires en icelles, vous en conferiez fidellement avec vostre conducteur, afin d'apprendre comme il s'y faut moderer et comporter; car il est escrit: « As-« tu trouvé le miel? manges-en ce qui suffit. »

## CHAPITRE XIV.

#### Des seicheresses et sterilitez spirituelles.

Vous ferez donc ainsi que je vous viens de dire, tres-chere Philotée, quand vous avez des consolations. Mais ce beau temps si agreable ne durera pas tousjours : ains il adviendra que quelquesfois vous serez tellement privée et destituée du sentiment de la devotion, qu'il vous sera advis que vostre ame soit une terre deserte, infructueuse, sterile, en laquelle il n'y ait ny sentier, ny chemin pour treuver Dieu, ny aucune eau de grace qui la puisse arrouser à cause des seicheresses, qui, ce semble, la reduiront totalement en friche. Helas! que l'ame qui est en cet estat est digne de compassion, et sur tout quand ce mal est vehement : car alors à l'imitation de David, elle se repaist de larmes jour et nuit, tandis que par mille suggestions l'ennemy, pour la desesperer, se mocque d'elle, et luy dit : Ha! pauvrette, où est ton Dieu? par quel chemin le pourras-tu treuver, qui te pourra jamais rendre la joye de sa saincte grace?

Que ferez-vous donc en ce temps-là, Philotée? prenez garde d'où le mal vous arrive. Nous sommes souvent nous-mesmes la cause de nos sterilitez et seicheresses. 1. Comme une mere refuse le sucre à son enfant qui est subjet aux vers : ainsi Dieu nous oste les consolations, quand nous y prenons quelque vaine complaisance, et que nous sommes subjets aux vers de l'outrecuidance : il m'est bon, ô mon

Dieu, que vous m'humiliiez, ouy; car avant que je fusse humilié je vous avois offensé. 2. Quand nous negligeons de recueillir les suavitez et delices de l'amour de Dieu, lors qu'il en est temps, il les ecarte de nous en punition de nostre paresse. L'Israëlite qui n'amassoit la manne de bon matin, ne le pouvoit plus faire apres le soleil levé, car elle se trouvoit toute fonduë. 3. Nous sommes quelquesfois couchez dans le lit des contentemens sensuels et consolations perissables, comme estoit l'Espouse sacrée ès cantiques : l'espoux de nos ames heurte à la porte de nostre cœur, il nous inspire de nous remèttre à nos exercices spirituels; mais nous marchandons avec luy, d'autant qu'il nous fasche de quitter ces vains amusemens, et de nous separer de ces faux contentemens; c'est pourquoy il passe outre, et nous laisse croupir, puis quand nous le voulons chercher, nous avons beaucoup de peine à le trouver; aussi l'avons-nous bien merité, puisque nous avons esté si infideles et deloyaux à son amour, que d'en avoir refusé l'exercice pour suivre celuy des choses du monde : ah! vous avez donc de la farine d'Egypte, vous n'aurez donc point de la manne du ciel. Les abeilles haïssent toutes les odeurs artificielles; et les suavitez du Sainct-Esprit sont incompatibles avec les delices artificieuses du monde.

4. La duplicité et finesse d'esprit, exercée ès confessions et communications spirituelles que l'on fait avec son conducteur, attire les secheresses et sterilitez : car puisque vous mentez au Sainct-Esprit, ce

n'est pas merveille s'il vous refuse sa consolation :
vous ne voulez pas estre simple et naïf comme un
petit enfant, vous n'aurez donc pas la dragée des
petits enfans.

5. Vous vous estes bien saoulée des contentemens
mondains, ce n'est pas merveille si les delices spirituelles vous sont à desgoust : les colombes ja soules,
dit l'ancien proverbe, trouvent ameres les cerises. Il
a remply de biens, dit Nostre-Dame, les affamez ;
et les riches il les a laissez vuides. Ceux qui sont riches des plaisirs mondains ne sont pas capables des
spirituels.

6. Avez-vous bien conservé les fruits des consolations receuës ; vous en aurez donc des nouvelles.
car à celuy qui a, on luy en donnera davantage ; et
à celuy qui n'a pas ce qu'on luy a donné, mais qui
l'a perdu par sa faute, on luy ostera mesme ce qu'il
n'a pas ; c'est à dire, on le privera des graces qui luy
estoient preparées. Il est vray, la pluye vivifie les
plantes qui ont de la verdeur : mais à celles qui ne
l'ont point, elle leur oste encore la vie qu'elles n'ont
point ; car elles en pourrissent tout-à-fait. Pour plusieurs telles causes nous perdons les consolations
devotieuses, et tombons en seicheresse et sterilité
d'esprit. Examinons donc nostre conscience, si nous
remarquerons en nous quelques semblables defauts.
Mais notez, Philotée, qu'il ne faut pas faire cet examen avec inquietude et trop de curiosité ; ains apres
avoir fidellement consideré nos deportemens, pour
ce regard si nous trouvons la cause du mal en nous,

23.

il en faut remercier Dieu, car le mal est à moitié guery quand on a descouvert sa cause. Si au contraire vous ne voyez rien eu particulier qui vous semble avoir causé cette seicheresse, ne vous amusez point à une plus curieuse recherche ; mais avec toute simplicité, sans plus examiner aucune particularité, faites ce que je vous diray.

1. Humiliez-vous grandement devant Dieu, en la connoissance de vostre neant et misere. Helas ! qu'est-ce que de moy, quand je suis à moy-mesme ? non autre chose, ô Seigneur ! sinon une terre seiche, laquelle crevassée de toutes parts tesmoigne la soif qu'elle a de la pluye du ciel, et cependant le vent la dissipe et reduit en poussiere.

2. Invoquez Dieu, et luy demandez son allegresse. « Rendez-moy, ô Seigneur, l'allegresse de « vostre salut. Mon pere, s'il est possible, transpor- « tez ce calice de moy. » Oste toy d'icy, ô bize infructueuse qui desseche mon ame, et venez, ô gracieux vent des consolations, et soufflez dans mon jardin : et ces bonnes affections respandront l'odeur de suavité.

3. Allez à vostre confesseur, ouvrez-luy bien vostre cœur, faites-luy bien voir tous les replis de vostre ame, prenez les advis qu'il vous donnera avec grande simplicité et humilité. Car Dieu qui ayme infiniment l'obeïssance, rend souvent utiles les conseils que l'on prend d'autruy, et sur tout des conducteurs des ames, encore que d'ailleurs il n'y eust pas grande apparence : comme il rendit profitables à

Naaman les eaux du Jourdain, desquelles Helisée, sans aucune apparence de raison humaine, luy avoit ordonné l'usage.

4. Mais apres tout cela, rien n'est si utile, rien si fructueux en telles seicheresses et sterilitez, que de ne point s'affectionner et attacher au desir d'en estre delivré. Je ne dis pas qu'on ne doive faire des simples souhaits de la delivrance; mais je dis qu'on ne s'y doit pas affectionner, ains se remettre à la pure mercy de la speciale providence de Dieu, afin que tant qu'il luy plaira il se serve de nous, entre ces espines et parmy ces desirs. Disons donc à Dieu en ce temps-là : « O Pere, s'il est possible, transportez « de moy ce calice »; mais adjoustons aussi de grand courage : « toutesfois non ma volonté, mais la vostre « soit faite »: et arrestons-nous à cela avec le plus de repos que nous pourrons. Car Dieu nous voyant en cette saincte indifference nous consolera de plusieurs graces et faveurs, comme quand il vid Abraham resolu de se priver de son enfant Isaac, il se contenta de le voir indifferent en cette pure resignation, le consolant d'une vision tres-agreable, et par de tres-douces benedictions. Nous devons donc en toutes sortes d'afflictions, tant corporelles que spirituelles, et les distractions, ou soustractions de la devotion sensible qui nous arrivent, dire de tout nostre cœur, et avec une profonde soumission : « Le Seigneur m'a donné des consolations, le Sei- « gneur me les a ostées, son sainct nom soit beni. » Car perseverant en cette humilité, il nous rendra

ses delicieuses faveurs, comme il fit à Job, qui usa constamment de pareilles paroles en toutes ses desolations.

5. Finalement, Philotée, entre toutes nos seicheresses et sterilitez ne perdons point courage : mais attendant en patience le retour des consolations, suivons tousjours nostre train ; ne laissons point pour cela aucun exercice de devotion, ains s'il est possible, multiplions nos bonnes œuvres ; et ne pouvant presenter à nostre cher espoux des confitures liquides, presentons-luy-en des seches : car ce luy est tout un, pourveu que le cœur qui luy offre soit parfaitement resolu de le vouloir aymer. Quand le printemps est beau, les abeilles font plus de miel et moins de mouchons, parce qu'à la faveur du beau temps elles s'amusent tant à faire leur cueillette sur les fleurs, qu'elles en oublient la production de leurs nymphes. Mais quand le printemps est aspre et nubileux, elles font plus de nymphes et moins de miel. Car ne pouvant pas sortir pour faire la cueillette du miel, elles s'employent à se peupler et multiplier leur race. Il arrive maintesfois, ma Philotée, que l'ame se voyant au beau printemps des consolations spirituelles, s'amuse tant à les amasser et succer, qu'en l'abondance de ces douces delices elle fait beaucoup moins de bonnes œuvres ; et qu'au contraire, parmy les aspretez et sterilitez spirituelles, à mesure qu'elle se voit privée des sentimens agreables de la devotion, elle en multiplie d'autant plus les œuvres solides, et abonde en la generation inte-

rieure des vrayes vertus de patience, humilité, abjection de soy-mesme, resignation et abnegation de son amour-propre.

C'est donc un grand abus de plusieurs, et notamment des femmes, de croire que le service que nous faisons à Dieu sans goust, sans tendreté de cœur et sans sentiment, soit moins agreable à sa divine majesté, puis qu'au contraire nos actions sont comme les roses, lesquelles bien qu'estant fraisches elles ont plus de grace ; estant neautmoins seiches, elles ont plus d'odeur et de force. Car tout de mesme, bien que nos œuvres faites avec tendreté de cœur nous soient plus agreables, à nous, dis-je, qui ne regardons qu'à nostre propre delectation ; si est-ce qu'estant faites en seicheresse et sterilité, elles ont plus d'odeur et de valeur devant Dieu. Oüy, chere Philotée, en temps de seicheresse nostre volonté nous porte au service de Dieu, comme par vive force ; et par consequent il faut qu'elle soit plus vigoureuse et constante qu'en temps de tendreté. Ce n'est pas si grand cas de servir un prince en la douceur d'un temps paisible, et parmy les delices de la cour : mais de le servir en l'aspreté de la guerre, parmy les troubles et persecutions, c'est une vraye marque de constance et fidelité. La bien-heureuse Angele de Foligny dit que l'oraison la plus agreable à Dieu, est celle qui se fait par force et contrainte ; c'est à dire, celle à laquelle nous nous rangeons, non point pour aucun goust que nous y ayons, ny par inclination ; mais purement pour plaire à Dieu, à quoy nostre volonté nous porte, comme à contre-cœur, forçant et violentant les seicheresses et respugnances qui s'opposent à cela. J'en dis de mesme de toutes sortes de bonnes œuvres ; car plus nous avons de contradictions, soit exterieures, soit interieures, à les faire, plus elles sont estimées et prisées devant Dieu ; moins il y a de nostre interest particulier en la poursuite des vertus, plus la pureté de l'amour divin y reluit : l'enfant baise aysement sa mere qui luy donne du sucre : mais c'est signe qu'il l'ayme grandement, s'il la baise apres qu'elle luy aura donné de l'absynthe, ou du chicotin.

## CHAPITRE XV.

### Confirmation et eclaircissement de ce qui a esté dit par un exemple notable.

Mais pour rendre toute cette instruction plus evidente, je veux mettre icy une excellente piece de l'histoire de S. Bernard, telle que je l'ay trouvée en un docte et judicieux escrivain ; il dit donc ainsi. C'est chose ordinaire presque à tous ceux qui commencent à servir Dieu, et qui ne sont encore point experimentez ès soustractions de la grace, ny ès vicissitudes spirituelles, que leur venant à manquer ce goust de la devotion sensible, et cette agreable lumiere qui les invite à se haster au chemin de Dieu, ils perdent tout à coup l'haleine, et tombent en pusillanimité et tristesse de cœur. Les gens bien entendus en rendent cette raison, que la nature raisonnable ne peut longuement durer affamée, et sans quelque delectation, ou celeste ou terrestre. Or comme les ames relevées au-dessus d'elles-mesmes par l'essay des plaisirs superieurs, renoncent facilement aux objets visibles : ainsi quand par la disposition divine la joye spirituelle leur est ostée, se trouvant aussi d'ailleurs privées des consolations corporelles, et n'estant point encore accoustumées d'attendre en patience les retours du vray soleil ; il leur semble qu'elles ne soient point au ciel ny en la terre, et qu'elles demeureront ensevelies en une nuict perpetuelle : si que comme petits enfançons qu'on sevre, ayant perdu leurs mammelles, elles languissent et gemissent, et deviennent ennuyeuses et importunes, principalement à elles-mesmes. Cecy donc arriva au voyage duquel il est question, à l'un de la trouppe nommé Geoffroy de Peronne, nouvellement dedié au service de Dieu ; celuy-cy rendu soudainement aride, destitué de consolation, et occupé des tenebres interieures, commença à se ramentevoir de ses amis mondains, de ses parens, des facultez qu'il venoit de laisser, au moyen dequoy il fut assailly d'une si rude tentation, que ne pouvant la celer en son maintien, un de ses plus confidens s'en apperceut, et l'ayant dextrement accosté avec douces paroles, luy dit en secret : Que veut dire cecy, Geoffroy ? comment est-ce que contre l'ordinaire tu te rends si pensif et affligé ? Alors Geoffroy avec un profond souspir, Ah ! mon frere, respondit-il, jamais de ma vie je ne seray joyeux. Cet autre esmeu de pitié par telles paroles, avec un zele fra-

ternel, alla soudain reciter tout cecy au commun
pere S. Bernard, lequel voyant le danger entra en
une eglise prochaine afin de prier Dieu pour luy; et
Geoffroy cependant accablé de tristesse, reposant sa
teste sur une pierre, s'endormit. Mais après un peu
de temps tous deux se leverent, l'un de l'oraison
avec la grace impetrée, et l'autre du sommeil, avec
un visage si riant et serein, que son cher amy s'es-
merveillant d'un si grand et soudain changement,
ne se put contenir de luy reprocher amiablement ce
que peu auparavant il luy avoit respondu : alors
Geoffroy luy repliqua : si auparavant je te dis que
jamais je ne serois joyeux, maintenant je t'asseure
que je ne seray jamais triste.

Tel fut le succez de la tentation de ce devot personnage : mais remarquez en ce recit, chere Philotée,

1. Que Dieu donne ordinairement quelque avant-
goust des delices celestes à ceux qui entrent en son
service, pour les retirer des voluptez terrestres, et
les encourager à la poursuite du divin amour, comme
une mere qui pour amorcer et attirer son petit enfant à la mammelle, met du miel sur le bout de
son tetin.

2. Que c'est neantmoins aussi ce bon Dieu, qui
quelquesfois selon la sage disposition nous oste le
laict et le miel des consolations, afin que nous ser-
vant ainsi nous apprenions à manger le pain sec et
plus solide d'une devotion vigoureuse, exercée à
l'espreuve des desgousts et tentations.

3. Que quelquesfois des bien grandes tentations s'eslevent parmy les seicheresses et sterilitez : et lors il faut constamment combattre les tentations, car elles ne sont pas de Dieu : mais il faut souffrir patiemment les seicheresses, puisque Dieu les a ordonnées pour nostre exercice.

4. Que nous ne devons jamais perdre courage entre les ennuys interieurs, ny dire comme le bon Geoffroy, jamais je ne seray joyeux : car emmy la nuict nous devons attendre la lumiere ; et reciproquement au plus beau temps spirituel que nous puissions avoir, il ne faut pas dire, je ne seray jamais ennuyé ; non : car, comme dit le sage, ès jours heureux il se faut ressouvenir du malheur : il faut esperer entre les travaux, et craindre entre les prosperitez : et tant en l'une des occasions qu'en l'autre il se faut tousjours humilier.

5. Que c'est un souverain remede de descouvrir son mal à quelque amy spirituel qui nous puisse soulager.

Enfin pour conclusion de cet advertissement, qui est si necessaire, je remarque que comme en toutes choses, de mesme en celles-cy, nostre bon Dieu, et nostre ennemy, ont aussi de contraires pretentions, car Dieu nous veut conduire par icelles à une grande pureté de cœur, à un entier renoncement de nostre propre interest en ce qui est de son service, et un parfait despouillement de nous-mesmes : mais le malin tasche d'employer ces travaux pour nous faire perdre courage, pour nous faire retourner du costé

des plaisirs sensuels, et enfin nous rendre ennuyeux
à nous-mesmes et aux autres, afin de decrier et diffamer la saincte devotion : mais si vous observez les
enseignemens que je vous ai donnez, vous accrois-
trez grandement vostre perfection en l'exercice que
vous ferez entre ces afflictions interieures, desquelles
je ne veux pas finir le propos que je ne vous die encore ce mot. Quelquesfois les desgousts, les sterilitez et seicheresses, proviennent de l'indisposition
du corps, comme quand par l'excez des veilles, des
travaux et des jeusnes, on se treuve accablé de lassitudes, d'assoupissemens, de pesanteurs, et d'autres telles infirmitez, lesquelles bien qu'elles dependent du corps, ne laissent pas d'incommoder l'esprit,
pour l'estroite liaison qui est entr'eux. Or en telles
occasions il faut tousjours se ressouvenir de faire
plusieurs actes de vertu avec la pointe de nostre esprit et volonté superieure ; car encore que toute nostre ame semble dormir et estre accablée d'assoupissement et lassitude, si est-ce que les actions de
nostre esprit ne laissent pas d'estre fort agreables à
Dieu. Et pouvons dire en ce temps-là, comme l'Espouse sacrée : « Je dors, mais mon cœur veille. » Et
comme j'ay dit cy-dessus, s'il y a moins de goust à
travailler de la sorte, il y a pourtant plus de merite
et de vertu ; mais le remede en cette occurence, c'est
de revigourer le corps par quelque sorte de legitime
allegement et recreation. Ainsi S. François ordon-
noit à ses religieux qu'ils fussent tellement moderez

en leurs travaux, qu'ils n'accablassent pas la ferveur de l'esprit.

Et à propos de ce glorieux pere, il fut une fois attaqué et agité d'une si profonde melancholie d'esprit, qu'il ne pouvoit s'empescher de le tesmoigner en ses deportemens; car s'il vouloit converser avec ses religieux, il ne pouvoit: s'il s'en separoit, il estoit pis: l'abstinence et maceration de la chair l'accabloient, et l'oraison ne l'allegeoit nullement. Il fut deux ans en cette sorte, tellement qu'il sembloit estre du tout abandonné de Dieu; mais enfin après avoir humblement souffert cette rude tempeste, le Sauveur luy redonna en un moment une heureuse tranquillité. C'est pour dire que les plus grands serviteurs de Dieu sont subjets à ces secousses, et que les moindres ne doivent s'estonner s'il leur en arrive quelques-unes.

# CINQUIESME PARTIE,

Contenant des exercices et advis pour renouveller l'ame,
et la confirmer en la devotion.

---

## CHAPITRE PREMIER.

### Qu'il faut chaque année renouveller les bons propos par des exercices suivans.

LE premier point de ces exercices consiste à bien
reconnoistre leur importance. Nostre nature humaine decheoit aysement de ses bonnes affections,
à cause de la fragilité et mauvaise inclination de
nostre chair qui appesantit l'ame, et la tire tousjours
contre bas, si elle ne s'esleve souvent en haut à vive
force de resolution, ainsi que les oyseaux retombent
soudain en terre, s'ils ne multiplient les eslancemens et traits d'aisles, pour se maintenir au vol.
Pour cela, chere Philotée, vous avez besoin de reï-
terer et repeter fort souvent les bons propos que
vous avez fait de servir Dieu, de peur que ne le faisant pas, vous ne retombiez en vostre premier estat,
ou plustost en un estat beaucoup pire, car les cheutes spirituelles ont cela de propre, qu'elles nous pre-
cipitent tousjours plus bas que n'estoit l'estat duquel nous estions montez en haut à la devotion. Il
n'y a point d'horloge, pour bon qu'il soit, qu'il ne

faille remonter, ou bander deux fois le jour, au
matin et au soir : et puis outre cela, il faut qu'au
moins une fois l'année, l'on le demonte de toutes
pieces, pour oster les roüilleures qu'il aura contrac-
tées, redresser les pieces forcées, et reparer celles
qui sont usées. Ainsi celuy qui a un vray soin de
son cher cœur, doit le remonter en Dieu au soir et
au matin, par les exercices marquez cy-dessus : et
outre cela il doit plusieurs fois considerer son estat,
le dresser et accommoder; et enfin au moins une
fois l'année, il le doit demonter, et regarder par le
menu toutes les pieces, c'est à dire, toutes les affections et passions d'iceluy afin de reparer tous les
defauts qui y peuvent estre. Et comme l'horloger
oint avec quelque huile delicate, les roües, les res-
sorts et tous les mouvans de son horloge, afin que
les mouvemens se fassent plus doucement, et qu'il
soit moins sujet à la roüilleure : ainsi la personne
devote, apres la pratique de ce demontement de
son cœur, pour le bien renouveller, le doit oindre
par les sacremens de confession et de l'eucharistie :
cet exercice reparera vos forces abbatuës par le
temps, eschauffera vostre cœur, fera reverdir vos
bons propos, et refleurir les vertus de vostre esprit.

Les anciens chrestiens le pratiquoient soigneusement au jour anniversaire du baptesme de Nostre-
Seigneur, auquel, comme dit S. Gregoire, evesque
de Nazianze, ils renouvelloient la profession et les
protestations qui se font en ce sacrement : faisons-
en de mesme, ma chere Philotée, nous y disposant

tres volontiers, et nous y employant fort serieusement.

Ayant doncques choisi le temps convenable, selon l'advis de vostre pere spirituel, et vous estant un peu plus retirée en la solitude, et spirituelle et reelle, que l'ordinaire, vous ferez une, ou deux, ou trois meditations sur les points suivans, selon la methode que je vous ay donnée en la seconde partie.

## CHAPITRE II.

Considerations sur le benefice que Dieu nous fait en nous appellant à son service, et selon la protestation mise cy-dessus.

Considerez les poincts de vostre protestation. Le premier, c'est d'avoir quitté, rejetté, detesté et renoncé pour jamais tout peché mortel. Le second, c'est d'avoir dedié et consacré vostre ame, vostre cœur, vostre corps, avec tout ce qui en depend, à l'amour et service de Dieu. Le troisiesme, c'est que s'il vous arrivoit de tomber en quelque mauvaise action, vous vous en releveriez soudainement moyennant la grace de Dieu : mais ne sont-ce pas là des belles, justes, dignes et genereuses resolutions? Pensez bien en vostre ame combien cette protestation est saincte, raisonnable et desirable.

2. Considerez à qui vous avez fait cette protestation ; car c'est à Dieu : si les paroles raisonnables données aux hommes nous obligent estroitement, combien plus celles que nous avons données à Dieu? « Ha! seigneur, disoit David, c'est à vous à qui mon

« cœur l'a dit; mon cœur a projetté cette bonne pa-
« role; non jamais ne l'oublieray. »

3. Considerez en presence de qui; car ç'a esté à
la veuë de toute la cour celeste : helas! la S^te Vierge,
S. Joseph, vostre bon ange, S. Loüis, toute cette be-
nite troupe vous regardoit, et souspiroit sur vos paroles des souspirs de joye et d'approbation; et voyoit
des yeux d'un amour indicible vostre cœur prosterné
aux pieds du Sauveur qui se consacroit à son service : on fit une joye particuliere pour cela parmy la
Jerusalem celeste, et maintenant on en fera la com-
memoration, si de bon cœur vous renouvellez vos
resolutions.

4. Considerez par quels moyens vous fistes vostre
protestation : helas! combien Dieu vous fut doux et
gracieux en ce temps-là? Mais dites en verité, ne
fustes-vous pas conviée par des doux attraits du
Sainct-Esprit? les cordes avec lesquelles Dieu tira
vostre petite barque à ce port salutaire, furent-elles
pas d'amour et de charité? comme vous alla-t'il
amorçant avec son sucre divin, par les sacremens,
par la lecture, et par l'oraison? Helas? chere Philotée, vous dormiez, et Dieu veilloit sur vous, et pensoit sur vostre cœur des pensées de paix, il meditoit
pour vous des meditations d'amour.

5. Considerez en quel temps Dieu vous tira à ces
grandes resolutions; car ce fut en la fleur de vostre
age. Ha! quel bonheur d'apprendre tost ce que nous
ne pouvons sçavoir que trop tard. S. Augustin y
ayant esté tiré à l'age de trente ans, s'escrioit : « O

« ancienne beauté, comme t'ay-je si tard connuë?
« Helas! je te voyois, et ne te considerois point. »
Et vous pourrez bien dire : ô douceur ancienne,
pourquoy ne t'ay-je plustost savourée? Helas! neantmoins encore ne le meritiez-vous pas alors : et partant reconnoissant quelle grace Dieu vous a fait de
vous attirer en vostre jeunesse, dites avec David :
« O mon Dieu, vous m'avez eclairée et touchée dès
« ma jeunesse, et jusques à jamais j'annonceray
« vostre misericorde. » Que si ç'a esté en vostre vieil-
lesse, helas! Philotée, quelle grace, qu'apres avoir
ainsi abusé des années precedentes, Dieu vous ait
appellé avant la mort, et qu'il ait arresté la course
de vostre misere au temps auquel si elle eust conti-
nué vous estiez eternellement miserable.

Considerez les effets de cette vocation; vous treu-
verez, je pense, en vous de bons changemens, com-
parant ce que vous estes avec ce que vous estiez. Ne
prenez-vous point à bonheur de sçavoir parler à
Dieu par l'oraison, d'avoir affection à le vouloir aymer, d'avoir accoisé et pacifié beaucoup de passions
qui vous inquietoient, d'avoir evité plusieurs pechez
et embarrassemens de conscience; et enfin d'avoir si
souvent communié plus que vous n'eussiez pas fait,
vous unissant à cette souveraine source de graces
eternelles? ah! que ces graces sont grandes. Il faut,
ma Philotée, les peser au poids du sanctuaire, c'est
la main dextre de Dieu qui a fait tout cela. « La
« bonne main de Dieu, dit David, a fait vertu, sa
dextre m'a relevé. Ha! je ne mourray pas, mais je

« vivray, et raconteray de cœur, de bouche, et par
« œuvres, les merveilles de sa bonté. »

Apres toutes ces considerations, lesquelles, comme vous voyez, fournissent tout plein de bonnes
affections, il faut simplement conclurre par action
de grace, et une priere affectionnée d'en bien profiter, se retirant avec humilité et grande confiance
en Dieu, reservant de faire l'effort des resolutions
apres le deuxiesme point de cet exercice.

## CHAPITRE III.
### De l'examen de nostre ame sur son advancement en la vie devote.

Ce second poinct de l'exercice est un peu long,
et pour le pratiquer je vous diray qu'il n'est pas requis que vous le fassiez tout d'une traite, mais à
plusieurs fois ; comme prenant ce qui regarde vostre
deportement envers Dieu pour un coup ; ce qui
vous regarde vous-mesme pour l'autre ; ce qui con-
cerne le prochain pour l'autre, et la consideration
des passions pour le quatriesme. Il n'est pas requis
ny expedient que vous le fassiez à genoux, sinon le
commencement et la fin, qui comprend les affections. Les autres poincts de l'examen, vous les pouvez faire utilement en vous promenant, et encore
plus utilement au lict, si par aventure vous y pouvez estre quelque temps sans assoupissement et bien
eveillée : mais pour ce faire il les faut avoir bien leus
auparavant. Il est neantmoins requis de faire tout
ce second poinct en trois jours et deux nuicts pour
le plus, prenant de chaque jour et de chaque nuict

quelque heure, je veux dire quelque temps, selon que vous pourrez. Car si cet exercice ne se faisoit qu'en des temps fort distans les uns des autres, il perdroit sa force, et donneroit des impressions trop lasches. Après chaque poinct de l'examen vous remarquerez en quoy vous vous trouverez avoir manqué, et en quoy vous avez du defaut, et quels principaux detraquemens vous avez ressentis, afin de vous en declarer pour prendre conseil, resolutions et confortement d'esprit. Bien qu'ès jours que vous ferez cet exercice, et les autres, il ne soit pas requis de faire une absoluë retraite des conversations, si faut-il en faire un peu, sur-tout devers le soir, afin que vous puissiez gagner le lit de meilleure heure, et prendre le repos du corps et d'esprit necessaire à la consideration. Et parmy le jour il faut faire de frequentes aspirations à Dieu, à Nostre-Dame, aux anges, à toute la Hierusalem celeste, il faut encore que le tout se fasse d'un cœur amoureux de Dieu, et de la perfection de vostre ame. Pour donc bien commencer cet examen,

Mettez-vous 1. en la presence de Dieu. 2. Invoquez le Sainct-Esprit, luy demandant lumiere et clarté, afin que vous vous puissiez bien connoistre avec S. Augustin, qui s'escrioit devant Dieu en esprit d'humilité, « O Seigneur, que je vous connoisse, et « que je me connoisse. » Et S. François qui interrogeoit Dieu, disant : « Qui estes-vous, et qui suis-je? » Protestez de ne vouloir remarquer vostre advancement pour vous en resjouïr en vous-mesme, mais pour vous resjouïr en Dieu ; ny pour vous en glorifier, mais pour glorifier Dieu, et l'en remercier.

Protestez que si, comme vous pensez, vous découvrez d'avoir peu profité, ou bien d'avoir reculé, vous ne voulez nullement pour tout cela vous abattre, ny refroidir par aucune sorte de decouragement ou relaschement de cœur, ains qu'au contraire vous voulez vous encourager et animer davantage, vous humilier et remedier aux defauts, moyennant la grace de Dieu.

Cela fait, considerez doucement et tranquillement comme jusques à l'heure presente vous vous estes comportée envers Dieu, envers le prochain, et à l'endroit de vous-mesme.

## CHAPITRE IV.

### Examen de l'estat de nostre ame envers Dieu.

Quel est vostre cœur contre le peché mortel : avez-vous une resolution forte à ne le jamais commettre pour quelque chose qui puisse arriver? Et cette resolution a-t'elle duré dès vostre protestation jusques à present? En cette resolution consiste le fondement de la vie spirituelle.

1. Quel est vostre cœur à l'endroit des commandemens de Dieu : les trouvez-vous bons, doux, et agreables? Ha! ma fille, qui a le goust en bon estat, et l'estomach sain, il aime les bonnes viandes, et rejette les mauvaises.

2. Quel est vostre cœur à l'endroit des pechez veniels : on ne sçauroit se garder d'en faire quelqu'un

par cy par là : mais y en a-t'il point auquel vous ayez une speciale inclination, et ce qui seroit le pis, y en a-t'il point auquel vous ayez affection et amour?

3. Quel est vostre cœur à l'endroit des exercices spirituels : les aimez-vous, les estimez-vous, vous faschent-ils point, en estes-vous point desgoustée, auquel vous sentez-vous moins ou plus inclinée, ouyr la parole de Dieu, la lire, en deviser, mediter, aspirer en Dieu, se confesser, prendre les advis spirituels, s'apprester à la communion, se communier, restreindre ses affections : qu'y a-t'il en cela qui repugne à vostre cœur? Et si vous trouvez quelque chose à quoy ce cœur aye moins d'inclination, examinez d'où vient ce desgoust, qu'est-ce qui en est la cause.

4. Quel est vostre cœur à l'endroit de Dieu mesme? vostre cœur se plaist-il à se ressouvenir de Dieu : en reste-t'il point de douceur agreable? ha! dit David : « Je me suis ressouvenu de Dieu, et « m'en suis delecté. » Sentez-vous en vostre cœur une certaine facilité à l'aimer, et un goust particulier à savourer cet amour? Vostre cœur se recrée-t'il point à penser à l'immensité de Dieu, à sa bonté, à sa suavité? Si le souvenir de Dieu vous arrive emmy les occupations du monde et les vanitez, se fait-il point faire place, saisit-il point vostre cœur, vous semble-t'il point que vostre cœur se tourne de son costé, et en certaine façon luy va au-devant? Il y a certes des ames comme cela.

5. Si le mary d'une femme revient de loin, tout aussi-tost que cette femme s'apperçoit de son retour, et qu'elle sent sa voix, quoy qu'elle soit embarassée d'affaires, et retenuë par quelque violente consideration emmy la presse, n'est-ce que son cœur n'est pas retenu; mais abandonne les autres pensées pour penser à ce mary venu. Il en prend de mesme des ames qui aiment bien Dieu: quoy qu'elles soient empressées quand le souvenir de Dieu s'approche d'elles, elles perdent presque contenance à tout le reste, pour l'aise qu'elles ont de voir ce cher souvenir revenu; et c'est un extremement bon signe.

6. Quel est vostre cœur à l'endroit de Jesus-Christ, Dieu et homme? vous plaisez-vous autour de luy? les mouches à miel se plaisent autour de leur miel, et les guespes autour des puanteurs: ainsi les bonnes ames prennent leur contentement autour de Jesus-Christ, et ont une extreme tendreté d'amour en son endroit: mais les mauvaises se plaisent autour des vanitez.

7. Quel est vostre cœur à l'endroit de Nostre-Dame, des Saincts, et de vostre bon ange; les aymez-vous fort? avez-vous une speciale confiance en leur bien-veillance? leurs images, leurs vies, leurs loüanges vous plaisent-elles?

8. Quant à vostre langue, comme parlez-vous de Dieu? vous plaisez-vous d'en dire du bien selon vostre condition et suffisance? aymez-vous à chanter les cantiques?

9. Quant aux œuvres, pensez si vous avez à cœur

la gloire exterieure de Dieu, et de faire quelque chose à son honneur : car ceux qui ayment Dieu, ayment avec Dieu l'ornement de sa maison.

Sçauriez-vous remarquer d'avoir quitté quelque affection, et renoncé à quelque chose pour Dieu? car c'est un bon signe d'amour de se priver de quelque chose en faveur de celuy qu'on ayme. Qu'avez-vous donc cy-devant quitté pour l'amour de Dieu?

## CHAPITRE V.

### Examen de vostre estat envers vous-mesme.

Comment vous aymez-vous vous-mesme? vous aymez-vous point trop pour ce monde? Si cela est, vous desirerez de demeurer tousjours icy, et aurez un extreme soin de vous establir en cette terre; mais si vous vous aymez pour le ciel, vous desirerez, au moins acquiescerez aisement de sortir d'icy-bas à l'heure qu'il plaira à Nostre-Seigneur.

2. Tenez-vous bon ordre en l'amour de vous-mesme? car il n'y a que l'amour desordonné de nous-mesme qui nous ruine. Or l'amour ordonné veut que nous aymions plus l'ame que le corps: que nous ayons plus de soin d'acquerir les vertus que toute autre chose : que nous tenions plus de compte de l'honneur celeste, que de l'honneur bas et caduc. Le cœur bien ordonné dit plus souvent en soy-mesme : Que diront les anges, si je pense à telle chose? que non pas, Que diront les hommes?

3. Quel amour avez-vous à vostre cœur? vous faschez-vous point de le servir en ses maladies : helas!

vous luy devez ce soin de le secourir et faire secourir quand ses passions le tourmentent, et laisser toutes choses pour cela.

4. Que vous estimez-vous devant Dieu? riėn sans doute : or il n'y a pas grande humilité en une mouche de ne s'estimer rien au prix d'une montagne, ny en une goutte d'eau de se tenir pour rien en comparaison de la mer, ny à une bluette ou estincelle de feu de se tenir pour rien au prix du soleil : mais l'humilité gist à ne point nous sur-estimer aux autres, et à ne vouloir pas estre sur-estimez par les autres. A quoy en estes-vous pour ce regard?

5. Quant à la langue, vous vantez-vous point ou d'un biais ou d'un autre? vous flattez-vous point en parlant de vous?

6. Quant aux œuvres, prenez-vous point de plaisir contraire à vostre santé : je veux dire de plaisir vain, inutile, trop de veillées sans subjet, et semblables.

## CHAPITRE VI.
### Examen de l'estat de nostre ame envers le prochain.

Il faut bien aymer le mary et la femme d'un amour doux et tranquille, ferme et continuel, et que ce soit en premier lieu parce que Dieu l'ordonne et le veut. J'en dis de mesme des enfans et proches parens, et encore des amis, chascun selon son rang.

Mais pour parler en general, quel est vostre cœur à l'endroit du prochain? l'aymez-vous bien cordialement, et pour l'amour de Dieu? Pour bien discerner cela, il vous faut bien representer certaines gens ennuyeux et maussades: car c'est là où on exerce l'amour de Dieu envers le prochain, et beaucoup plus envers ceux qui nous font du mal, ou par effet, ou par paroles. Examinez bien si vostre cœur est franc en leur endroit, et si vous avez grande contradiction à les aymer.

Estes-vous point prompte à parler du prochain en mauvaise part, sur-tout de ceux qui ne vous ayment pas? faites-vous point de mal au prochain, ou directement, ou indirectement? pour peu que vous soyez raisonnable vous vous en appercevrez aysement.

## CHAPITRE VII.

### Examen sur les affections de nostre ame.

J'ay estendu ainsi au long ces poincts, en l'examen desquels gist la connoissance de l'advancement spirituel qu'on a fait; car quant à l'examen des pechez, cela est pour les confessions de ceux qui ne pensent point à s'advancer.

Or il ne faut pas neantmoins se travailler sur un chascun de ces articles, sinon tout doucement, considerant en quel estat nostre cœur a esté touchant iceux dès nostre resolution, et quelles fautes notables nous y avons commises.

Mais pour abreger le tout, il faut reduire l'examen à la recherche de nos passions; et s'il nous fasche de considerer si fort par le menu comme il a esté dit, nous pouvons ainsi nous examiner quels nous avons esté, et comme nous nous sommes comportez.

En nostre amour envers Dieu, envers le prochain, envers nous-mesmes.

En nostre haine envers le peché qui se treuve en nous : envers le peché qui se treuve ès autres : car nous devons desirer l'exterminement de l'un et de l'autre : en nos desirs touchant les biens, touchant les plaisirs, touchant les honneurs.

En la crainte des dangers de pecher, et des pertes des biens de ce monde : on craint trop l'un, et trop peu l'autre.

En esperance trop mise, peut-estre, au monde et en la creature, et trop peu mise en Dieu et ès choses eternelles.

En la tristesse, si elle est trop excessive pour choses vaines.

En la joye, si elle est excessive, et pour choses indignes.

Quelles affections enfin tiennent nostre cœur empesché : quelles passions le possedent, en quoy s'est-il principalement detraqué.

Car par les passions de l'ame on reconnoist son estat en les tastant l'une après l'autre, d'autant que comme un joüeur de luth pinçant toutes les cordes, celles qu'il treuve dissonantes il les accorde, ou les tirant, ou les laschant : ainsi après avoir tasté l'amour, la haine, le desir, la crainte, l'esperance, la tristesse et la joye de nostre ame, ✿ nous les treu-

vons mal accordantes à l'air que nous voulons sonner, qui est la gloire de Dieu, nous pourrons les
accorder moyennant sa grace, et le conseil de nostre
pere spirituel.

## CHAPITRE VIII.

### Affections qu'il faut faire après l'examen.

Après avoir doucement considevé chaque poinct
de l'examen, et veu à quoy vous en estes, vous vien-
drez aux affections en cetté sorte.

Remerciez Dieu de ce peu d'amendement que
vous aurez treuvé en vostre vie dès vostre resolution,
et reconnoissez que ç'a esté sa misericorde seule qui
l'a fait en vous, et pour vous.

Humiliez-vous fort devant Dieu, reconnoissant
que si vous n'avez pas beaucoup advancé ç'a esté
par vostre manquement, parce que vous n'avez pas
fidellement, courageusement et constamment correspondu aux inspirations, clartez et mouvemens
qu'il vous a donnez en l'oraison, et ailleurs.

Promettez-luy de le loüer à jamais des graces
exercées en vostre endroit, et pour vous avoir retiré
de vos inclinations à ce petit amendement.

Demandez-luy pardon de l'infidelité et desloyauté
avec laquelle vous avez correspondu.

Offrez-luy vostre cœur, afin qu'il s'en rende du
tout maistre.

Suppliez-le qu'il vous rende toute fidelle.

Invoquez les Saincts, la S^{te} Vierge, vostre ange,
vostre patron, S Joseph, et ainsi des autres.

# CHAPITRE IX.

### Des considerations propres pour renouveller nos bons propos.

Après avoir fait l'examen, et avoir bien conferé avec quelque digne conducteur sur les defauts et sur les remedes d'iceux, vous prendrez les considerations suivantes ; en en faisant une chaque jour par maniere de meditation, y employant le temps de vostre oraison, et ce tousjours avec la mesme methode pour la preparation et les affections, de laquelle vous avez usé ès meditations de la premiere partie : vous mettant avant toutes choses en la presence·de Dieu, implorant sa grace pour vous bien establir en son sainct amour et service.

# CHAPITRE X.

### Consideration premiere de l'excellence de nos ames.

Considerez la noblesse et excellence de vostre ame, qui a un entendement, lequel connoist non seulement tout ce monde visible, mais connoist encore qu'il y a des anges et un paradis, connoist qu'il y a un Dieu tres-souverain, tres-bon et ineffable, connoist qu'il y a une eternité, et de plus connoist ce qui est propre pour bien vivre en ce monde visible, pour s'associer aux anges en paradis, et pour joüir de Dieu eternellement.

Vostre ame a de plus une volonté toute noble; laquelle peut aymer Dieu, et ne le peut haïr en soy-mesme : voyez vostre cœur comme il est genereux, et que comme rien ne peut arrester les abeilles de tout ce qui est corrompu, ains s'arrestent seulement sur les fleurs : ainsi vostre cœur ne peut estre en repos qu'en Dieu seul, et nulle creature ne le peut assouvir. Repensez hardiment aux plus chers et violens amusemens qui ont occupé autrefois vostre cœur : et jugez en verité s'ils n'estoient pas pleins d'inquietudes molestes, de pensées cuisantes, et de soucis importuns, emmy lesquels vostre pauvre cœur estoit miserable.

Helas ! nostre cœur courant aux creatures, il y va avec des empressemens, pensant de pouvoir y accoiser ses desirs; mais si tost qu'il les a rencontrées, il void que c'est à refaire, et que rien ne le peut contenter; Dieu ne voulant que nostre cœur treuve aucun lieu sur lequel il puisse reposer, non plus que la colombe sortie de l'arche de Noé, afin qu'il retourne à son Dieu, duquel il est sorty : ha ! quelle beauté de nature y a-t'il en nostre cœur ! et doncques pourquoy le retiendrons-nous contre son gré à servir aux creatures?

O ma belle ame (devez-vous dire) vous pouvez entendre, et vouloir Dieu, pourquoy vous amuserez-vous à chose moindre? vous pouvez pretendre à l'eternité; pourquoy vous amuserez-vous aux momens? Ce fut l'un des regrets de l'enfant prodigue, qu'ayant pu vivre delicieusement en la table de son pere, il mangeoit vilainement en celle des bestes. O ame! tu es capable de Dieu : mal-heur à toy, si tu te contentes de moins que de Dieu. Eslevez fort vostre ame sur cette consideration, remonstrez-luy qu'elle est eternelle et digne de l'eternité : enflez-luy le courage pour ce subjet.

## CHAPITRE XI.

### Seconde consideration de l'excellence des vertus.

Considerez que les vertus et la devotion peuvent seules rendre vostre ame contente en ce monde : voyez combien elles sont belles : mettez en comparaison les vertus et les vices qui leur sont contraires ; quelle suavité en la patience au prix de la vengeance : de la douceur, au prix de l'ire et du chagrin : de l'humilité, au prix de l'arrogance et ambition : de la liberalité, au prix de l'avarice : de la charité, au prix de l'envie : de la sobrieté, au prix des desordres : car les vertus ont cela d'admirable, qu'elles delectent l'ame d'une douceur et suavité nompareille, après qu'on les a exercées, ou les vices la laissent infiniment recreuë et mal-menée. Or sus doncques, pourquoy n'entreprendrons-nous pas d'acquerir ces suavitez?

Des vices, qui n'en a qu'un peu n'est pas content, et qui en a beaucoup est mecontent : mais des vertus, qui n'en a qu'un peu, encore a-t'il desja du contentement, et puis tousjours plus en advançant. O vie devote, que vous estes belle, douce, agreable et soüefve ; vous adoucissez les tribulations, et rendez soüefves les consolations : sans vous, le bien est mal, et les plaisirs pleins d'inquietudes, troubles et defaillances : ha ! qui vous connoistroit pourroit bien dire avec la Samaritaine : *Domine, da mihi hanc aquam;* Seigneur, donnez-moy cette eau : aspiration fort frequente à la mere Therese, et à S^te Catherine de Genes, quoy que pour differens subjets.

## CHAPITRE XII.

### Troisiesme consideration sur l'exemple des Saincts.

Considerez l'exemple des Saincts de toutes sortes : qu'est-ce qu'ils n'ont pas fait pour aymer Dieu, et estre ses devots? voyez ces martyrs invincibles en leurs resolutions : quels tourmens n'ont-ils pas souffert pour les maintenir? mais sur-tout ces belles et florissantes dames, plus blanches que les lys en pureté, plus vermeilles que la rose en charité, les unes à douze, les autres à treize, quinze, vingt, et vingt-cinq ans, ont souffert mille sortes de martyres, plustost que de renoncer à leur resolution ; non seulement en ce qui estoit de la protestation de la foy, mais en ce qui estoit de la protestation de la devotion, les unes mourant plustost que de quitter la virginité ; les autres plustost que de cesser de servir les affligez, consoler les tourmentez, et ensevelir les trepassez. O Dieu! quelle constance a monstré ce sexe fragile en semblable occurrence.

Regardez tant de saincts confesseurs, avec quelle force ont-ils mesprisé le monde? comme se sont-ils rendus invincibles en leurs resolutions? rien ne les en a pu faire deprendre, ils les ont embrassées sans reserve, et les ont maintenuës sans exception. Mon Dieu, qu'est-ce que dit S. Augustin de sa mere Monique? avec quelle fermeté a-t'elle poursuivie son

entreprise de servir Dieu en son mariage, et en son
vefvage? Et S. Hierosme de sa chere fille Paula,
parmy tant de traverses, parmy tant de varietez
d'accidens? Mais qu'est-ce que nous ne ferons pas
sur des si excellens patrons? Ils estoient ce que nous
sommes, ils le faisoient pour le mesme Dieu, pour
les mesmes vertus : pourquoy n'en ferons-nous autant en nostre condition, et selon nostre vocation
pour nostre chere resolution, et saincte protestation?

## CHAPITRE XIII.
### Quatriesme consideration de l'amour que Jesus-Christ nous porte.

Considerez l'amour avec lequel Jesus-Christ Nostre-Seigneur a tant souffert en ce monde, et particulierement au jardin des Olives et sur le mont de
Calvaire : cet amour vous regardoit, et par toutes ces
peines et travaux obtenoit de Dieu le Pere des bonnes
resolutions et protestations pour vostre cœur, et par
mesme moyen obtenoit encore tout ce qui vous est
necessaire pour maintenir, nourrir, fortifier et con-
sommer ces resolutions. O resolution, que vous estes precieuse, estant fille d'une telle mere, comme
est la passion de mon Sauveur ! ô combien mon
ame vous doit cherir, puis que vous avez esté si
chere à mon Jesus. Helas ! ô Sauveur de mon ame,
vous mourustes pour m'acquerir mes resolutions :
Hé! faites-moy la grace que je meure plustost que
de les perdre.

Voyez-vous, ma Philotée, il est certain que le
cœur de nostre cher Jesus voyoit le vostre dès l'ar-

bre de la croix, et l'aymoit : et par cet amour luy obtenoit tous les biens que vous aurez jamais, et entre autres vos resolutions : ouy, chere Philotée, nous pouvons tous dire comme Jeremie : O Seigneur, avant que je fusse, vous me regardiez et m'appeliez par mon nom, d'autant que vrayement sa divine bonté prepara en son amour et misericorde tous les moyens generaux et particuliers de nostre salut, et par consequent nos resolutions. Oüy sans doute, comme une femme enceinte prepare le berceau, les langes et bandelettes, et mesme une nourrice pour l'enfant qu'elle pretend faire, encore qu'il ne soit pas au monde : ainsi Nostre-Seigneur ayant sa bonté grosse et enceinte de vous, pretendant de vous enfanter au salut, et vous rendre sa fille, prepara sur l'arbre de la croix tout ce qu'il falloit pour vous ; vostre berceau spirituel, vos langes et bandelettes, vostre nourrice, et tout ce qui estoit convenable pour vostre bonheur. Ce sont tous les moyens, tous les attraits, toutes les graces avec lesquelles il conduit vostre ame, et la veut tirer à sa perfection. Or Nostre-Seigneur estoit en estat de grossesse et de femme enceinte sur l'arbre de la croix.

Ah ! mon Dieu ! que nous devrions profondement mettre cecy en nostre memoire : est-il possible que j'aye esté aymé, et si doucement aymé de mon Sauveur, qu'il allast penser à moy en particulier, et en toutes ces petites occurrences, par lesquelles il m'a tiré à luy ? et combien doncques devons-nous aymer, cherir et bien employer tout cela à nostre utilité ?

Cecy est bien doux : ce cœur amiable de mon Dieu pensoit à Philotée, l'aymoit et luy procuroit mille moyens de salut, autant comme s'il n'eust point eu d'autre ame au monde en qui il eust pensé : ainsi que le soleil esclairant un endroit de la terre ne l'esclaire pas moins que s'il n'esclairoit point ailleurs, et qu'il esclairast cela seul : car tout de mesme Nostre-Seigneur pensoit et soignoit pour tous ses chers enfans ; en sorte qu'il pensoit à un chascun de nous, comme s'il n'eust point pensé à tout le reste. « Il m'a aymé, dit S. Paul, et s'est donné pour « moy » : comme s'il disoit, pour moy seul, tout autant comme s'il n'eust rien fait pour le reste. Cecy, Philotée, doit estre gravé en vostre ame, pour bien cherir et nourrir vostre resolution, qui a esté si precieuse au cœur du Sauveur.

## CHAPITRE XIV.

### Cinquiesme consideration de l'amour eternel de Dieu envers nous.

Considerez l'amour eternel que Dieu vous a porté : car desja avant que Nostre-Seigneur Jesus-Christ entant qu'homme souffrit en croix pour vous, sa divine Majesté vous projettoit en sa souveraine bonté, et vous aymoit extremement. Mais quand commença-t'il à vous aymer ? quand il commença à estre Dieu ; et quand commença-t'il à estre Dieu ? jamais, car il l'a tousjours esté sans commencement et sans fin, et aussi il vous a tousjours aymé dès l'eternité : c'est pourquoy il vous preparoit les graces et faveurs qu'il

vous a faites. Il le dit par le prophete : « Je t'ay
« aymé (il parle à vous, aussi bien qu'à nul autre)
« d'une charité perpetuelle; et partant je t'ay attiré,
« ayant pitié de toy. » Il a doncques pensé entr'autres choses à vous faire faire vos resolutions de le
servir.

O Dieu! quelles resolutions sont cecy que Dien a
pensées, meditées, projettées dès son eternité? combien nous doivent-elles estre cheres et precieuses?
que devrions-nous souffrir plustost que d'en quitter
un seul brin? non pas certes si tout le monde devoit perir : car aussi tout le monde ensemble ne vaut
pas une ame, et une ame ne vaut rien sans nos resolutions.

## CHAPITRE XV.

### Affections generales sur les considerations precedentes, et conclusion de l'exercice.

O cheres resolutions, vous estes le bel arbre de
vie que mon Dieu a planté de sa main au milieu de
mon cœur, que mon Sauveur veut arrouser de son
sang pour le faire fructifier : plustost mille morts
que de permettre qu'aucun vent vous arrache : non,
ny la vanité, ny les delices, ny les richesses, ny les
tribulations ne m'arracheront jamais mon dessein.

Helas! Seigneur! mais vous l'avez planté, et avez
dans vostre sein paternel gardé eternellement ce
bel arbre pour mon jardin : helas! combien y a-t'il
d'ames qui n'ont point esté favorisées de cette façon?

et comme doncques pourrois-je jamais assez m'humilier sous vostre misericorde?

O belles et sainctes resolutions! si je vous conserve, vous me conserverez : si vous vivez en mon ame, mon ame vivra en vous. Vivez doncques à jamais, ô resolutions qui estes eternelles en la misericorde de Dieu : soyez et vivez eternellement en moy, que jamais je ne vous abandonne.

Après ces affections, il faut que vous particularisiez les moyens requis pour maintenir ces cheres resolutions, et que vous protestiez de vous en vouloir fidellement servir, la frequence de l'oraison, des sacremens, des bonnes œuvres, l'amendement de vos fautes reconnuës au second poinct, le retranchement des mauvaises occasions, la suite des adviz qui vous seront donnez pour ce regard.

Ce qu'estant fait, comme par une reprise d'haleine et de force, protestez mille fois que vous continuërez en vos resolutions : et comme si vous teniez vostre cœur, vostre ame et vostre volonté en vos mains, dediez-la, consacrez-la, sacrifiez-la, et l'immolez à Dieu, protestant que vous ne la reprendrez plus, mais la laisserez en la main de sa divine majesté pour suivre en tout et par-tout ses ordonnances. Priez Dieu qu'il vous renouvelle toute, qu'il benisse vostre renouvellement de protestation, et qu'il le fortifie. Invoquez la Vierge, vostre ange, S. Louïs, et autres Saincts.

Allez en cette emotion de cœur aux pieds de vos-

tre pere spirituel, accusez-vous des fautes principales que vous aurez remarqué avoir commises dès
vostre confession generale, et recevez l'absolution
en la mesme façon que vous fistes la premiere fois,
prononcez devant luy la protestation, et la signez :
et enfin allez unir vostre cœur renouvellé, à son
principe et Sauveur, au tres-sainct Sacrement de
l'eucharistie.

## CHAPITRE XVI.

Des ressentimens qu'il faut garder après cet exercice.

Ce jour que vous aurez fait ce renouvellement, et
les autres suivans, vous devez fort souvent redire de
cœur et de bouche ces ardentes paroles de S. Paul,
de S. Augustin, de S^{te} Catherine de Genes, et autres : non, je ne suis plus mienne : ou que je vive,
ou que je meure, je suis à mon Sauveur : je n'ay
plus de moy, ny de mien : mon moy c'est Jesus,
mon mien c'est d'estre sienne : ô monde ! vous estes
tousjours vous-mesme, et moy j'ay tousjours esté
moy-mesme : mais d'orenavant je ne seray plus moy-
mesme. Non, nous ne serons plus nous-mesmes, car
nous aurons le cœur changé ; et le monde qui a tant
trompé sera trompé en nous : car ne s'appercevant
de nostre changement que petit à petit, il pensera
que nous soyons tousjours des Esaüs, et nous nous
trouverons des Jacob.

Il faut que tous ces exercices reposent dans le
cœur, et que nous ostant de la consideration et meditation, nous allions tout bellement entre les af-

faires et conversations, de peur que la liqueur de
nos resolutions ne s'epanche soudainement : car il
faut qu'elle detrempe et penetre bien par toutes les
parties de l'ame, le tout neantmoins sans effort, ny
d'esprit, ny de corps.

## CHAPITRE XVII.

Responses à deux objections qui peuvent estre faites sur cette
introduction.

Le monde vous dira, ma Philotée, que ces exercices et ces advis sont en si grand nombre, que qui
voudra les observer, il ne faudra pas qu'il vacque à
autre chose. Helas! chere Philotée, quand nous ne
ferions autre chose, nous ferions bien assez, puis
que nous ferions ce que nous devrions faire en ce
monde : mais ne voyez-vous pas la ruse? S'il falloit
faire tous ces exercices tous les jours, à la verité ils
nous occuperoient du tout : mais il n'est pas requis
de les faire sinon en temps et lieu, chascun selon
l'occurrence. Combien y a-t'il de lois civiles aux di-
gestes et au code, lesquelles doivent estre observées?
mais cela s'entend selon les occurrences, et non pas
qu'il les faille toutes pratiquer tous les jours. Au
demeurant David, roy plein d'affaires tres-difficiles,
pratiquoit bien plus d'exercices que je ne vous ay
pas marqué. S. Loüis, roy admirable et pour la
guerre et pour la paix, et qui avec un soin nompareil administroit la justice, manioit les affaires,
oyoit tous les jours deux messes, disoit vespres et
complies avec son chapelain, faisoit sa meditation,

visitoit les hospitaux tous les vendredis, se confessoit, et prenoit la discipline; entendoit tres-souvent des predications, faisoit fort souvent des conferences spirituelles, et avec tout cela ne perdoit pas une seule occasion du bien public exterieur, qu'il ne fist et n'executast diligemment; et sa cour estoit plus belle et plus fleurissante qu'elle n'avoit jamais esté du temps de ses predecesseurs. Faictes doncques hardiment ces exercices selon que je vous les ay marquez, et Dieu vous donnera assez de loisir et de force de faire tout le reste de vos affaires : ouy, quand il devroit arrester le soleil, comme il fit du temps de Josüé. Nous faisons tousjours assez quand Dieu travaille avec nous.

Le monde dira que je suppose presque par-tout que ma Philotée ayt le don de l'oraison mentale, et que neantmoins chascun ne l'a pas : si que cette introduction ne servira pas pour tous. Il est vray, sans doute, j'ay presupposé cela; et est vray encore que chascun n'a pas le don de l'oraison mentale : mais il est vray aussi que presque chascun le peut avoir, voire les plus grossiers, pourveu qu'ils ayent des bons conducteurs, et qu'ils vüeillent travailler pour l'acquerir, autant que la chose le merite. Et s'il s'en trouve qui n'ayent pas ce don en aucune sorte de degré (ce que je ne pense pas pouvoir arriver que fort rarement) le sage pere spirituel leur fera aysement suppleer le defaut par l'attention qu'il leur enseignera d'avoir, ou à lire, ou à oüir lire les mesmes considerations qui sont mises ès meditations.

# CHAPITRE XVIII.

Trois derniers et principaux advis pour cette introduction.

Refaites tous les premiers jours du mois la protestation qui est en la premiere partie apres la meditation, et à tous momens protestez de la vouloir
observer, disant avec David : « Non jamais eternel-
« lement je n'oublieray vos justifications, ô mon
« Dieu : car en icelles vous m'avez vivifiée. » Et
quand vous sentirez quelque detraquement en vostre ame, prenez vostre protestation en main, et prosternée en esprit d'humilité, proferez-la de tout vostre cœur, et vous trouverez un grand allegement.

Faites profession ouverte de vouloir estre devote :
je ne dis pas d'estre devote, mais je dis de le vouloir
estre ; et n'ayez point de honte des actions communes et requises qui nous conduisent à l'amour
de Dieu : advoüez hardiment que vous vous essayez
de mediter ; que vous aymeriez mieux mourir que
de pecher mortellement : que vous voulez frequen-
ter les sacremens, et suivre les conseils de vostre directeur (bien que souvent il ne soit pas necessaire
de le nommer pour plusieurs raisons), car cette
franchise de confesser qu'on veut servir Dieu, et
qu'on s'est consacré à son amour d'une speciale affection, est fort agreable à sa divine majesté, qui ne
veut point que l'on ait honte de luy, ny de sa croix.
Et puis elle coupe chemin à beaucoup de semonces
que le monde voudroit faire au contraire, et nous
oblige de reputation à la poursuite. Les philosophes
se publioient pour philosophes, afin qu'on les lais-

sast vivre philosophiquement : et nous devons nous faire connoistre pour desireux de la devotion, afin qu'on nous laisse vivre devotement. Que si quelqu'un vous dit que l'on peut vivre devotement sans la pratique de ces advis et exercices, ne le niez pas : mais respondez amiablement que vostre infirmité est si grande, qu'elle requiert plus d'ayde et de secours qu'il n'en faut pas pour les autres.

Enfin, tres-chere Philotée, je vous conjure par tout ce qui est de sacré au ciel, en la terre, par le baptesme que vous avez receu, par les mammelles que Jesus-Christ succa, par le cœur charitable duquel il vous ayme, et par les entrailles de la misericorde en laquelle vous esperez : continuez et perseverez en cette bien-heureuse entreprise de la vie devote : nos jours s'ecoulent, la mort est à la porte : « La trompette, dit S. Gregoire de Naziance, sonne « la retraite, qu'un chascun se prepare, car le juge- « ment est proche. » La mere de S. Symphorien voyant qu'on le conduisoit au martyre, crioit après luy, mon fils, mon fils, souviens-toy de la vie eternelle, regarde le ciel, et considere celuy lequel y regne, la fin prochaine terminera bien-tost la briefve course de cette vie. Ma Philotée, vous diray-je de mesme, regardez le ciel, et ne le quittez pas pour la terre ; regardez l'enfer, ne vous y jettez pas pour les momens ; regardez Jesus-Christ, ne le reniez pas pour le monde : et quand la peine de la vie devote vous semblera dure, chantez avec S. François :

A cause des biens que j'attends,
Les travaux me sont passe-temps.

·Vive Jesus ! auquel avec le Pere et le Sainct-Esprit, soit honneur et gloire, maintenant et tousjours, et ès siecles des siecles. Ainsi soit-il.

### Maniere de dire devotement le chapelet, et de bien servir la Vierge Marie.

Vous prendrez vostre chapelet par la croix, que baiserez après vous en estre signé, et vous vous mettrez en la presence de Dieu, disant le *Credo* tout entier.

Sur le premier gros grain vous invoquerez Dieu, le priant d'agreer le service que vous luy voulez rendre, et de vous assister de sa grace pour le bien dire.

Sur les trois premiers petits grains vous demanderez l'intercession de la sacrée Vierge, la salüant au premier comme la plus chere fille de Dieu le Pere; au second, comme mere de Dieu le Fils; et au troisiesme, comme espouse bien-aymée de Dieu le Sainct-Esprit.

Sur chaque dixaine vous penserez à un des mysteres du rosaire, selon le loisir que vous aurez, vous ressouvenant du mystere que vous vous proposerez, principalement en prononçant les tres-saincts noms de Jesus et de Marie, les passant par vostre bouche avec une grande reverence de cœur et de corps. S'il vous vient quelqu'autre sentiment (comme la douleur de vos pechez passez, ou le propos de vous amender) vous le pourrez mediter tout le long du chapelet le mieux que vous pourrez, et vous ressouviendrez de ce sentiment, ou autre que Dieu vous inspirera, lors principalement que vous prononcerez ces deux tres-saincts noms de Jesus et Marie. Au gros grain, qui est au bout de la derniere dixaine, vous remercierez Dieu de la grace qu'il vous a faite de vous permettre de le dire. Et passant aux trois petits grains qui suivent, vous saliierez la sacrée Vierge Marie, la suppliant au premier d'offrir vostre entendement au Pere Eternel, afin que vous puissiez à jamais considerer ses misericordes. Au second, vous la supplierez d'offrir vostre memoire au Fils, pour avoir continuellement sa mort et passion en vostre pensée. Au troisiesme, vous la supplierez d'offrir vostre volonté au Sainct-Esprit, afin que vous puissiez estre à jamais enflammée de son sacré amour. Au gros grain qui est au bout, vous supplierez la divine majesté d'agreer le tout à sa gloire, et pour le bien de son Eglise, au giron de laquelle vous la supplierez vous conserver, et y ramener tous ceux qui en sont devoyez, et prierez Dieu pour tous vos amis, finissant comme vous avez commencé par la confession de la foy, disant le *Credo*, et faisant le signe de la croix.

Vous porterez le chapelet en vostre ceinture, ou en autre lieu evidemment, comme une saincte marque par laquelle vous voulez protester que vous desirez estre serviteur de Dieu nostre sauveur, et de sa tressacrée espouse Vierge et Mere, et de vivre en vray enfant de la saincte Eglise catholique, apostolique et romaine.

FIN DE L'INTRODUCTION A LA VIE DEVOTE.

# TABLE

## DES CHAPITRES

### CONTENUS DANS CE VOLUME.

## SECONDE PARTIE.

## TROISIÈME PARTIE.

FIN DE LA TABLE.

# ERRATA.

Page 13, ligne 26, sorte, *lisez* sort.
Page 19, ligne 20, cognoissez, *lisez* cognoissiez
Page 20, ligne 21, ne sont, *lisez* ne le sont.
Page 45, ligne 30, la, *lisez* sa.
Page 48, ligne 16, meprisé, *lisez* meprisée.
Page 84, ligne 13, s'oublient, *lisez* oublient.
Page 92, ligne 22, voir que, *lisez* voir ce qu.
Page 102, ligne 19, recedent, *lisez* recellent.
Page 110, ligne 16, dispense, *lisez* depense.
Page 123, ligne 19, inspirez, *lisez* inspirée.
Page 124, ligne 21, permettrez, *lisez* permettez.
           ligne 27, offencé, *lisez* offense.
Page 125, ligne 2, qui le, *lisez* qui la.
           ligne 7, communieriez, *lisez* communierez.
           ligne 17, nul, *lisez* nulle.
Page 126, ligne 27, pas n'avoir, *lisez* pas de n'avoir.
Page 139, ligne 12, sont des, *lisez* sont de.
Page 140, ligne 28, sa haire, *lisez* la haire.
Page 144, ligne 9, vertu et, *lisez* vertu bien.
Page 151, ligne 4, mes amis et, *lisez* mes amis, elever.
           ligne 10, il y a, *lisez* il y en a.
Page 156, ligne 16, et regardent, *lisez* et se regardent.
Page 158, ligne 26, Peru, *lisez* Perou.
Page 159, ligne 3, sans estre, *lisez* sans en estre.
Page 160, ligne 28, Dieu lui fait, *lisez* Dieu lui a fait.
Page 169, ligne 28, objections, *lisez* abjections.
Page 172, ligne 23, pensent, *lisez* pensant.

Page 173, ligne 19, perde, *lisez* perd.

Page 180, ligne 16, nous voyons, *lisez* nous nous voyons.

Page 187, ligne 11, soule, *lisez* seule.

Page 190, ligne 7, vertu obeir, *lisez* vertu d'obeir.

Page 201, ligne 26, empoisonnés, *lisez* empoisonnée.

Page 228, ligne 11, estant, *lisez* est.

Page 257, ligne 1, faut faire porter, *lisez* faut porter.

Page 259, ligne 6, mlin, *lisez* malin.

Lightning Source UK Ltd.
Milton Keynes UK
UKHW020820150223
416960UK00005B/70